LA VALLÉE DU LIGER

ET SES ENVIRONS

PAR

ALCIUS LEDIEU

BIBLIOTHÉCAIRE
CONSERVATEUR HONORAIRE DES MUSÉES D'ABBEVILLE
CORRESPONDANT DU MINISTÈRE DE L'INSTRUCTION PUBLIQUE

Ouvrage couronné par la Société des Antiquaires de Picardie

PARIS
ALPHONSE PICARD, ÉDITEUR
82, RUE BONAPARTE, 82
1887

LA VALLÉE DU LIGER

(Extrait des *Mémoires de la Société d'Émulation d'Abbeville*, t. XVI.)

LA
VALLÉE DU LIGER

ET SES ENVIRONS

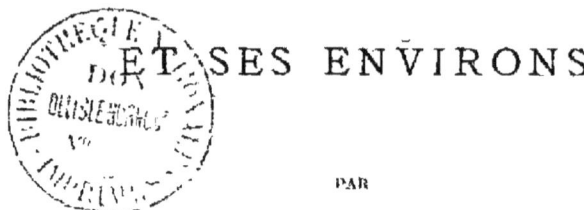

PAR

ALCIUS LEDIEU

BIBLIOTHÉCAIRE
CONSERVATEUR HONORAIRE DES MUSÉES D'ABBEVILLE
CORRESPONDANT DU MINISTÈRE DE L'INSTRUCTION PUBLIQUE

———

(Ouvrage couronné par la Société des Antiquaires de Picardie)

PARIS
ALPHONSE PICARD, ÉDITEUR
82, RUE BONAPARTE, 82
1887

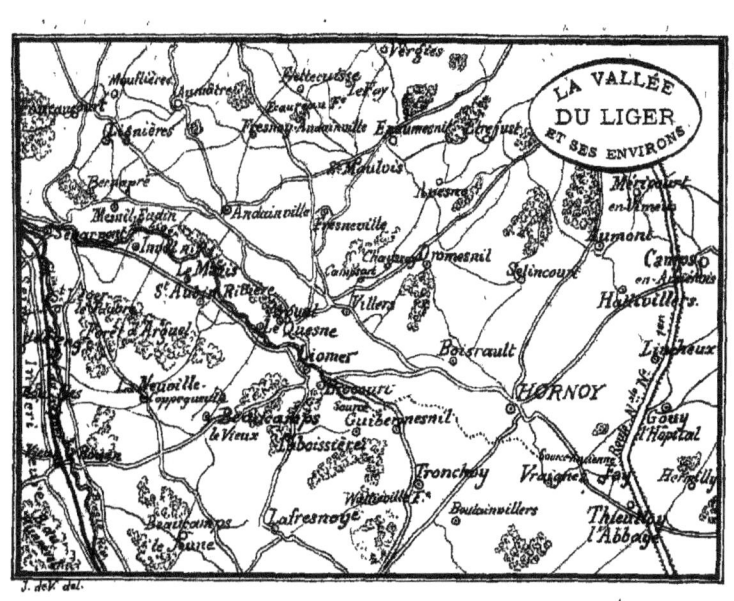

Lorsque le voyageur, partant du Tréport, remonte la vallée de la Bresle, il a presque toujours à sa gauche une chaîne rarement interrompue de collines peu élevées, assez abruptes pour n'avoir jamais pu être ni boisées ni mises en culture.

A droite, au contraire, c'est-à-dire sur la rive gauche de la rivière, la pente, plus doucement inclinée, est presque partout en culture ou couverte de forêts. A partir de Senarpont jusqu'à Aumale, les deux versants de la vallée de la Bresle deviennent également cultivables, tandis que la chaîne de collines abruptes se continue presque sans interruption jusqu'à Hornoy, sur la rive droite du Liger, petit affluent de la Bresle. Cette chaîne de collines semble indiquer, du côté de la Picardie, une limite naturelle et faire de la vallée du Liger, ainsi que de la plaine triangulaire qui la sépare de la Bresle, une dépendance de celle-ci. Nous trouvons en effet à toutes les époques connues de notre histoire, jusqu'en 1790, cette contrée unie presque partout à la contrée d'Aumale. La carte de la Gaule publiée dans l'atlas de l'*Histoire de Jules César* indique aussi cette limite comme celle qui séparait de ce côté les Ambiens des Bellovaques, dont le territoire, d'après Pline, s'étendait jusqu'à la mer.

Ainsi se trouve résolue la question de savoir si la contrée d'Aumale et la vallée de la Bresle appartenaient à la cité gauloise de Rouen ou à celle d'Amiens ; elle n'appartenait ni à l'une ni à l'autre, mais elle était une dépendance de la cité de Beauvais, du moins au temps de César.

Que devint-elle après la conquête romaine et la dislocation violente des anciennes tribus nationales ? En partie couverte de forêts et par conséquent peu peuplée, il est probable qu'elle n'attira que médiocrement l'attention des conquérants et se trouva séparée des Bellovaques, dont le pays avait été complètement bouleversé sans être réuni dans la division romaine ni à la seconde Belgique dont Amiens faisait partie, ni à la seconde Lyonnaise, qui avait Rouen pour métropole.

Cette contrée aurait donc conservé ainsi, après la conquête romaine, une sorte d'indépendance relative, dont le nom d'Aumale, ad mallum, et celui du Mall, promenade située près de cette ville, indiqueraient encore le souvenir. On sait que le *mall* désignait l'assemblée des hommes libres de la contrée, et, par extension, le lieu où ils se réunissaient. Ce pays aurait ainsi formé, sous la domination romaine, une épaisse limite entre la seconde Belgique et la seconde Lyonnaise, sans être compris ni dans l'une ni dans l'autre [1].

Suivant D. Grenier, une voie militaire allant de Beauvais à la mer passait à Fouilloy, à Bois-Robin, côtoyait la Bresle depuis Aumale jusqu'à Senarpont, passait à Rambures, à Ramburelles et aboutissait enfin au port de Saint-Valery [2]. D'après le même auteur, une branche de chaussée se détachait à Poix de la voie militaire d'Amiens à Harfleur ; elle passait à Thieulloy-l'Abbaye, à Hornoy, à Villers-Campsart, à Andainville [3]. L'église de ce dernier village est sous l'invocation de saint Vast ; or, selon le savant bénédictin que

---

[1] Joseph Sannier. *Courrier de la Bresle* du 28 juin 1868.
[2] *Introduction à l'histoire de Picardie*, pub. par MM. Dufour et Garnier, p. 483.
[3] Ibid., p. 501.

nous venons de citer, la plupart des églises dédiées à ce saint étaient situées près d'une voie romaine. En général, dit M. l'abbé Corblet, ce vocable dénote une paroisse d'une haute antiquité.

Quoi qu'il en soit, la contrée dont nous avons parlé plus haut était probablement une contrée bien sage, car elle fait fort peu parler d'elle, et nous ne la retrouvons guère qu'au x⁰ siècle, englobée alors avec le pays appelé depuis la Picardie dans les domaines du comte de Flandres, Arnoul II, lequel, ne sachant sans doute qu'en faire, la céda par traité au duc de Normandie, Richard Ier, dit sans Peur, en 980.

Mais si ce plateau triangulaire était rattaché au pays d'Aumale, la vallée du Liger se trouvait comprise dans le Vimeu. Cette contrée, qui faisait autrefois partie de l'ancienne Picardie, était située entre la Somme et Abbeville au nord, et la vallée de la Bresle au sud; on la désignait sous le nom de *pagus Vimiacensis* dès le vi⁰ siècle, comme on le voit dans la légende de saint Valery.

Les antiquités romaines que l'on découvre encore chaque jour dans le Vimeu, et les traces de routes romaines appelées communément *chaussées* ou *chemins de Brunehaut* prouvent suffisamment qu'il fut habité dès l'époque la plus reculée à laquelle remontent les annales de France. (*J. Sannier*).

Le Liger, dont le cours est d'environ douze kilomètres, coule de l'est au nord-ouest et fait mouvoir treize moulins.

Cette petite rivière, désignée par *Riveria de Arguel* en 1208, traverse les deux cantons d'Hornoy et d'Oisemont, de l'arrondissement d'Amiens.

Rien d'agréable aux beaux jours comme cette étroite et fertile vallée, couverte de pommiers, bornée au nord par de hauts larris fort irréguliers, et au sud par un plateau dont quelques échappées offrent les sites les plus pittoresques.

La vallée du Liger produit à elle seule annuellement environ sept mille hectolitres de pommes, dont le rendement en très bon cidre peut être de six mille hectolitres, et en cidre ordinaire, de huit mille.

Un mot maintenant sur cet ouvrage.

Jusqu'à ce jour, à part Hornoy et Senarpont, aucune des vingt-huit localités dont nous avons entrepris d'écrire l'histoire n'a été l'objet d'une monographie spéciale. Notre travail est donc tout à fait inédit, et, s'il offre quelque mérite, c'est à ce côté qu'il le doit.

C'est en 1876 que nous avons recueilli nos premières notes, et, sept ans plus tard, nous soumettions au jugement de la Société des Antiquaires de Picardie le fruit de nos patientes recherches, qui nous valut le prix Le Prince.

Qu'il nous soit permis de rappeler ce que disait le rapporteur chargé d'examiner notre manuscrit : « Si l'auteur n'a pas épuisé son sujet, il n'a guère fait d'omissions considérables ».

Mais, quelque flatteuse que soit cette appréciation, nous n'avons pas voulu livrer alors notre mémoire à la publicité. Nous l'avons revu avec soin et l'avons complété et rectifié sur différents points à l'aide de documents recueillis postérieurement.

A l'inverse de quelques-uns de nos devanciers, qui ont « remanié et augmenté considérablement » leurs mémoires après qu'ils furent couronnés, nous avons supprimé de nombreux passages que nous considérions comme des superfétations.

Ne découvrant plus de documents nouveaux, nous nous sommes décidé à publier le résultat de nos onze années de recherches dans les archives communales de ces vingt-huit localités, dans les bibliothèques de Paris, d'Amiens et d'Abbeville, dans les Archives départementales de la Somme, dans les archives communales d'Abbeville, dans les études des notaires et dans de nombreuses archives particulières.

Les notices qui vont suivre ont été rédigées sur un plan uniforme, qui nous a paru rationnel. Nous ne nous arrêtons presque point à rechercher l'étymologie des noms de lieux, pour ne pas nous exposer à émettre des hypothèses parfois bien éloignées de la réalité. Après avoir fait connaître la topographie et la statistique de chaque localité, nous rapportons, pour plusieurs d'entre elles, la description qui en fut faite en 1763 en vue de l'imposition de la taille ; puis vient une notice sur l'église avec la suite des curés ; l'histoire des seigneurs est suivie de celle de tous les fiefs existant sur le territoire ; cette dernière partie, souvent fort détaillée, est peut-être la plus nouvelle et la plus complète de notre travail ; enfin, la nomenclature des instituteurs, celle des maires et quelques indications complémentaires achèvent chaque monographie.

Nous avons été soutenu, dans le cours de nos longues recherches, par les plus précieuses sympathies. Un certain nombre de nos collègues de la Société des Antiquaires de Picardie et de la Société d'Émulation d'Abbeville ont gracieusement contribué à éclaircir certains points obscurs pour nous de l'histoire de quelques villages ; nous les en remercions bien sincèrement.

Nous avons surtout la plus grande obligation à notre complaisant collègue, M. G. de Witasse, qui a bien voulu compulser à notre intention la volumineuse collection de D. Grenier, dans laquelle nous n'avions pu prendre nous-même que des notes insuffisantes. Qu'il veuille bien recevoir l'expression de notre plus sincère gratitude.

Ces vingt-huit monographies seront-elles « lues avec fruit et intérêt par tous ceux qui aiment notre histoire locale » ? comme le disait le rapporteur en 1883. C'est ce que nous n'oserions affirmer.

PREMIÈRE PARTIE

VILLAGES ARROSÉS PAR LE LIGER

CANTON D'HORNOY

VRAIGNES

Verrignes, 1164 ; Verrines, 1166 ; Vrignes, 1197 ; Vraignes, 1614.

A deux kilomètres d'Hornoy se trouve le petit village de Vraignes, dont l'altitude est de 160 mètres. Il s'y trouve 205 habitants formant 74 ménages ; on y compte 70 maisons. La population était en 1806 de 467 habitants ; en 1827, de 422 ; en 1836, de 394 ; en 1881, de 223. — Les habitants sont presque tous adonnés à l'agriculture, qui fait vivre 150 individus ; l'industrie en nourrit 26 et le commerce, 6.

L'église de Vraignes, sous le vocable de saint Valery, est de construction récente (1864).

Avant la Révolution, la cure était à la présentation de l'abbé de Saint-Valery sur Somme. Le 22 juin 1728, Antoine Delisle, curé de Vraignes, fournit la déclaration de sa cure, dont le revenu net était de 362 livres.

Les Sœurs-Grises d'Abbeville y avaient 28 journaux de terre affermés 133 livres 10 sols en 1728. L'abbaye de Selincourt y possédait une branche de dime affermée 100 livres en 1730 ; elle devait contribuer pour moitié dans les réparations du chœur de l'église [1].

La seigneurie de Vraignes devait être bien peu importante ; nos recherches à cet égard n'ont guère été fructueuses ; la volumineuse collection de D. Grenier ne contient rien sur Vraignes. Le peu de renseignements que nous avons pu découvrir nous ont été fournis par le rôle de l'arrière-ban d'Amiens levé en 1557, dont une copie manuscrite se trouve aux Archives d'Abbeville ; M. de Beauvillé avait l'original de ce rôle, qu'il a publié dans le 3e vol. des *Documents inédits*, pp. 380 et suiv.

A cette époque, Vraignes appartenait à la veuve et aux héritiers de Jean Amezicourt ; leur seigneurie fut estimée à cette occasion 140 livres tournois. Cependant, d'après le même document, Jehan de Lyon, écuyer, était aussi seigneur de Vraignes ; il se fit remplacer par Josse le Grand, de Vraignes.

En 1703, dit D. Grenier, Vraignes appartenait à M. le Couvreur de Renancourt [2].

La seigneurie de ce village fut ensuite possédée par les derniers seigneurs de Boulainvillers.

[1] M. F.-I. Darsy. *Bénéfices de l'Église d'Amiens*.
[2] Armes : *D'or, au sanglier de sable dans un buisson de sinople*.

Fiefs.

On voit par le rôle de l'arrière-ban de 1557 qu'un certain nombre de fiefs étaient assis sur le territoire de Vraignes.

Clément le Roy, demeurant à Vraignes, y possédait un fief estimé 6 livres tournois ; il fut taxé à 36 sols tournois. Le même y avait un second fief acheté à Denis le Roy, valant 8 livres tournois ; il fut taxé à 48 sols.

Antoine Lucas [1], demeurant à Vraignes, y possédait un fief valant 12 sols tournois pour lequel il fut taxé à 3 sols 8 deniers. Antoine Lucas fut nommé lieutenant du bailli d'Amiens en 1592.

Jean Broquart, laboureur, possédait également un fief à Vraignes, qui valait 30 sols tournois, et pour lequel il fut taxé à 9 sols tournois.

RILEUX. — Mais le fief le plus important situé à Vraignes était le fief de Rileux, qui s'étendait aussi sur les terroirs de Lamaronde, de Thieulloy-l'Abbaye et environs. Il était mouvant de la terre de Piërrepont, et appartenait en 1380 à Ernoul Desquant, écuyer, à cause de Jeanne des Quesnes, sa femme. Il en fournit le dénombrement le 2 janvier 1380 à Valeran de Raineval, chevalier, comte de Fauquembergues, seigneur de Piërrepont. Ernoul Desquant déclare avoir toute justice et toute seigneurie sur ce fief « excepté le souverainté », qui appartenait au seigneur de Pierrepont.

[1] Armes : *D'argent, à la fasce d'azur, chargée de 3 glands d'or et accompagnée de 3 poulettes de sinople.*

Il tenait ce fief par hommage de bouche et de mains, « et par autel reliefs et serviches comme on doit as us et coustumes de Pierrepont, duquel ressort me dite terre est tenue, et par paiant les plais à Pierrepont chascune quinzaine que je y sui adjournez souffisamment. »

Le fief de Rileux consistait à cette époque en 53 journaux de terre en domaine, cens, rentes, etc.

Dans le dénombrement d'Ernoul, on remarque ces deux particularités : les religieux du Gard, à cause de leur maison d'Hermilly, prenaient un demi-quartier de rente sur l'un des tenanciers d'Ernoul Desquant; à cet effet, on devait les appeler par trois fois au bosquet de Rileux pour qu'ils vinssent prendre leur rente ; si aucun d'eux ne s'y rendait, le seigneur de Rileux prenait la rente et allait conduire la part revenant aux religieux du Gard en une pièce de terre appelée *le Journel.*

Les religieux de l'abbaye de Sainte-Larme de Selincourt prenaient sur le terroir un quartier et demi de rente, à cause de leur maison de Thieulloy-l'Abbaye ; le seigneur de Rileux devait aller chercher « le renteur en leur maison de Tuilloy », et devait conduire leur part de rente en la maison des religieux à Thieulloy.

Enfin, le seigneur de Rileux devait remettre annuellement au curé de Saint-Denis de Poix six mines de blé et sept mines d'avoine ; au prieur de Notre-Dame de Poix, trois mines de blé et trois mines d'avoine ; au second prieur de Poix, semblable redevance qu'au précédent.

En 1536, Jean le Caron, seigneur de Rileux, vit saisir son fief par les officiers du seigneur de Pierrepont, faute de dénombrement.

Jean le Roy, receveur des tailles à Amiens, était seigneur de Rileux en 1561.

Jean Laloyer, receveur des tailles à Amiens, fournit le dénombrement de son fief de Rileux à Françoise de Batarnay, dame de Raineval, le 20 février 1601.

Marguerite Laloyer, fille du précédent, transporta le fief de Rileux à son mari, Nicolas de Louvencourt, receveur des tailles à Amiens, qui en fournit le dénombrement à Philibert-Emmanuel d'Ailly le 20 mai 1608.

Le 3 mai 1678, Marguerite Gougier, veuve de Nicolas de Louvencourt [1], tutrice de ses enfants mineurs, donne relief du fief de Rileux.

Un autre relief de Rileux est fourni le 4 août 1744 par Nicolas-Barthélemy de Louvencourt, écuyer, seigneur de Bettencourt-Rivière.

Le 29 mars, *alias* mai 1757, Marie-Joachime-Rose Gougier, veuve du précédent, donne un nouveau relief de Rileux au nom et comme tutrice de ses enfants mineurs.

On voit dans un dénombrement de Mailly-Raineval, fourni le 15 juin 1759 au duc d'Aumont, comme seigneur de la Salle de Montdidier, par Joseph-Augustin, comte de Mailly [2], marquis d'Haucourt, que le fief de Rileux consistait alors « en domaine en terre labourable, censives en argent, avoine et chapons, et en un droit de champart à prendre et percevoir sur trois cens vingt-huit journaux et quarante verges de terre, à raison de quatre gerbes ou bottes du cent, et en un autre droit de champart à prendre et percevoir sur

---

[1] Armes : *D'azur, à la fasce d'or, chargée de 3 merlettes de sable et accompagnée de 3 croissants d'or.*

[2] Armes : *D'or, à 3 maillets de sinople, 2 et 1.*

sept cent soixante-huit journaux de terre, à raison de deux gerbes du cent. »

Jean-Baptiste-François de Louvencourt, chevalier, seigneur de Bettencourt-Rivière, Courchon et autres lieux, fournit le relief de Rileux le 24 novembre 1770, comme héritier féodal de Firmin-Honoré de Louvencourt, son frère aîné.

Suivant un état du comté de Mailly en 1770, état reproduit par M. de Beauvillé [1], le fief de Rileux était tenu de ce comté en un seul fief appartenant pour les sept dixièmes à M. de Louvencourt, et pour les trois autres dixièmes, à M. de Virgille.

Le fief de Rileux consistait à cette époque en 101 journaux de terre en domaine, y compris le chef-lieu.

« Censives en argent, 52 livres 12 sols 6 deniers; avoine, 4 mines 4 boisseaux; chapons, 2. Droit de champart à percevoir sur 403 journaux 89 verges, à raison de quatre gerbes du cent, et sur 741 journaux 68 verges trois quarts, à raison de deux gerbes du cent.

« Droits seigneuriaux en cas de vente des rotures, à raison du treizième denier, outre venterolle, quand la vente est faite francs deniers.

« Droit de relief pour les terres qui doivent censives en argent et grains, autant comme elles doivent; et pour celles chargées de champart, deux sols parisis pour chaque personne qui relève ; avec haute, moyenne et basse justice suivant la coutume d'Amiens.

« Ce fief est tenu du comté de Mailly en plein fief, foi et hommage de bouche et de main pour soixante

---

[1] *Documents inédits sur la Picardie*, t. IV, p. 670.

sols parisis de relief et vingt sols parisis de chambellage, et pour tous les droits de la coutume de Montdidier. »

Maires : MM. Delassus, Briet, Devisme, Berger, Cocu, actuellement en exercice.

Curés : MM. Despréaux, Delille, Delaire, Darras, Leriche, Testu, Vaquette et Pingret, aujourd'hui en exercice.

L'école mixte de Vraignes est fréquentée par 28 élèves, 14 garçons et 14 filles. Les instituteurs ont été MM : Briet, Deneuville, Ridoux, Magnier, Savoye, Flon, Mantelle, Choquet et Guilbert.

Il y a sur le terroir de Vraignes sept bois dont la contenance varie d'un demi-hectare à 80 hectares; ces bois sont : le bois de longue-attente, Jean-Dieu, Cocu, de l'Éperon, de Vraignes, Robinette et Pruvost.

Principaux lieuxdits : les terres-franches, le domaine, les trois-cornets, la charrette-ferrée, la vallée à loups, le bacquet, la mare Marie-Noire, le bois des moines, les cressonnières, les longuets, la hayette, le clocher, le cordon, la croix du pied Dumont, la fontaine, la boëtte à cailloux.

Les rues sont : la rue neuve, d'en haut, de Poix, de Lhomel et de Tronchoy.

Il se récolte annuellement et en moyenne 500 hectolitres de pommes à cidre sur le territoire de Vraignes.

On remarque dans la rue de Lhomel une petite

source qui alimentait autrefois le Liger quand cette rivière prenait naissance à Vraignes.

On a trouvé récemment dans un bois défriché depuis quelques années, bois qu'on appelait le *Bois-Brûlé*, un cercueil en pierre dure, contenant des anneaux et une épée avec pommeau en argent ; on a cru que sur cet emplacement se trouvait autrefois un cimetière remontant à une époque relativement peu ancienne.

L'*Annuaire de la noblesse* pour 1883 contient une généalogie de la famille de Visme, dont il sera parlé à l'article de Gouy-l'Hôpital. Suivant l'auteur, quelques membres de cette famille seraient nés à Vraignes au XVIII° et au XIX° siècle, et l'un d'eux aurait été pasteur protestant.

Depuis 1836, un temple protestant existe à Vraignes. A quelle époque et par qui les doctrines de Calvin furent-elles introduites dans ce village ? Selon Rossier, il y avait déjà des protestants à Vraignes en 1671. En 1806, vingt habitants seulement étaient attachés à ce culte.

Le passage suivant de l'*Histoire d'Amiens* de M. A. Janvier ne ferait-il pas supposer que le protestantisme s'introduisit de bonne heure à Vraignes par « un membre du clergé, Jean Morand, natif de Vraignes, près Hornoy, docteur en théologie, chanoine et vicaire-général de l'évêque, qui, chargé de prêcher l'Avent dans l'église Saint-Leu d'Amiens, ne craint pas d'émettre des propositions hardies, contraires aux enseignements de l'Église romaine. Arrêté, traduit devant les commissaires délégués du Parlelement et l'inquisiteur de la foi, il fut excommunié pour avoir été trouvé possesseur des écrits de Luther et d'autres livres hérétiques qui furent brûlés devant le portail de la cathédrale. Morand, qui s'était rétracté, fut interdit pendant dix ans et relégué dans un monastère de Montdidier ».

Jean Devisme, né à Vraignes le 7 septembre 1760, reçut la consécration au séminaire de Lausanne et fut nommé pasteur en mars 1787 à Quiévi (Nord). De là, il venait, de temps à autre, à Vraignes, à Inval, à Vergies, à Fresneville ou à Heucourt exercer son ministère. Il mourut à Valenciennes le 11 février 1819. (V. pour plus de détails : *Histoire des Protestants de Picardie*, par L. Rossier.)

TRONCHOY *

BOULAINVILLERS. — BEZENCOURT

Truncetum, 1130 ; Troncoi, 1170 ; Tronchoi, 1200 ; Tronchoy, 1301.

A 180 mètres d'altitude s'élève le petit village de Tronchoy, d'une contenance territoriale de 803 hectares. Sa population totale, y compris celle de ses annexes, est actuellement de 398 habitants; en 1726, elle était de 610 habitants ; en 1806, de 704 ; en 1827, de 615 ; en 1837, de 604 ; en 1872, de 481 et en 1881, de 419. La population de Tronchoy seulement est de 144 habitants, formant 57 ménages logés dans 51 maisons.

Tronchoy paraît venir de *truncare*, défricher ; il doit sans doute son origine à une fondation agricole formée pour défricher les bois sur l'emplacement desquels se trouve ce village.

L'église, sous le vocable de saint Pierre, est du xve siècle ; elle mesure 22^m de long sur 6 et 7^m de large, et reçoit le jour par sept fenêtres, dont aucune n'a

---

* M. l'abbé Hénocque, doyen du Chapitre, a bien voulu nous communiquer les notes qu'il a recueillies sur Tronchoy, Bezencourt et la famille de Boulainvillers.

de vitraux. Le tableau du maître-autel n'est pas sans mérite ; il provient de l'abbaye de Sainte-Larme de Selincourt et représente Jésus-Christ donnant les clefs du ciel à saint Pierre.

Avant la Révolution, le clocher renfermait trois cloches ; l'une d'elles avait été baptisée en 1708, une autre en 1782. Les deux cloches que l'on y voit aujourd'hui ont été fondues à la même époque ; la plus petite porte cette inscription : « Fondue en 1816, j'ai été bénie par M. Mercier, curé de Tronchoy, nommée Marie-Madeleine par Pierre Hénocque, prop^{re} à Tronchoy, par Marie-Madeleine Hénocque, épouse du s^r J. B^{te} Hénocque aussi prop^{re} audit lieu ». Sur la seconde, on lit : « Fondue en 1816, etc,... nommée Ursule par le dit s^r Mercier, par Marie-Madeleine-Ursule Hénocque, épouse de Pierre-Noël Berneuil, maire de la dite commune ».

Le 13 août 1728, Antoine Caron fournit la déclaration des biens de la cure de Tronchoy et de Bezencourt, son secours ; cette cure, qui était à la nomination du prieur d'Hornoy, produisait 597 livres.

Le prieur d'Hornoy, gros décimateur sur toute la paroisse de Tronchoy, devait contribuer aux réparations de l'église de ce village [1].

Le premier seigneur connu de Tronchoy est Robin de Tronchoy, qui fait hommage à Corbie en 1200.

D'après l'auteur de la *Géographie historique et statistique du département de la Somme*, Robert de Conty, conseiller au bailliage d'Amiens, était seigneur de Tronchoy en 1384.

[1] F.-I. Darsy. *Bénéfices de l'église d'Amiens*, t. II, p. 132.

A la fin du xviᵉ siècle, Oudard Iᵉʳ de Gueschard [1], écuyer, homme d'armes dans la compagnie de la reine, seigneur d'Escles, possédait la terre de Tronchoy. Il était fils aîné de Jean, écuyer, seigneur d'Escles et de Gourguechon, et d'Antoinette de Monthomer. De son union avec Louise de Runest naquit le suivant.

Oudard II de Gueschard, chevalier, seigneur de Tronchoy, Escles-Gueschard, etc., épousa Louise de Créquy de Langle, d'où naquit le suivant.

Oudard III de Gueschard, chevalier, seigneur de Tronchoy, Escles, etc., eut de sa femme, Marie Morin de Pardaillan : 1° François, chevalier, seigneur d'Escles et de Brétencourt, qui paraît avoir vendu la terre de Tronchoy au suivant ; 2° Catherine, alliée à Louis de Carbonnel, seigneur de Baudricourt.

François Cornu [2], chevalier, seigneur de Belloy, Collines, Beaumont, Hamicourt, fils aîné de Henri et de Françoise de Grouchet, était seigneur de Tronchoy dès 1672. Il épousa par contrat du 23 juillet 1673 Marguerite le Charpentier, dont il eut : 1° Charles, chevalier, seigneur de Belloy, maintenu dans sa noblesse en 1701 ; 2° Françoise, dame de Tronchoy, mariée par contrat du 7 août 1696 à Charles de Coppequesne, chevalier, vicomte de Fressenneville, seigneur de Friville, Woincourt, etc., fils aîné de Claude et de Charlotte Godard.

En 1730, la seigneurie de Tronchoy appartenait à N... la Viéville.

[1] Armes : *D'argent, à 3 chevrons de gueules.*
[2] Armes : *De gueules, à l'orle d'argent.*

BOULAINVILLERS

Boslainviler, 1146; Bosleinviler, 1164; Boulainvillers, 1346.

Boulainvillers, qui n'a ni église ni école, est un hameau de 95 habitants, formant 30 ménages, logés dans 29 maisons ; on y compte quatre rues, qui sont : la rue du haut bout, la rue de la ville, la rue du galoir et la rue du sac.

La dîme de Boulainvillers, lit-on dans les *Bénéfices de l'Église d'Amiens*, appartenait d'abord au prieuré d'Airaines, qui la céda à l'abbaye de Selincourt en 1150 moyennant une redevance ; en 1729, cette branche de dîme était affermée 130 livres

On trouve encore dans l'ouvrage de M. Darsy qu'il y avait dans la maison du seigneur une chapelle chargée d'une messe toutes les semaines.

La seigneurie de Boulainvillers était possédée dans les premières années du XIIIe siècle par une famille qui en portait le nom, famille qui jouissait déjà à cette époque d'une grande considération. En effet, Jean Ier et Anselme de Boulainvillers [1] sont nommés parmi les chevaliers-bannerets de Philippe-Auguste à Bouvines en 1214. On sait que les chevaliers-bannerets étaient ceux qui avaient assez de vassaux gentilshommes pour lever une bannière et former une compagnie de gens-d'armes ou de gens à cheval et à

---

[1] Armes : *Fascé d'argent et de gueules de 8 pièces.*

pied, entretenus à leurs frais. C'est le plus ancien souvenir concernant cette famille : il est la preuve d'une haute et ancienne noblesse. Un chevalier-banneret au XIIIe siècle doit être compté au nombre des personnages les plus importants de la contrée qu'il habite ; aussi voit-on la famille de Boulainvillers s'allier à ce qu'il y a de plus illustre en France.

Jean II de Boulainvillers, dit *le Vieil*, épousa Marie de Chepoy en Beauvoisis ; ils sont nommés tous deux en 1279 et 1280 dans les titres de la cathédrale de Beauvais. De leur union sont nés : 1° Jean, qui suit ; 2° Marie, alliée au seigneur de Fay.

Jean III de Boulainvillers, chevalier, seigneur de Chepoy, épousa Marie de Charny, avec laquelle il est mentionné dans un arrêt du Parlement de 1335. Ils eurent : 1° Jean, qui suit ; 2° Thibaut, qui suivra ; 3° Marie, alliée à Jean de Croy. Mais, à ces enfants, ne faudrait-il pas ajouter ceux qui ont été tués à la bataille de Poitiers en 1356 ? Sur les nécrologes publiés par Froissart, on voit en effet deux noms de cette famille : « Messire de Boulenville, vicomte d'Aumale[1], tué à la bataille de Poitiers, enterré dans l'église des Frères-Prêcheurs, dans leur cloître ». — « 1356. Messire Philippe de Boulainvilliers, enterré dans l'église des Frères-Mineurs de Poitiers, après la bataille de Poitiers ».

Nous devons faire remarquer avant d'aller plus loin que les généalogistes ne s'accordent point sur la filiation de la famille de Boulainvillers.

D'après une note tirée d'un écrit de Bignon, inten-

---

[1] C'est bien un titre héréditaire dans la famille de Boulainvillers.

dant de Picardie, note qui est du comte de Boulainvillers, la maison de Croy « tire son nom d'un village à quatre lieues d'Amiens ; elle a été fort illustre dans son tronc et dans ses branches. Elle s'est séparée au milieu du xiv⁰ siècle en deux branches dont l'une a continué de porter le nom de Croy et l'autre a pris celui de Boulainvillers, d'une terre à quatre ou cinq lieues d'Amiens. Cette maison fait remonter son règne jusqu'à Attila par les rois de Hongrie, qui en sont descendus. Ce qui donne de l'autorité à cette observation, c'est que les armes de Croy et de Boulainvillers sont les mêmes... »

Jean IV de Boulainvillers, chevalier, seigneur dudit lieu et de Chepoy, vivant en 1350, fut père de Perceval, Escot et Marie. Mais c'est en cet endroit que la généalogie est fort embrouillée.

L'un des deux fils, Escot ou Perceval de Boulainvillers, épousa Jeanne de Sancerre, dont il eut Robert, seigneur de Chepoy.

Vers 1355, un Robert de Boulainvillers fait montre à Rouen de 22 écuyers qui servaient sous son commandement.

Par la mort de ses frères, Perceval et Escot, et de leurs enfants, s'ils en ont eu, Marie de Boulainvillers fut appelée à recueillir les seigneuries de Boulainvillers, Bezencourt, Hornoy, Chepoy, Camps, etc. C'est sans doute Marie qui épousa Jean d'Offignies, dit *Gadiffer* [1] ; ce dernier prit le nom de Boulainvillers comme on le voit d'une sentence du bailli d'Amiens de 1374. De leur union est né le suivant.

Jean d'Offignies, dit de Boulainvillers, chevalier,

[1] Armes : *D'argent, au sautoir de gueules.*

seigneur dudit lieu, Bezencourt, Hornoy, Liomer, Yaucout, etc., épousa Béatrix de Châtillon, fille de Gaucher, seigneur de la Ferté, Dours, Saint-Hellier, etc., conseiller du roi ; de ce mariage serait né le suivant, et, après la mort de Jean d'Offignies, sa veuve aurait eu pour douaire les terres de Boulainvillers et de Chepoy, et aurait convolé en secondes noces avec Colart de Tanques, écuyer de l'écurie du roi en 1382, mort en 1402. Béatrix de Châtillon abandonna une partie de ses domaines à Jean et à Lescot de Boulainvillers, ses cousins ; elle mourut en 1420, léguant par testament ce qu'elle possédait à Liomer, à Yaucourt et ailleurs à Simon d'Offignies, dit de Boulainvillers, chevalier, et à ses enfants : Jean, Marguerite et Jeannette d'Offignies.

Jean de Boulainvillers, dit *le Jeune*, chevalier, seigneur d'Offignies, Boulainvillers, Chepoy, vicomte d'Aumale, etc., épousa en 1392 Jeanne de Hondescote, dame de Planquières et autres lieux, fille unique de Thierry, chevalier. Après son mariage, Jean *le Jeune* intenta un procès contre Philippe d'Harcourt pour deux seigneuries vendues par les tuteurs de sa femme ; deux arrêts du Parlement de 1393 et 1399 en ordonnèrent la restitution, mais il ne vit pas la fin de ce procès, car il partit pour la croisade de Hongrie avec les seigneurs de France. On connaît l'issue malheureuse de cette grande expédition ; tous les chevaliers français, sauf quelques-uns à qui l'on permit de se racheter, furent cruellement massacrés par les infidèles sous les yeux de Bajazet et du comte de Nevers ; Jean de Boulainvillers y périt avec les autres. Comme il n'avait point eu d'enfants de Jeanne de Hondescote, il y eut un grand et coûteux procès pour sa succession. Sa veuve épousa en secondes noces Arnoul de Hornes, chevalier, seigneur de Baucignies, et, en troisièmes noces, Antoine de Craon, seigneur de Beauverger.

Thibaut de Boulainvillers, fils puîné de Jean III et de Marie de Chepoy avait formé la seconde branche des Boulainvillers. De son mariage avec Agnès de Mézières, dame de Beaucourt, il avait eu : 1° Anselme, mort sans postérité; 2° Philippe. Celui-ci soutint un grand procès contre Enguerrand de Picquigny et d'autres alliés de sa famille pour la succession de Jean *le Jeune* de Boulainvillers ; l'héritage de ce dernier lui fut adjugé comme plus proche parent. Il devint ainsi seigneur des terres de Boulainvillers, Bezencourt, Hornoy, Chepoy, Camps, et vicomte d'Aumale [1]. Philippe de Boulainvillers épousa Jeanne de Hondescote, alors veuve pour la troisième fois. Il eut pour enfants Simon et Jean dit *Lescot* ; ce dernier traita au nom de son père avec Béatrix de Châtillon sur son douaire de Chepoy, etc. ; celle-ci le divisa en deux parties et en laissa le choix à Jean Lescot, qui accepta Chepoy.

Simon d'Offignies, dit de Boulainvillers, chevalier, seigneur dudit lieu, etc., épousa Marguerite de Fosseux, veuve de Jean de Craon, seigneur de Domart-en-Ponthieu, et sœur ou fille de Philippe, dit le Borgne de Fosseux. Devenu légataire de Béatrix de Châtillon, Simon hérita les terres d'Yaucourt, Liomer, Hallencourt, etc. Il eut pour enfants : 1° Jean, écuyer, seigneur d'Offignies; 2° Marguerite ; 3° Jeanne ; 4° Jeannette ; 5° Perceval.

---

[1] Duchesne. — *Histoire de la maison de Châtillon*, pp. 560 à 563.

Philippe de Boulainvillers, dit Perceval, seigneur dudit lieu et de Chepoy, vicomte d'Aumale, conseiller et chambellan du roi, son bailli en Berri, épousa Jeanne, dame de Gournay-sur-Aronde. Jeanne d'Harcourt, comtesse d'Aumale, dame d'Hornoy, lui laissa tous ses biens. Perceval fut un personnage très considéré à la cour de Charles VII ; avant que d'être conseiller et chambellan du roi, il avait été chargé de plusieurs commissions pour le recrutement des auxiliaires écossais et lombards, ce qui le mit en relations avec la famille Visconti. Témoin des grands événements qui se passèrent en France de 1428 à 1430, et des triomphes de Jeanne d'Arc, il écrivit à ce sujet au duc de Milan une lettre très intéressante sur l'héroïne d'Orléans [1]. De son mariage, Perceval eut entre autres enfants : 1° Philippe, auteur de la branche des Chepoy, qui suit ; 2° Pierre ; 3° Jean ; 4° Jeanne, mariée à Mathieu de Caulaincourt, d'où Jeanne, femme de Philippe de Mailly, seigneur d'Auvillers et de Mametz ; 5° Isabelle, alliée à Jean d'Hallencourt par contrat du 1er juillet 1451.

Philippe II de Boulainvillers, seigneur dudit lieu, de Verneuil, de Rieu, vicomte d'Aumale, était conseiller et chambellan de Jean II, duc de Bourbon et d'Auvergne, et gouverneur pour ce dernier du comté de Clermont. Il épousa, en 1459, Claude, dame de Sèvres, près Saint-Cloud, dont il eut : 1° Charles, qui suit ; 2° Catherine, qui épousa Jean IV de Courtenay, seigneur de Bleneau, Villers, Champigneules, etc. ; elle mourut peu de temps après son mariage.

[1] V. cette lettre dans le *Procès de Jeanne d'Arc*, par Quicherat (t. v, pp. 114 et suiv.).

Charles de Boulainvillers, chevalier, seigneur dudit lieu, de Beaumont-sur-Oise, Villers-Adam, vicomte d'Aumale, panetier du duc de Bourbon, épousa en premières noces Catherine de Havart, fille de Georges, seigneur d'Argueil, la Coudroye, vicomte de Dreux et sénéchal héréditaire du Perche; de ce mariage sont issus : 1° Adrien ; 2° Philippe. Après la mort de sa première femme, Charles épousa Suzanne de Bourbon, comtesse de Roussillon, petite-fille de Louis XI, qui était veuve de Jean de Chabannes, comte de Dammartin. Charles de Boulainvillers n'eut point d'enfants de sa seconde femme ; il mourut en 1529 et fut le dernier de cette famille qui posséda la terre patronymique de ses aïeux, mais nous ne savons par suite de quelle cause cette seigneurie changea de possesseurs.

Robert d'Hallencourt [1], écuyer, seigneur de Dromesnil, Morival, Biencourt, Bettembos, le Translay, s'intitulait aussi seigneur de Boulainvillers. Il était petit-fils de Jean et d'Isabelle de Boulainvillers, fille de Perceval. A partir de cette époque, Boulainvillers eut les mêmes seigneurs que Dromesnil, comme on le verra plus loin, Boulainvillers ayant toujours été l'apanage des aînés. Mais, au XVIIe siècle, François d'Hallencourt, chevalier, seigneur de Bettembos et de Blanchemaison, lieutenant aux gardes françaises, fils cadet de Louis d'Hallencourt et de Françoise de Boufflers, s'intitulait seigneur et marquis de Boulainvillers. Il épousa le 14 novembre 1675 Marie-Françoise de Caumont, dont il eut le suivant.

Joseph-Maximilien-Louis d'Hallencourt, chevalier,

---

[1] Armes : *D'argent, à la bande de sable, accompagnée de 2 cotices de même.*

marquis de Boulainvillers, baron de Vraignes, seigneur de Bettembos et autres lieux, chevalier de Saint-Louis vers 1722, laissa une fille qui épousa le suivant.

Anne-Gabriel-Henri-Bernard de Saint-Saire, comte de Grisole, président au Parlement de Paris, dit *le Président de Boulainvillers*, épousa au mois de septembre 1748 Adrienne-Marie-Madeleine d'Hallencourt, dame et marquise de Boulainvillers, baronne de Vraignes.

Emmanuel-Henri-Charles de Crussol d'Uzès fut le dernier seigneur de Boulainvillers et de Vraignes, terres qui lui venaient du chef de sa femme, l'une des filles du précédent.

BEZENCOURT

Beusencort, 1149 ; Bosencort, 1198 ; Bezencourt, 1301.

La population du hameau de Bezencourt est plus forte que celle de la commune puisqu'on y compte 159 habitants, formant 50 ménages, logés dans autant de maisons.

L'église est dédiée à sainte Marie-Madeleine. Le clocher renferme une cloche qui porte cette inscription : « T. H. et T. P. Mgr Emmanuel Henry Charles de Crussol d'Uzès, baron de Crussol, comte de Leuilly, Miel, Boulainvillers, Vraignes, St Aubin et autres lieux, brigadier des armes du roy, mestre de camp, commandant du régiment de Berry-infanterie, et

T. H. et T. P. Dame Madeleine Adrienne Gabrielle Marie Louise Bernard de Boulainvillers, épouse de Mʳ Léonard, vicomte de Faudoas, seigneur de Niglesqueville et autres lieux, chevalier de l'ordre royal et militaire de Sᵗ Louis, m'ont nommée Marie-Louise. J'ai été bénite par Mʳ Nicolas Mercier, curé du dit lieu et Mgr Jacques Simon ».

La seigneurie de Bezencourt était tenue en pairie de la châtellenie d'Hornoy.

Le premier possesseur que nous connaissions est Jean de Boulainvillers, fils de Perceval et de Jeanne de Gournay ; il est l'auteur de la branche des Boulainvillers de Saint-Saire.

Antoine Iᵉʳ de Boulainvillers, seigneur de Saint-Saire, Bezencourt, Nesle, Beaubec-la-Ville, etc., signe les coutumes locales de Bezencourt le 24 septembre 1507. Il épousa Louise de Verneuil, dame dudit lieu, dont il eut : 1° Antoine, qui suit ; 2° Nicole, mariée le 7 décembre 1517 à Jean de Runes, seigneur de Baizieux et de Fontaines-lès-Aumale.

Antoine II de Boulainvillers, surnommé *le Jeune*, chevalier, seigneur de Saint-Saire, Bezencourt, Verneuil, Nesle-en-Bray, Romescamps et autres lieux, chevalier de l'ordre du roi, capitaine de 50 hommes d'armes, combattit sous François Iᵉʳ en Flandre et en Picardie et devint huguenot à la fin de ses jours. Il épousa : 1° en 1518, Claude Rouvroy de Saint-Simon, fille de Louis, seigneur de Rasse et du Plessier, bailli d'Hesdin et de Senlis, et d'Antoinette de Mailly ; 2° Jossine d'Ailly, veuve en premières noces de Nicolas de Monchy, et fille d'Antoine d'Ailly, seigneur de Varennes, et de Louise de Halluin. De son premier mariage, il eut : 1° Louise, mariée à Jean de Runes, seigneur de Valanglart et de Vieux-Rouen ; 2° Jacqueline, mariée en premières noces à Nicolas de Bacouël, gouverneur et sénéchal de Ponthieu, et en secondes noces à Jean du Chemin, chevalier de l'ordre du roi, seigneur du Mesnil, gouverneur de Neufchâtel ; 3° Jean, qui suit ; 4° François, qui suivra.

Jean de Boulainvillers, dit *Perceval*, chevalier, seigneur de Saint-Saire, Bezencourt et autres lieux, épousa en 1541 Louise de Guines de Hames, seconde fille d'Antoine, seigneur de Hames, et de Louise d'Ailly ; il en eut un fils, François, qui mourut avec lui à la bataille de Gravelines en 1558 ; sa veuve se remaria en 1567 à Antoine d'Estourmel, seigneur du Plessis, gouverneur d'Amiens et trésorier-général en Picardie, dont elle eut Jean d'Estourmel, tige de la branche de Fouilloy.

François de Boulainvillers, chevalier, seigneur de Saint-Saire, fils d'Antoine II et de Saint-Simon, hérita du précédent la seigneurie de Bezencourt. Destiné à l'état ecclésiastique, il fut curé de Saint-Saire et devint, jeune encore, protonotaire, mais il quitta ses fonctions, et sa liaison avec le cardinal Odet de Châtillon le jeta dans l'hérésie. Il était fort savant et très éloquent, et fut un bon capitaine chez les huguenots. Il fit tenir le prêche dans l'église de Saint-Saire ; mais, en 1570, le roi fit dévaster et raser en partie son château de Saint-Saire ; les portes fortifiées furent abattues, la grande futaie fut coupée, les titres pillés, mais fort heureusement que ces derniers furent en partie sauvés par un meunier. François de Boulainvillers se maria après qu'il se fut séparé de l'Église romaine ; il épousa Charlotte de Monchy-Senarpont, fille de Jean et de Claude de Longueval ; il en eut : 1° Anne, mariée le 23 décembre 1575 à Louis des Courtils, seigneur de Merlemont, Framicourt et le Houssoy ; 2° Madeleine, alliée au suivant; 3° Samuel, seigneur de Saint-Saire, qui épousa le 8 mars 1594 Marie de Presteval. François de Boulainvillers mourut subitement en 1582 ; « bien fait, brave, lisons-nous dans une généalogie manuscrite de cette famille, mais fier, impoli, rude, ignorant, sans ambition, il ne profita pas de ces avantages ».

Claude de Forceville [1], écuyer, seigneur d'Applaincourt (fief à Villeroy), second fils de Guillaume et de Guillemette Grisel, demeurait à Bezencourt en 1528; il fit son testament le 16 octobre 1541 par devant Jean du Montgermain, vicaire de Tronchoy et de Bezencourt, et demanda à être inhumé dans l'église de ce dernier village, devant l'autel de la sainte Vierge ; il mourut avant le 20 juillet 1542.

Nicolas de Forceville, écuyer, seigneur d'Applaincourt, fils aîné du précédent et de Françoise de Feuquières, nous paraît être devenu seigneur de Bezencourt après l'acquisition qu'il en fit à François de Boulainvillers. Nicolas de Forceville épousa par contrat du 18 février 1568 Gabrielle de la Rivière, fille de Pierre, seigneur de Villers-Campsart et d'Argoules, et de Marie de Roncherolles; il en eut : 1° Adrien, qui suit ;

---

[1] Armes : *De gueules, au sautoir d'argent, accompagné de 4 merlettes de même.*

M. le comte de Brandt de Galametz a bien voulu nous communiquer la liste, à partir du xvi° siècle, des seigneurs de Bezencourt, qu'il a dressée sur titres authentiques en la possession de M. du Passage.

2° Robert, seigneur de Merlimont ; 3° Antoinette, alliée à Antoine le Blond ; 4° Gabrielle, morte jeune en 1607 ; 5° Françoise ; 6° Anne, religieuse ; 7° Jeanne, aussi religieuse.

Adrien de Forceville, chevalier, seigneur de Bezencourt, Applaincourt, Ainval, Sarton, Bonvillers et autres lieux, lieutenant du roi à Doullens, fut reçu chevalier de l'ordre du roi par le seigneur de Rambures le 11 janvier 1629. Il épousa en premières noces, par contrat du 27 janvier 1605, Jeanne de Monthomer, fille d'Oudard, seigneur de Frucourt, et de Catherine de Querecques, et en eut François, mort jeune. Il épousa en secondes noces, par contrat du 27 mai 1620, Barbe de Hille, veuve d'Eustache de Brimeu, dont il eut : 1° Charles, écuyer, mort jeune, après son père ; 2° Françoise-Madeleine, alliée au suivant ; 3° Gabrielle, religieuse, abbesse de Saint-Michel de Doullens ; 4° Charlotte.

Jean de Schulemberg, chevalier, comte de Montdejeu, maréchal de France, gouverneur du Berri, chevalier des ordres du roi, fils de Jean et d'Anne d'Averhoult de la Lobe, devint seigneur de Bezencourt après son mariage contracté le 8 septembre 1640 avec Françoise-Madeleine de Forceville, dame d'Argoules, Applaincourt, Sarton et autres lieux. Le comte de Montdejeu mourut au mois de mars 1671.

André-Louis Renouard [1], conseiller du roi, rece-

---

[1] Armes : *D'argent, à une quintefeuille de gueules, accompagnée de 3 feuilles de houx de sinople, soutenues chacune d'un croissant d'azur, deux en chef et une en pointe.*

veur des tailles en l'élection d'Amiens, était seigneur de Bezencourt en 1703.

François-Hyacinthe-Norbert de Clément du Wault [1] devint seigneur de Bezencourt après son mariage vers 1740 avec Madeleine-Ursule Renouard, fille du précédent.

Charles-François de Boubers-Tunc [2], vicomte de Bernâtre, seigneur de Tunc et autres lieux, fils aîné de Marc-Daniel-Hyacinthe et de Marie-Louise de Carpentin, devint seigneur de Bezencourt par suite de son mariage avec Marie-Charlotte-Françoise de Clément vers 1775. En 1783, ils vendirent la seigneurie de Bezencourt au suivant.

Albéric-André, comte de Clément, chevalier, seigneur de Bezencourt, épousa Françoise-Clotilde-Angélique du Blaizel ; devenue veuve, cette dernière, qui hérita de son mari, vendit le domaine de Bezencourt en 1800 à Jean-Bernard Lemarchand.

Charlotte-Mélanie de Carvoisin [3], fille mineure de feu Jacques-François de Carvoisin d'Achy et de feue Jeanne-Charlotte Sombret, instituée légataire de M. Lemarchand, épousa : 1° Hippolyte de Carvoisin ; 2° le duc de Clermont-Tonnerre.

Marie-Henriette-Thérèse-Gabrielle de Sade, veuve

[1] Armes : *D'or, à 3 bandes de gueules.*
[2] Armes : *D'or, à 3 aigles de sable,* et quelquefois : *de gueules, à 3 bers dor.*
[3] Armes : *D'or, à la bande de gueules, au chef d'azur.*

de Corentin-Louis-Joseph de Grasse, acheta en 1814 au duc et à la duchesse de Clermont le domaine de Bezencourt.

Simon-Melchior de Lagrené épousa Marie-Françoise-Éléonore-Prospère de Grasse ; devenu veuf, il vendit au nom de ses filles mineures, en 1827, le domaine de Bezencourt à M. Demarsy, propriétaire à Amiens. En 1839, ce dernier le vendait au comte du Passage.

Près de 700 hectares de terre sont livrés à la culture ; on compte 48 hectares de prairies naturelles et 18 hectares de larris ; il y a à peine un hectare couvert de bois. 241 personnes vivent de l'agriculture, 92 de l'industrie et 30 du commerce local. — Le rendement annuel des pommiers à cidre pour Tronchoy et de ses annexes est d'environ 1600 hectolitres de pommes.

Maires : I. Duneufgermain, an IV à 1813. — II. Berneuil Pierre-Noël, 1813 à 1831. — III. Peltot Nicolas-Henri, 1831 à 1847. — IV. Peltot Pierre-François, 1847 à 1855. — V. Du Passage Gustave, 1855 à 1857. VI. Hénocque Arsène, 1857 à 1858. — VII. Peltot Pierre-François, 1858 à 1880. — VIII. Corroy Théophile, adjoint faisant fonctions de maire, 1880 à 1881. — IX. Sangnier Félicien, en exercice depuis 1881.

Curés : I. Jehan Lebas, 1507. — II. Hénocque Pierre, 1673 à 1699. — III. Jean de la Salle, 1699 à 1703. — IV. Plichon, 1703 à 1728. — V. Prévot, 1728 à 1731. — VI. Sueur, 1731 à 1770. — VII. Mercier, 1770 à 1793. Pendant la Révolution, on voulut lui faire prêter le serment civique, mais, comme l'un de ses paroissiens lui fit remarquer qu'il passait sous silence une partie de la formule, il jeta le livre en disant : « Dites-le mieux ! » Il revint exercer le ministère à Tronchoy de 1814 à 1821, et mourut en 1823. — VIII. Carpentier, 1803 à 1810. — IX. Boulanger, 1810 à 1814. — X. Dervel, 1821 à 1825. — XI. Darras, 1825 à 1829. — XII. Prousel, 1829 à 1832. — XIII. Malivoir, 1832 à 1869. — XIV. Dheilly, en exercice depuis 1869.

Les instituteurs de Tronchoy ont été : I. Froment Pierre, 1682 à 1686. — II. Hubault Jean, 1686 à 1739. — III. Lemaire Jean-Baptiste, 1739 à 1793. — IV. Leullier Vincent, 1793 à 1794. — V. Deneuville et Pointier, 1794 à 1804. — VI. Simon Jacques, 1804 à 1836. — VII. Dumège, 1836 à 1867. — VIII. Lefèvre Armand, 1867 à 1879. — IX. Guérin Gustave, 1879 à 1883. — X. Gapenne, en exercice depuis 1883.

Les instituteurs de Bezencourt ont été plus nombreux : I. Gentien François, 1673 à 1679. — II. Lecomte Jean, 1679 à 1714. — III. Barbier Pierre, 1714 à 1728. — IV. Hubault Jacques, 1728 à 1743. — V. Grossier Jacques, 1743 à 1780. — VI. Manchion Jean-Baptiste, 1780. — VII. Decamps, 1780 à 1800. — VIII. Mallot, 1800 à 1812. — IX. Moyencourt Pierre-François, 1812 à 1852. — X. Morvillers, 1852 à 1861. — XI. Pruvost, 1861 à 1866. — XII. Martin, en exercice depuis 1866.

Élèves inscrits à Tronchoy : 14, 8 garçons et 6 filles.
Élèves inscrits à Bezencourt : 23, 15 garçons et 8 filles.

Les principaux lieuxdits sont : la valéette, le riot doteux, l'épine Madelon, la fosse Robinette, le domaine, la turlotte, la prieurée, le séhu, le clos, le moulin défait, la croix aux loups, les tapettes, la motte, l'englorier, la romaine, la carottière, le parc, etc.

Il y a trois rues à Tronchoy : d'Orival, de Bezencourt et de Boulainvillers ; on en compte six à Bezencourt : la ruelle, les rues de Tronchoy, de la place, de Saint-Jean, d'Hornoy et la grand'rue.

Fonts baptismaux dans l'Église de Guibermesnil

GUIBERMESNIL

SAINT-JEAN. — WATHIÉVILLE

GISLEBERTMAISNIL, 1131 ; GILEBERTI MAISNIL, 1137 ; GISLEBERTI MAISNILIUM, 1262.

Ce village est situé à l'extrémité du plateau qui s'étend entre la vallée du Liger et celle de la Bresle ; il est à cinq kilomètres d'Hornoy, son chef-lieu de canton, et à trente-sept d'Amiens.

C'est au pied d'un larris, au-dessous et au nord de Guibermesnil, que le Liger prend sa source en un lieu qui est bien loin d'être pittoresque ; en cet endroit prennent aussi naissance les collines au pied desquelles serpente le Liger jusqu'à son embouchure.

Guibermesnil, à s'en rapporter à son étymologie, devrait son nom à l'un des seigneurs qui a possédé primitivement le domaine ou qui a établi le premier château. Suivant Ménage, *mesnil* vient de *mansus, masus, masuum*, et signifie *habitation*; Guibermesnil désignerait donc *l'habitation de Guilbert* ou *Gilbert*. Cette forme est suffisamment indiquée dans une charte de Garin de 1131 ; il ne faudrait donc pas croire que ce village devrait son origine à une mansion romaine.

La population de Guibermesnil, d'après le recensement de 1886 n'atteint pas la moitié de ce qu'elle était il y a environ cinquante ans.

En 1806, il y avait 278 habitants ; en 1827, 265 ; en 1837, 281 ; en 1876, 220 ; en 1881, 138, et en 1886, 137.

En 1698, le nombre des habitants était de 220 ; on y comptait 86 feux en 1714 ; il s'y trouve aujourd'hui 41 maisons occupées par autant de ménages. 83 habitants vivent de l'agriculture, 56 de l'industrie et 14 du commerce.

L'étendue du territoire est de 886 hectares, dont 550 en terre labourable, 235 en bois, 50 en larris, et le reste occupé par les maisons, les jardins ou les chemins.

Il y a une assez grande quantité de pommiers à cidre sur le terroir de Guibermesnil ; leur rendement moyen annuel est d'environ 900 hectolitres.

Guibermesnil était, avant la Révolution, de l'élection d'Abbeville, du bailliage et prévôté d'Arguel, du doyenné d'Airaines, puis de celui d'Hornoy.

Nous trouvons la description suivante dans un manuscrit rédigé sans doute en vue de l'imposition de la taille en 1763 : « Guibermaisnil est une succursale de Saint-Jean-lès-Brocourt, qui en est éloigné d'un quart de lieue. M. le comte de Canisy en est le seigneur. Wattiéville est un hameau qui en est peu éloigné, dont M. de Martainneville est le seigneur. En tout cinquante-huit feux. Ni ferme ni autre hameau qui en dépende. Guibermaisnil et Wattiéville sont situés en plaine. La plus grande partie des terroirs est en plaine, où les terres sont bonnes ; celles qui sont en côte sont médiocres. Productions ordinaires ; il y a soixante-douze journaux de bois sur le terroir de Guibermaisnil et cent soixante-dix-sept sur celui de Wattiéville. En tout, six laboureurs; les autres habitants sont houppiers, fileurs de laine et journaliers. Guibermaisnil et Wattiéville sont entièrement de l'élection de Ponthieu. A une demi-lieue du chemin d'Abbeville à Aumale. Point de moulin, ni bureau de marque, ni biens communaux, ni foire ni marché. Le pied de taille est de 540 livres [1] ». — Le montant des quatre contributions directes s'élève de nos jours à 3,437 fr.

L'église de Guibermesnil, sous le vocable de la Nativité de la sainte Vierge, date du xvi° siècle. Simple dans son architecture, elle a le charme sévère que doit avoir tout monument religieux. C'est l'une des églises de la Renaissance les mieux conservées que l'on remarque dans cette contrée. En pénétrant à l'intérieur, on est frappé de son élégance et de son ornementation.

Elle se compose d'une nef sans bas-côtés et d'un chœur, de même largeur que la nef, éclairés tous deux par neuf fenêtres. La longueur totale de l'église est de vingt-un mètres sur sept de largeur. Parmi les huit statues qui la décorent, il faut remarquer celles de saint Joseph et de la sainte Vierge, qui se trouvent dans le sanctuaire, et qui sont assez bien exécutées ; on y voit aussi deux toiles peintes dont l'une représente saint Augustin et l'autre sainte Geneviève de Nanterre.

On remarque également une pierre tumulaire portant l'inscription suivante : « Alexandre Timbergue, docteur en théologie, décédé en l'année 1751, prieur de l'abbaye de Prémontré d'Amiens ».

La voûte, qui est très élevée, est peinte en bleu et

[1] Archives municipales d'Abbeville.

semée d'étoiles d'or ; l'extrémité des poutres faisant saillie offre des figures grimaçantes appelées *mascarons*. Le maître-autel est d'un bon travail et paraît assez ancien.

La cuve baptismale, à l'entrée de la nef, à gauche, se compose d'une énorme pierre ayant une colonnette à chacun des angles et peut dater du xie siècle ; on a eu le mauvais goût de la recouvrir d'une couche de peinture jaune, ce qui lui donne un aspect disgracieux.

Le clocher, placé en tête de la nef, au-dessus du portail, est surmonté d'une haute flèche en charpente très aiguë. Il contient deux cloches dont l'une porte l'inscription suivante : « L'an 1845, j'ai été bénite par Mr Pascal-Auguste Gavois, curé de Guibermesnil, et placée sous l'invocation de la Ste Vierge, nommée Marie-Joséphine-Élisabeth par Mr Joseph, v^{te} d'Hervilly, et Mme Marie-Anne, v^{esse} d'Hervilly, seigneurs de Guibermesnil. M. Aug^{te} Hatté étant maire et M. Ant^{ne} Esprit Berneuil adj^t ». — La seconde porte cette autre inscription : « L'an 1845, j'ai été bénite par Mr Gavois, curé, et placée sous l'invocation de St Jean l'Évangéliste. Paroisse de Guibermesnil St Jean-lès-Brocourt. Aug^{te} Hatté, maire, Berneuil, adj^t ; Gamard, trésorier ».

Ces deux inscriptions sont inexactes quant à la date, puisque, d'après les registres de la fabrique, la bénédiction eut lieu le 14 janvier 1846 par Mgr Mioland, évêque d'Amiens.

La petite cloche était destinée à la chapelle de Saint-Jean au cimetière de Guibermesnil ; elle provient de la fonte d'une cloche de Saint-Jean.

La cure de Guibermesnil était à la présentation de

l'abbé de Selincourt comme succursale de Saint-Jean-lès-Brocourt.

« Guibermesnil figure aux pouillés de 1736 et de 1689 comme paroisse, et celui-ci ajoute : Il y a un secours, Saint-Jean-lès-Brocourt, qui était autrefois le titre de la cure ; sa chapelle est couverte en chaume [1] ». La dime de Guibermesnil et celle de Saint-Jean appartenaient par moitié au curé du lieu et à l'abbé de Selincourt. « Raoul de Gislebert-Maisnil avait donné à l'abbaye de Selincourt, lors de sa fondation, le tiers de la dime de Gislebert-Maisnil, en même temps que cette terre qui s'étendait du chemin conduisant à Vilers jusques à celui conduisant à Broëcort lui était aussi donnée avec un pré sur ce chemin, par Guillaume Bisette et ses hommes, Ingerran de Belnay et Renold de Gislebert-Maisnil, ainsi qu'il est rappelé dans les chartes confirmatives des années 1131 et 1135. — Le pré est nommé *Courtil Saint-Jean* dans la confirmation de 1166 [2] ».

Il existe aux Archives nationales une liasse de quarante-quatre pièces de constatation au sujet des provisions du prieuré-cure de Saint-Jean-lez-Brocourt et de N.-D. de Guibermesnil, son *annexe*, dépendant de l'abbaye de Selincourt [3].

Dans le principe, Guibermesnil était attaché au prieuré-cure de Saint-Jean, comme on vient de le voir ; mais, par la suite, il fut érigé en cure. Les revenus, qui étaient d'abord de 600 livres d'après M. de Cagny, s'élevèrent ensuite à 1369 livres ; selon

---

[1] M. F.-I. Darsy. *Bén. de l'Égl. d'Am...*
[2] Ibid.
[3] Ibid.

le même auteur, le nombre des communiants était de 175 au XVIII° siècle [1]. La paroisse fit d'abord partie du doyenné d'Airaines, puis de celui d'Hornoy.

Les titulaires de la cure ont été : I. Daumalle Charles, prieur, 1628 à 1638. — II. David Louis, prieur-curé de Saint-Jean-lès-Brocourt, curé de Guibermesnil, de Wathiéville et de Saint-Martin-Horrest, comme il s'intitulait lui-même, 1638 à 1687. — III. Perache, prieur, 1687 à 1705. — IV. Colin Michel, prieur, 1705 à 1719. — V. Pecquet Charles, prieur, 1719 à 1739. Il fournit le 21 juin 1728 la déclaration des biens du prieuré de Saint-Jean et de Guibermesnil. Le revenu net était de 547 livres. L'abbaye de Selincourt avait la moitié de la dîme de Guibermesnil, mais elle était tenue aux réparations du chœur de l'église de ce village. — En 1737, frère Mollet, religieux cordelier, desservait Guibermesnil pour « aider au prieur ». — VI. Olive, prêtre-desservant, 1739 à 1740. — VII. Timbergue Alexandre, 1740 à 1751, prieur de Saint-Jean et de Guibermesnil ; il fut inhumé dans l'église de cette dernière paroisse. — VIII. Lebon, 1751 ; desservit pendant peu de temps. — IX. Descornaix Guillaume-Joseph, 1751 à 1764 ; il mourut le 18 septembre 1764 et reçut sa sépulture dans l'église de Saint-Jean. — François Boucher suppléait au prieur en 1763. — X. Leroux, prieur-curé de Saint-Jean et de Guibermesnil, 1764 à 1779. — XI. Magnier Charles, chanoine-régulier de Prémontré, prieur-curé de Saint-Jean et de Guibermesnil, 1779 à 1788, décédé le 5 août 1789, et inhumé

---

[1] Il est à noter une fois pour toutes que le nombre des communiants, suivant M. de Cagny, représente environ un tiers des habitants.

dans le cimetière de Guibermesnil. — Morel Jean-Baptiste administra cette paroisse pendant quelques mois en 1788.

Depuis cette époque jusqu'à ce jour, les desservants de Guibermesnil furent assez nombreux, comme on en peut juger par cette liste : I. Ducrocq, inhumé à la porte de la chapelle du cimetière. — II. Morel. — III. Olive, 18.. à 1829. — IV. Gonse, 1839 à 184.. — V. Gavois Auguste, 1845 à 1849. — VI. Brandicourt, 1850 à 1853. — VII. Léger, 1854 à 1858. — VIII. Petit Ernest, 1858 à 1863. — IX. Denizart, 1863 à 1870. — X. Bourdon, 1870 à 1871. — XI. Lyon Paul 1871 à 1882. — XII. Fontaine Agenor 1882 à 1883. — XIII. Armand Anicet-Joseph, en exercice depuis 1883.

La seigneurie de Guibermesnil, tenue en deux fiefs de Fontaine-sur-Somme, consistait au xviiie siècle « en une maison seigneuriale de quarante-quatre journaux d'enclos, quatre cents journaux de terres labourables, soixante-douze journaux de bois, trois cents livres de censives et demi-champart [1] ».

D'un autre côté, nous lisons dans D. Grenier : « La seigneurie, tenue en deux fiefs de celle de Fontaine, consiste en maison et quarante-quatre journaux d'enclos planté, trois cent cinquante-quatre journaux, dont soixante-dix en riez, le reste labourable, deux journaux de prés, soixante-douze de bois, un petit champart et censives ». (T. 203 et 204, f° 234).

D. Grenier a relevé les armes suivantes au château

---

[1] M. E. Prarond. *De quelques lieux du Ponthieu.* — M. le Cte A. de Louvencourt. *État des fiefs, terres et seigneuries... du Ponthieu.* — Archives municipales d'Abbeville.

de Guibermesnil. « Sur la porte de rue et sur une cheminée sont cinq écussons : le 1er, de gueules à la croix danchée d'argent, pour une fille d'Estourmel, les armes étant en lozanges ; le 1er quartier sont celles de son père, le 4e qui sont 3 annelets sont celles de la maison de Bonbelle, à cause de l'alliance que fit Creton, seigneur d'Estourmel avec Jehanne de Bazincourt. Le 2e, de gueules à 3 .....nelles d'argent en fasce sont les armes de la maison de Noyelle à cause de l'alliance de Gilles Creton, écuyer, seigneur d'Estourmel, fils de Simon, marié avec Hélène de Noyelle. Le 3e en lozange de gueules à la croix danchée d'argent. Le 4e d'argent, à 3 fasces de gueules, écartelé d'..... à la fasce accompagnée en chef de 3 annelets, et le 5e, vairé de gueules et d'argent, qui est celui de la maison de Hames, à cause de l'alliance d'Antoine d'Estourmel, baron de Massy, sieur de Guibermesnil, général des finances, petit-fils dudit Gilles, lequel épousa Louise de Hames, dame de Fouilloy. Il faut que ce soit une des trois filles de cette Louise qui ait fait peindre ces 5 écussons ». (T. 194, fol. 186, v°).

De la seigneurie de Guibermesnil relevaient celle de Wathiéville, cinq fiefs à Guibermesnil et deux fiefs à Andainville.

Les premiers seigneurs de Guibermesnil portaient dans le principe le nom de ce village, ainsi qu'il en était du reste pour beaucoup d'autres localités.

Raoul de Guibermesnil [1] a pour fils et héritier Renaut de Guibermesnil, qui donne le tiers de la dîme

---

[1] Armes : *D'azur, à 3 chevrons engrêlés d'or.*

de Guibermesnil à l'abbaye de Selincourt lors de sa fondation en 1131.

M. de Rosny cite en 1356 Leurens de Guibermesnil, marié à Marie de Hallencourt, fille de Jean, seigneur de Friencourt ; mais M. de Belleval en son *Nobiliaire de Ponthieu et de Vimeu* dit Laurent de Grébaumesnil, ce qui paraît plus admissible, car à cette date la famille des seigneurs de Guibermesnil paraît éteinte.

Robert de Beaunay, écuyer, était seigneur de Guibermesnil en 1390.

Philippe Ier de Boulainvillers [1], dit *Perceval*, chevalier, seigneur de Boulainvillers, Authuiles, Cepoy et Hornoy, vicomte d'Aumale, conseiller et chambellan du roi, dont il a été question à l'article de Boulainvillers, s'intitulait seigneur de Guibermesnil en 1440.

Antoine II de Boulainvillers, dit *le Jeune*, chevalier, arrière-petit-fils du précédent, seigneur de Guibermesnil, Nesle-en-Bray, Romescamps, Bezencourt, Boursevillle et Broutelles, chevalier de l'ordre du roi, capitaine de cinquante lances, combattit vaillamment en Flandre et en Picardie sous le règne de François Ier. A la fin de ses jours, il abjura le catholicisme pour embrasser le calvinisme. Il avait épousé d'abord, en 1518, Claude de Rouvroy-Saint-Simon, puis, en 1542, Jossine d'Ailly, veuve de Nicolas de Monchy, fille d'Antoine, seigneur de Varennes, et de Louise de Halluin. De son premier mariage il eut : 1° Louise,

---

[1] Armes déjà citées.

alliée à Jean de Runes, seigneur de Valanglart et de Vieux-Rouen ; 2° Jacqueline, mariée d'abord à Nicolas de Bacouel, puis à Jean de Mesmin ; 3° Jean, qui suit ; 4° François.

Jean de Boulainvillers, dit *Perceval*, écuyer, seigneur de Guibermesnil, Bezencourt, Saint-Saire et autres lieux, épousa en 1541 Louise de Guines de Hames, seconde fille d'Antoine, seigneur de Hames, et de Louise d'Ailly ; il en eut un fils, François, mort avec lui à la bataille de Gravelines en 1558.

Antoine d'Estourmel [1], chevalier, seigneur du Plessis-Cacheleu et de Creton, baron de Massy, chevalier de l'ordre de Saint-Michel, était trésorier-général des finances en Picardie, capitaine d'Amiens de 1562 à 1567, en conséquence des lettres du roi Charles IX en date du 7 décembre 1562 ; il tint cette place en l'absence du sieur de Morvillers [2]. Il devint seigneur de Guibermesnil et de Fouilloy par suite de son mariage en 1567 avec Louise de Hames, veuve de Jean de Boulainvillers. Il était le second des enfants de Jean d'Estourmel, chevalier, seigneur de Guyencourt, Templeux, Marquaix, etc., et de Madeleine d'Aumale, et fut la tige des d'Estourmel de Fouilloy. De son mariage, il eut un fils : Jean d'Estourmel, seigneur de Fouilloy.

Florimond de Biencourt [3], chevalier, seigneur de

---

[1] Armes : *De gueules, à la croix dentelée d'argent.*
[2] Le P. Daire. — *Histoire d'Amiens*, t. 1er, p. 169.
[3] Armes : *De sable, au lion d'argent, armé, lampassé et couronné d'or.* — On prétend que cette famille est issue de

Poutraincourt, Saint-Maulvis, Épaumesnil, Fresneville, Marsilly et Guibermesnil en 1560, sans doute par achat sur le précédent, était gentilhomme de l'hôtel du roi, conseiller et maître-d'hôtel du duc de Bretagne, bailli de Vermandois, gouverneur du duché d'Aumale et ambassadeur d'Allemagne en 1549 ; il était fils de Jacques de Biencourt, écuyer, seigneur de Poutrincourt, et d'Adrienne de Blécourt ; il mourut en 1577. C'est à lui que François Ier écrivit la lettre suivante, datée de Chavannes du 23 septembre 1537 : « A Monsieur de Poutrincourt, gentilhomme de ma chambre. Monsieur de Poutrincourt, j'envoie demain mon filz le daulphin à Lyon et avecques luy mon cousin le grand-maître, pour donner ordre à toutes choses nécessaires pour le passaige de ceste armée. A ceste cause, je vous prye partir le plus tost que vous pourrez avecques vostre compaignie, et vous rendre au dit Lyon en la meilleure diligence qu'il vous sera possible, affin de vous réunir à mon dit filz et à mon dit cousin pour leur aider aux choses dont ilz ont charge pour mon service, et m'asseurant que vous ne faillirez en ceste occasion à vostre diligence et dévouement acoustumez, je prieray Dieu, Monsieur de Poutrincourt, qu'il vous ait en sa garde. FRANÇOYS ». De son mariage avec Jeanne de Salazar, dame de Marsilly-sur-Seine, Florimond de Biencourt avait eu : 1º Louis, page du roi Henri II, tué à la bataille de Dreux ; 2º Jacques, chevalier, seigneur de Saint-Maulvis, Fresneville et Épaumesnil, marié à Renée

---

Guillaume de Rambures, vivant en 1220, fils puîné de Robert, sire de Rambures, et d'Ivette de Melun ; ayant eu la terre de Biencourt en mariage, il en aurait pris le nom.

de Famechon, par contrat du 11 septembre 1577 ; 3° Charles, seigneur de Guibermesnil, tué à la bataille de Moncontour, le 3 octobre 1569 ; 4° Jean, qui suit ; 5° Claude, religieux ; 6° Antoinette, mariée en premières noces à Jean d'Offignies et en secondes noces à Jean de Béthisy, seigneur de Mézières-en-Santerre ; 7° Jeanne, demoiselle d'honneur de la reine Marie Stuart ; 8° Anne, alliée en 1566 à Guillaume d'Octove ; 9° Françoise, mariée en 1572 à Robert de Milleville.

Jean de Biencourt, chevalier, gentilhomme ordinaire de la chambre du roi et chevalier de son ordre, gouverneur de Méry-sur-Seine, baron de Saint-Just, fut seigneur de Guibermesnil de 1580 à 1614 ; il est l'auteur de la branche des seigneurs de Marsilly-sur-Seine, établie en Champagne.

Charles de Biencourt, chevalier, seigneur dudit lieu, Poutrincourt, Vercourt, Chauvaincourt, la Roque et autres lieux, chevalier de l'ordre du roi, conseiller, maître-d'hôtel, écuyer de la grande écurie du roi, était fils de Jacques et de Renée de Famechon ; il acheta la seigneurie de Guibermesnil le 3 mai 1614 à Jean de Biencourt, son oncle. Charles de Biencourt épousa : 1° par contrat du 14 août 1612, Marguerite d'Ardres, baronne de Cresecques ; 2° par contrat du 25 juin 1635 Gabrielle de Pluvinel ; de ses deux unions il eut : 1° Antoine, baron de Cresecques ; 2° Roger, archidiacre de Tours ; 3° Marie, religieuse ; 4° Charles, chevalier, seigneur de Poutrincourt et de Saint-Maulvis, grand bailli d'Ardres et de Guines, marié en 1677 à Marie-Séraphique-Louise Chevalier ; 5° Marie, morte sans alliance ; 6° Angélique, mariée à Adrien de la Grandille, chevalier, seigneur de Doudeauville; 7° Anne, alliée à Camille de Savary, comte de Brèves.

Antoine Ier le Fèvre [1], fils puîné de Jean le Fèvre, bourgeois, marchand à Abbeville en 1555, qualifié seigneur de Caumartin, et de Marie aux Couteaux, dame de Moyenneville, était seigneur de Guibermesnil, Lintel, etc. En 1563, il acheta d'Antoine d'Estourmel la charge de trésorier de France à Amiens. De son mariage avec Anne des Essars, fille d'Antoine, seigneur du Plessis-Gobert, et de Catherine de Haudescoutre, il eut : 1° Antoine, qui suit ; 2° Marguerite, alliée par contrat passé à Abbeville le 6 juin 1607 à Nicolas Briet, écuyer, seigneur de Famechon ; 3° Madeleine, qui épousa par contrat du 14 juillet 1608 Jacques du Fay, seigneur de Carnoy ; 4° Barbe, mariée par contrat passé à Abbeville le 22 mai 1598 à Claude d'Acheu, seigneur de Bienfait ; 5° Anne ; 6° Jacqueline, toutes deux religieuses.

Antoine II le Fèvre, écuyer, seigneur de Guibermesnil et de Moyenneville, conseiller et maître-d'hôtel du roi en 1623, trésorier de France à Amiens, se retira à Calais en 1588 pour y tenir le parti du roi, parce qu'il était protestant. Il fut marié : 1° à Marguerite le Veau, fille d'Alain, conseiller au Parlement de Paris, et de Marie de Longueil, et n'en eut point d'enfants ; 2° à Catherine de Bragelongne, fille de Jacques, seigneur

---

[1] Armes : *D'azur, à 5 burelles d'argent.* — D'après D. Grenier, cette famille serait originaire de Saint-Riquier et se serait établie à Abbeville vers 1500, où elle a longtemps demeuré à l'*Asne rayé*, grande maison de la rue du Puits à la Chaîne. Les le Fèvre s'élevèrent ensuite dans la robe, vers 1600, et prétendirent descendre de Pierre le Fèvre, bailli d'Amiens.

d'Hautefeuille, et de Barbe Robert, de laquelle il eut : 1° François, qui suit ; 2° Catherine, mariée à Antoine de Caumont, seigneur de Gauville ; 3° Anne, qui épousa en 1626 Charles de Templeux, seigneur de Gremainvillers.

François le Fèvre, chevalier, seigneur de Guibermesnil, Lintel et Saint-Marc, épousa en 1663 Marie-Philoclée Bourdin, fille de Nicolas, marquis de Villènes, et de Cléophile Cauchon de Neuflize ; elle fut marraine à Guibermesnil en 1664. De cette union naquirent : 1° Marc-Antoine, seigneur de Lintel ; 2° Charles-Nicolas, seigneur de Mondement ; 3° Marie-Anne-Cléophile, mariée en 1698 à Jean-Alexandre de Blair, seigneur de Fayolles.

Michel II Manessier [1], chevalier, seigneur de Maison-Rolland et de la Motte, capitaine de chevau-légers au régiment du commissaire-général pendant trente ans, maréchal de camp, inspecteur-général des dragons et de la cavalerie, maïeur d'Amiens en 1665, s'intitulait marquis de Guibermesnil en 1670. Il était l'aîné des onze enfants de Michel Ier, écuyer, et de Jeanne d'Hollande. Il fut maintenu dans sa noblesse le 24 février 1708 par Bignon, intendant de Picardie, sur preuves remontant en 1390, époque où vivait Adam Manessier. Michel Manessier épousa par contrat du 3 février 1677 Catherine de Villers-Rousseville, sœur de Nicolas de Villers, seigneur de Rousseville, historiographe et conseiller du roi. De cette alliance

[1] Armes : *D'argent, à 3 hures de sangliers, arrachées de sable.* — Les mss. de D. Grenier ajoutent : *un chef d'azur, au lion rampant, armé et lampassé de gueules.* — Devise : *Aut mors, aut vita decora.*

vinrent : 1° François, qui suit ; 2° Michel, religieux augustin, né en 1682, aliàs 1685 ; il est l'auteur de la *Chronologie nucktographique des seigneurs de la maison Duvivier et de leurs nobles alliances depuis Charlemagne jusqu'à nos jours :* in-4°[1] ; 3° Catherine-Éléonore, mariée en 1700 à Martin-François le Scellier, écuyer, seigneur de Baralle, Buissy et Grandcourt ; 4° Maximilienne, née le 14 septembre 1692, tenue sur les fonts baptismaux à Guibermesnil par Nicolas de Villers-Rousseville, son oncle, et par Maximilienne Daudrimont, femme de François Manessier de la Motte, sa tante par alliance ; elle fut mariée en 1712 à Pierre-François de Louverval, seigneur de Villers-au-Flot. Michel II mourut à Guibermesnil le 22 novembre 1718 à l'âge de quatre-vingt-douze ans, et reçut sa sépulture dans l'église de ce lieu.

François Manessier, chevalier, seigneur et marquis de Guibermesnil après son père, était en même temps seigneur de Brocourt, Forestel, Liomer, Maison-Roland et autres lieux. Il épousa, par contrat du 30 janvier 1718, Marie-Madeleine-Antoinette Hurault du Marais, née au mois de mai 1700 de César Hurault, comte du Marais, seigneur du Roinville, baron de Weil en Berri, et d'Antoinette-Jeanne-Françoise Robineau de Fortelle ; elle mourut en son hôtel à Abbeville le 7 février 1764, et fut inhumée dans le chœur de l'église de Guibermesnil quelques jours après ; François Manessier mourut le 18 novembre 1743 et fut inhumé le lendemain dans le chœur du côté gauche

---

[1] V. *Histoire des nobles de la Germanie-Inférieure ;* Gand, 1577, et l'*Hist. des mayeurs d'Abbeville,* du P. Ignace, pp. 579, 772 et 807.

de l'église de Guibermesnil [1]. Il eut de son mariage : 1° Catherine-Madeleine, née le 5 septembre 1719, morte le 25 novembre suivant; 2° Catherine-Élisabeth-Éléonore, née le 12 septembre 1720, morte le lendemain ; elle avait été tenue sur les fonts baptismaux à Guibermesnil par François Manessier, chevalier, seigneur de la Motte, et par Catherine-Éléonore Manessier, femme de Martin le Scellier ; 3° François, né le 14 août 1721, décédé le surlendemain ; il eut pour parrain François Manessier, et pour marraine Louise de Calonne d'Avesne ; 4° Marie-Anne-Madeleine-Augustine ; c'est avec cette dernière que s'est éteinte la branche des Manessier, marquis de Guibermesnil [2].

Charles-François, comte d'Hervilly-Canisy [3], chevalier, seigneur de Deniécourt, Estrées, Fay, Wallieux, Ailly-sur-Noye, Montauban et autres lieux, lieutenant-commandant pour le roi des ville et château de Ham, colonel du régiment Dauphin-dragons, chevalier de l'ordre royal et militaire de Saint-Louis, épousa en premières noces, par contrat passé à Versailles en

[1] M. de Belleval dit qu'il fut seigneur de Guibermesnil de 1718 à 1770, et il ajoute plus loin qu'il reçut sa sépulture dans l'église de ce village vers 1768. (V. les *Fiefs et seign du Ponth...*)

[2] MM. de Belleval et de Rosny font descendre cette famille de Manessier de Démuin, vivant en 1240 ; c'est une erreur qui provient du P. Ignace, car ce dernier donne la même origine à cette famille dans son *Hist. des mayeurs d'Abbeville;* il a pris le prénom du seigneur de Démuin pour un nom patronymique : Manessier, Manassès, Manasserius de Muin, lit-on dans le cartulaire du Paraclet. (*Arch. du dép. de la Somme*).

[3] Armes : *Écartelé aux 1 et 4 de gueules à la tour d'argent; aux 2 et 3, de sable semé de fleurs de lys d'or.*

1747, Marie-Anne-Madeleine-Augustine Manessier, qui lui apporta en dot les terres et seigneuries de Guibermesnil, Brocourt, Forestel, Liomer, Maison-Rolland, etc.; elle mourut au château de Brocourt le 11 juin 1760 à l'âge de trente-un ans, et fut inhumée le lendemain dans le chœur de l'église de Guibermesnil. Le comte d'Hervilly épousa en secondes noces N. de Saint-Simon, sœur du marquis de Saint-Simon, grand d'Espagne

Marc-Pierre-Antoine-Augustin-César, vicomte d'Hervilly-Canisy, fils du comte d'Hervilly et de sa première femme, fut seigneur de Guibermesnil, Brocourt, Forestel, Liomer et autres lieux, capitaine de dragons. Il épousa le 16 mai 1786, dans l'église Saint-Sulpice, à Paris, Catherine-Victoire Chapelle de Jumeilhac, d'où vinrent : 1° Louis-François-César, comte de Deniécourt ; 2° Joseph, vicomte d'Hervilly, qui habitait le château de Brocourt en 1845, et fut parrain à une cloche de Guibermesnil à cette époque.

SAINT-JEAN [*]

S. Joannes juxta Broecourt, 1268 ; Saint-Jean-les-Brocourt, 1696.

A une faible distance en aval de Guibermesnil, entre ce village et Brocourt, se trouve le hameau de Saint-

[*] M. le baron A. de Calonne a bien voulu nous communiquer les documents recueillis par lui dans les riches archives du château d'Avesne sur ceux des membres de sa famille qui ont possédé la seigneurie de Saint-Jean.

Jean, dont le nom n'a guère varié depuis son origine.

La population de Saint-Jean, qui était de 25 habitants en 1698, se trouve aujourd'hui réduite à 10 ; une seule maison compose actuellement cette annexe.

La seigneurie était possédée au XIIe siècle par la maison des Templiers d'Hornoy, succursale de la riche et puissante commanderie de Saint-Maulvis. Après la suppression de l'ordre du Temple, en 1307, les biens de la succursale d'Hornoy furent donnés en partie aux Hospitaliers de Saint-Jean de Jérusalem, qui établirent une maison à Brocourt. Plus tard, cette seigneurie, tenue du roi, comte de Ponthieu, fit partie des vastes domaines de l'abbaye de Sainte-Larme de Selincourt.

Par une bulle datée du mois de janvier 1586, enregistrée au Parlement le 27 mars suivant, le souverain Pontife, « mû par l'urgente nécessité des affaires du royaume de France et de Sa Majesté pour l'entretènement des armées qu'il avait été obligé de mettre sur pied, pour la réduction et revenance de tout son peuple en la religion catholique, apostolique et romaine », autorisa le clergé de France à fournir au roi cinquante mille écus de rente. Le diocèse d'Amiens s'engagea spontanément à payer soixante-deux mille livres tournois, somme énorme. L'évêque d'Amiens, Geoffroy de la Marthonie, fut chargé par les cardinaux de Guise et de Bourbon de la répartir également entre tous les établissements ecclésiastiques de son diocèse, les commanderies de Malte exceptées. Les chevaliers de la langue d'Auvergne et ceux de la langue de France s'étaient imposés pour soixante-douze mille livres tournois.

Jean Oger, sergent royal au bailliage d'Amiens, reçut mission de prévenir l'abbé de Selincourt que son couvent était taxé à la somme de deux mille trois cents livres tournois payables à Amiens chez Philippe Patte, receveur de la subvention. En conséquence de cet ordre, Jean Oger se rendit à l'abbaye le 18 septembre 1586, et, parlant au frère Antoine Bourgeois, il lui déclara qu'il avait huit jours pour aviser aux moyens d'acquitter la taxe, soit sur les revenus du couvent, soit par l'aliénation de meubles ou d'immeubles, sans toutefois préjudicier au service divin : l'abbé décida qu'on aliénerait la seigneurie de Saint-Jean.

Jean Vaquette [1], procureur au bailliage d'Amiens, se rendit acquéreur de la seigneurie de Saint-Jean le 14 mai 1587 ; il la vendit plus tard au suivant.

François de Soyécourt [2], chevalier, seigneur dudit lieu, Regnières-Écluse, etc., acheta la seigneurie de Saint-Jean vers la fin du XVIe siècle. Il était fils de Jean III de Soyécourt et d'Antoinette de Rasse, dame de la Hargerie, Démuin, Tilloloy et autres lieux ; il épousa Charlotte de Mailly, fille et héritière d'Antoine, seigneur d'Auchy et de la Neuville-Roye, et de Jeanne d'Yaucourt, dame dudit lieu, de Liomer, Hallencourt, Tupigny et autres lieux ; elle était alors veuve de Jean de Taïx, — *alibi* Jacques. De cette union naquirent : 1° Maximilien ; 2° Charles ; 3° Abdias, morts jeunes ; c'est pour eux qu'un magnifique mausolée, que l'on voit encore, a été élevé au XVIIe siècle dans la belle église

---

[1] Armes : *D'or, à 3 roses de gueules.*
[2] Armes : *D'argent, fretté de gueules.*

de Tilloloy par Marie-Renée de Longueil, marquise de Soyécourt ; 4° Françoise, qui suit ; 5° N..., dame de Verton-sur-Mer, alliée à François de la Fontaine, seigneur d'Ognon ; 6° Suzanne, dame de Saint-Aubin-Rivière, qui devint la femme de Guy d'Auxy, ainsi qu'on le verra plus loin.

Françoise de Soyécourt, dame dudit lieu, Tilloloy, Regnières-Écluse, Saint-Jean, etc., épousa en premières noces Ponthus de Belleforière [1], seigneur dudit lieu, Cagny, Istres, etc., gouverneur de Corbie, fils de Charles et de Catherine de Sainteau ; de ce mariage naquirent : 1° Albert, mort le 25 février 1586 ; 2° Maximilien, seigneur de Soyécourt et de Tilloloy. Françoise de Soyécourt épousa en secondes noces Thibaut de Mailly, seigneur de Remaugies et d'Onvillers, veuf de Françoise de Belloy, et fils de René Ier et de Marie d'Hangard ; de cette union naquit une fille : Louise de Mailly, mariée en 1612 à Philippe Guillart, baron d'Arcy et de l'Espichelière.

Léonor de May [2], écuyer, seigneur du Val de Bretagne, Seronville et autres lieux, troisième fils de Jean, seigneur de Seronville, plusieurs fois échevin, puis maïeur d'Abbeville en 1575, et de Catherine de Lourdel, acheta la terre de Saint-Jean à Thibaut de Mailly le 13 juillet 1610, moyennant mille sept cents livres tournois. Il épousa le 6 janvier 1598 Françoise Cornu de Beaucamps, veuve de Jean de Calonne, écuyer, seigneur d'Avesne, et n'en eut point d'enfants.

[1] Armes : *De sable, semé de fleurs de lys d'or.*
[2] Armes : *D'or, au chevron d'azur.*

Jean de May, écuyer, seigneur de Seigneurville, avocat à Abbeville, licencié ès-lois, frère de Léonor de May, hérita de ce dernier la terre de Saint-Jean. Il épousa, par contrat du 21 juin 1592, Anne de Calonne d'Avesne, fille de Jean et de Philippe Louvel ; il en eut : 1° Jacques, écuyer, seigneur de Vieulaines, marié le 3 avril 1619 à Marie de Monthomer ; 2° Pierre ; 3° Antoinette ; 4° Marie ; 5° Suzanne.

Ce fut sans doute par donation que la seigneurie de Saint-Jean passa à Jean de Calonne [1], écuyer, fils puîné de Pierre, seigneur d'Avesne, Mesnil-Eudin, Pommereuil et autres lieux, et de Françoise du Bos. Il passa son existence dans les camps ; enseigne au régiment de Rambures en 1644, il devint capitaine au même régiment en juillet 1653. Le 24 octobre 1663, le roi voulant augmenter de vingt-cinq compagnies le régiment de la reine, afin d'en porter le nombre à quarante au lieu de quinze, commit le sire de Saint-Jean au commandement de l'une de ces deux compagnies, qu'il fut chargé d'organiser. Le 4 août 1666, Charles de Rambures, colonel d'un régiment d'infanterie, délivre un certificat à Jean de Calonne, par lequel il atteste qu'il a « servy le roy dans ledit régiment depuis l'année 1644 jusques en l'année 1660, qu'il auroit été compris dans le nombre des réformes, en laquelle qualité des réformes il a continué de servir audit régiment jusques en l'année 1663 qu'il auroit été pourveu d'une compagnie au régiment de la Reyne, aiant commencé de servir audit régiment en

[1] Armes : *D'argent, au lion léopardé de gueules mis en chef.*

qualité de lieutenant en la mesme compaignie et depuis 1652 en qualité de capitaine en chef ». Le 22 juin 1673, nous retrouvons Jean de Calonne sous les murs de Maëstrick ; il combattit à Senef et adressa, le surlendemain de la bataille, à son parent, M. de Dourier, la curieuse lettre que voici : « Du camp de Piéton, ce 13 d'août 1674. Monsieur mon cher cousin, j'ai reçu la vôtre du huit du courant et je vous en fais réponse la larme au cœur et percé de douleur de la mort de mon frère, qui fut tué le onzième de la bataille que nous eûmes avec les ennemis, qui fut si sanglante que notre régiment commença l'attaque à huit heures du matin et ne finit que le lendemain à deux heures après minuit ; la bataille commença au décampement des ennemis, lesquels laissèrent 14 à 15 mille hommes à leur arrière-garde soutenus de leur seconde ligne ; néanmoins il fut repoussé deux grandes lieues et demie, se battant toujours, arrêtant de haie en haie et de village en village. Aussi notre infanterie se chargea toujours à la portée de la pique et fut fort souvent enfoncée l'épée à la main, et notre cavalerie fit aussi merveille, car elle battit tout ce qu'elle trouva et se rallia toujours avec grand ordre, malgré la grêle de canons tirés sur eux et sur nous. Nous couchâmes sur le champ de bataille, et là y demeurâmes le dimanche tout le jour, et l'ennemi décampa le dimanche à deux heures après minuit à la sourdine, et y laissèrent deux pièces de canon et bien sept à huit mille tués sur la place et trois à quatre mille prisonniers, et généralement tous leurs bagages et munitions... Il nous paraît de remarquer parmi les prisonniers le comte de Nassau, le prince de Salm et quantité d'autres ennemis de qualité..... Nous y avons perdu quatre ou cinq mille hommes tués et quantité de blessés ; aussi il ne s'est jamais vu faire un si grand carnage..... J'ai fait tout le voyage à pied et en suis quitte pour une contusion au bras ; mais, hélas ! j'ai tout perdu en perdant mon frère, duquel je vous prie de cacher la mort en considération de ma pauvre mère, vous priant de ne lui faire savoir que lorsque vous le jugerez à propos, et ferai prier Dieu pour lui autant qu'il se pourra..... SAINT-JEAN ». Jean de Calonne vivait encore en 1680, car le 21 juin de cette année il transigea avec son frère François relativement à la succession de leur mère.

Jean de Calonne étant mort sans alliance, la seigneurie de Saint-Jean échut à son neveu, Adrien de Calonne, chevalier, lieutenant puis capitaine au régiment de Conflans, fils cadet d'Oudart, chevalier, seigneur d'Avesne, et de Madeleine le Fournier de Wargemont, né le 22 novembre 1671.

Louis-Édouard de Calonne, chevalier, seigneur d'Avesne, Fresneville, Boisrault, etc., fils aîné de François et de Marie-Louise d'Aumale, devint seigneur de Saint-Jean après la mort d'Adrien de Calonne, son oncle. Il naquit le 12 août 1695 et se maria par contrat du 11 mai 1735 à Françoise-Renée de Bommy, dame d'Esneval, Grimontmesnil, Fontaine-lès-Blangy, Pelvert et l'Isle-Saint-Ouen. De ce mariage : 1° Jean-Ferdinand, qui suit ; 2° Charles-François, né au château d'Avesne le 15 octobre 1744, parvint aux plus hautes dignités de l'ordre de Malte, dans lequel plusieurs de ses ancêtres avaient figuré avec distinction. Successivement pourvu des commanderies de Villedieu et de Soissons, il venait d'être nommé bailli de l'Ordre quand éclata la Révolution. Nommé commandant en second du parti royaliste dans la Haute-Normandie, sous les ordres de Monsieur, frère du roi, et du général Malet, élu membre du Conseil des Cinq-Cents, le bailli de Calonne ne cessa de se dévouer à la cause royale. Compromis dans le procès Cadoudal, il fut emprisonné au Temple, puis exilé à Laon jusqu'au jour où il alla se fixer à Blangy-sur-Bresle ; il mourut dans un âge très avancé le 21 février 1840 ; 3° Jeanne-Françoise, mariée le 18 mars 1760 à François-Eustache de Dampierre, chevalier, seigneur de Millencourt ; 4° Anne-François-Édouard, mort le 9 février 1756 à l'âge de vingt ans.

Jean-Ferdinand de Calonne, chevalier, seigneur d'Avesne, Boisrault, Saint-Jean-lès-Brocourt, Chaussoy, Fresneville et autres lieux, dit le comte de Calonne d'Avesne, chevalier de l'ordre de Saint-Jean de Jérusalem, naquit le 26 septembre 1771 ; il épousa par contrat du 25 janvier 1778 Bonne-Madeleine de Riencourt de Villers ; il décéda le 7 février 1795, laissant de son union : 1° René-Louis-Ferdinand, qui suit ; 2° Bon-Louis-Charles-Thomas ; 3° Bonne-Catherine-Françoise, mariée en 1803 à Adéodat Jourdain de Thieulloy.

René-Louis-Ferdinand, comte de Calonne d'Avesne, né en 1779, mourut en 1851, laissant cinq enfants de son mariage avec Charlotte-Amélie-Guillemette-Sophie de Rancher. De la seigneurie de Saint-Jean, consistant principalement en droits féodaux et en censives, la Révolution laissa peu de chose au comte de Calonne, qui aliéna les terrains vagues, dit les *larris de Saint-Jean*, au profit de M. Sagnier, de Saint-Jean.

FIEFS A SAINT-JEAN. — 1° En 1760, le sieur Formentin, avocat du roi à Abbeville, possédait un fief à

Saint-Jean, consistant en une maison, quinze journaux de bois, soixante-trois de terre à labour et seize livres de censives.

2° Jean Meslier possédait, au XVII° siècle, un fief à Saint-Jean, consistant en quatre-vingt-neuf livres de rente et de censives.

3° La maison du prieuré-cure, un bois et les terres presbytérales, composaient un autre fief, qui, d'après D. Grenier, aurait consisté en douze journaux de terre, quinze de bois, et des censives.

Saint-Jean, ainsi qu'on l'a vu, était un prieuré-cure. La chapelle, qui existe encore, fut bénite le 21 décembre 1761, comme on le voit par les registres de l'église de Guibermesnil.

Nous avons relevé dans ces registres quelques noms de prieurs, outre ceux que nous avons donnés au chapitre de Guibermesnil ; nous ferons remarquer que le curé de Saint-Jean était toujours un religieux de l'abbaye de Sainte-Larme.

Fiefs situés à Guibermesnil.

Il y avait en l'étendue du terroir de Guibermesnil différents fiefs nobles mouvant de la seigneurie de ce lieu, de laquelle relevait la terre d'Andainville-au-Bois, ainsi qu'un fief situé à Andainville appartenant en 1575 à Charles de Monvoisin.

1° WATHIÉVILLE. — Le fief noble de Wathiéville consistait au siècle dernier en une maison de trente journaux d'enclos, en sept cent vingt journaux de terre, dont partie en riez, et en soixante-dix-sept journaux de bois. (*D. Grenier*).

Georges de Martaineville [1], chevalier, seigneur d'Offignies, possédait le fief de Wathiéville en 1703 et encore en 1760.

Sur l'emplacement du fief de Wathiéville se trouvent aujourd'hui deux fermes, dont l'une fait partie de la commune de Guibermesnil et l'autre de celle de Lafresnoye. D'après le recensement de 1881, il y avait à Wathiéville, annexe de Guibermesnil, deux maisons, deux ménages et douze habitants ; il ne s'y trouve plus aujourd'hui qu'une maison et six habitants.

2° FIEF D'ANVILLE. — Le fief noble d'Anville appartenait, en 1575, à François de Saisseval [2], écuyer, seigneur de Marconnelle et de Sailly, avocat, garde-du-scel et bailli du chapitre d'Amiens, greffier au Parlement en 1567, commissaire des vivres en 1583, secrétaire de Monsieur, frère du roi ; il avait été anobli le 20 novembre 1577. De son mariage avec Marguerite le Scellier, fille d'Antoine et d'Hélène de Poix, il eut un fils, qui suit.

Pierre de Saisseval, écuyer, seigneur d'Anville, épousa, par contrat du 18 mai 1641, Françoise Lion, fille de feu Antoine, écuyer, sieur de la Neuville, et de Marguerite de Marignier.

Charles de Saisseval, écuyer, seigneur d'Anville et de Beaumont-Normandie, où il faisait le plus souvent sa résidence, était fils du précédent. Il fut marié :

---

[1] Armes : *De..., au sautoir engrêlé de...*
[2] Armes : *D'azur, à deux bars adossés d'argent.*

1° par contrat du 3 janvier 1675, à Marie d'Arrest, fille de Nicolas, écuyer, seigneur de Beaulieu, et de Marie Noël, et n'en eut point d'enfants ; 2° par contrat du 1er juin 1680 à Marie Lamiré de la Rest, fille de feu François et de Marguerite Flahaut, d'où François, écuyer, seigneur de Blérencourt; 3° par contrat du 14 décembre 1688, à Madeleine de Fresnoy, fille de Daniel, chevalier, baron de Landerthun, et de Marie Destailleur ; de cette troisième union naquirent : 1° Armand-Daniel, en 1690 ; 2° Charles-Armand-Claude-Ange, en 1696. François de Saisseval était mort avant le 25 mai 1696.

3° FIEF DE RIENCOURT. — Le fief noble de Riencourt, consistant en une ferme et valant quatre cents livres de rente, appartenait dans les premières années du siècle dernier à Alexandre le Scellier de Riencourt [1], doyen d'Amiens, puis chanoine et grand-vicaire de la cathédrale de cette ville. Il naquit à Amiens en 1650 de Charles le Scellier, médecin ordinaire du roi, et de Françoise de Villers ; il mourut dans sa ville natale le 6 décembre 1716 [2].

4° et 5° Deux autres fiefs situés à Guibermesnil appartenaient, l'un à Adrien de la Rivière, et l'autre au sieur Violette.

D'après une tradition locale, un village appelé Gerbroy, aujourd'hui disparu, aurait existé près de Gui-

[1] Armes : *D'or, à un aigle d'azur, membré et becqué de gueules;* alibi : *D'azur, au chevron d'or, à 3 roses de même, 2 et 1.*
[2] Bulletin de la Soc. des Antiq. de Pic., t. VIII, p. 353.

bermesnil ; on montre son emplacement, où l'on découvre constamment, du reste, des débris de constructions.

Les registres de l'état civil, que nous avons consultés avec fruit, remontent à 1627.

Les maires qui ont administré cette commune depuis 1795 ont été : I. Marguery Jean-Baptiste, an IV à an IX. — II. Hatté Nicolas, an IX à an XI. — III. Berneuil Antoine, adjoint, remplit pendant quelque temps les fonctions de maire en l'an XI. — IV. Hatté Jean-Baptiste, an XI à 1818. — V. Berneuil Antoine, 1818 à 1832. — VI. Hatté Jean-Baptiste-Auguste, 1832 à 1855. — VII. Berneuil Antoine-Esprit, 1855 à 1869. — VIII. Fournier Antoine-Emmanuel, de Wathiéville, 1869 à 1884. — IX. Thiébaut Désiré, en exercice depuis 1884.

L'école communale mixte est fréquentée par 23 élèves, dont 20 garçons et 3 filles.

Les instituteurs ont été : I. Marguery Jean-Baptiste, 1742. — II. Ségard, 1742 à 1747. — III. Candellier Alexis-François, 1747 à 1749. — IV. Tellier François, 1750 à 1797. — V. Tellier Jean-François, 1797 à 18... — VI. Véchard Jean-Baptiste, 1836. — VII. Bourdon, 1837 à 1840. — VIII. Aubert François, 1840. — IX. Delaruelle, 1844. — X. Greuet Narcisse, 1845 à 1847. — XI. Pointier Onézime, 1847 à 1883. — XII. Merque Arthur, 1883 à 1886. — XIII. Lesigne Julien, en exercice depuis 1886.

Il y a trente ans, on remarquait encore près du bois les restes de l'ancien château de Guibermesnil ; depuis lors, le terrain fut nivelé, et les débris de ce château ont été transportés à Brocourt pour servir aux fondations du château de M. de Brigode.

Dans ces dernières années, un souterrain a été découvert aux *larris de Saint-Jean*, mais on n'a jamais pu y pénétrer bien loin, les lumières s'éteignant au bout de quelques pas ; on y aurait recueilli, paraît-il, différents objets que l'on n'a point conservés.

Voici ce que nous écrit à ce sujet M. l'abbé Armand, curé de Guibermesnil : « Pour moi, je ne serais pas éloigné de croire que ces carrières, qui ont une lieue de longueur, auraient été exploitées pour la construction de l'église de Guibermesnil, qui est en pierre blanche. Cependant j'émettrai une **autre hypothèse**. Je considère le chemin abandonné qui coupe le Liger à Saint-Jean et monte d'un côté à Viller- puis à Campsart et de l'autre côté se dirige vers Aumale, et qui en certains endroits conserve encore le nom de chemin de Paris, je le considère, dis-je, comme une ancienne voie romaine (qui n'aurait pas été restaurée mais remplacée par Brunehaut), et alors les carrières auraient été exploitées pour l'empierrement de cette voie primitive de Paris à la mer par le Translay ».

Cinq rues donnent accès au village de Guibermesnil.

Principaux lieuxdits : Le bois d'Anville, le bois de Wathiéville, le bois cuillerette, le giget, le charbonnier, la potence, le grand pré, la vallée des meuniers, le fond Bérenger, le fer à cheval, la Malmaison, les proies, le fond d'enfer, le cul d'enfer, la maye, etc.

BROCOURT

LE FORESTEL

Broecort, 1131 ; Broelcort, 1164; Broecort in valle, 1208 ; Brocourt, 1507.

A cent six mètres d'altitude s'élève le modeste village de Brocourt, dont l'origine, selon toute apparence, serait d'époque française. Sa distance d'Hornoy est de six kilomètres, et celle d'Amiens, de trente-huit.

Ce village, presque entièrement construit sur la rive gauche du Liger, passerait inaperçu pour le touriste qui suit la route d'Amiens à Senarpont si ses regards n'étaient attirés par l'élégant château de style gothique qu'y a fait construire, il y a une trentaine d'années, M. le vicomte de Brigode-Kemlandt.

D. Grenier a relevé les armes suivantes dans l'ancien château de Brocourt, à un escalier de brique, sur une pierre du cintre de la porte ; elles sont d'argent, fretté de gueules, parti d'or à 3 maillets de sinople, à un écusson d'argent en abisme, chargé d'une croix pattée et alaisée de gueules. (T. 194, fol. 186).

La population est aujourd'hui de 105 habitants. En

1806 elle était de 166 hab. ; en 1827, de 173 ; en 1837, de 202 ; en 1872, de 172 et en 1881, de 139.

Le nombre des maisons est de 34, et celui des ménages de 40. L'agriculture fait vivre 17 personnes ; la petite industrie, 52, et le commerce local, 6.

L'étendue du territoire est de 241 hectares, dont 126 sont livrés à la culture, 3 aux prairies naturelles, et près de 2 hectares en larris.

Les pommiers à cidre ne produisant généralement que tous les deux ans, on peut évaluer leur rendement moyen pour toute la commune à 1500 hectolitres de pommes.

Avant la Révolution, Brocourt était du bailliage et du doyenné d'Airaines, de l'élection d'Abbeville et de la coutume de Ponthieu.

Description en 1763 : « Brocourt est une paroisse ; le principal seigneur est M. d'Hervilly de Canisy, à cause de la dame de Manessier de Guibermesnil, sa femme. 27 feux. Le Forestel est une ferme et un fief, appartenant audit sieur de Canisy, aussi à cause de ladite dame, le tout du revenu de 250 livres, distante d'un demi-quart de lieue de Brocourt ; ni ferme ni autre hameau qui en dépende. Brocourt est dans une petite vallée, dans laquelle prend sa source un petit ruisseau qui va se jeter dans la Bresle. Le Forestel est situé sur une des côtes qui forment cette vallée ; le terroir est en côte ; les terres sont très médiocres. Productions ordinaires du pays. 2 laboureurs ; les autres habitans sont houppiers ou fileurs de laine. Brocourt et le Forestel sont entièrement de l'élection de Ponthieu ; ils sont éloignés des grandes routes. Il n'y a ni moulin, ni bureau de marque, ni biens communaux, ni revenus, ni foire, ni marché. Le pied de

J.M. de.   Château de Bracourt.

taille est de 220 livres [1] ». — Le montant des quatre contributions directes est aujourd'hui de 2,155 fr.

Voici la description qu'en donne D. Grenier :

« Brouecurt, village de l'Amiénois, sur la rive droite [2] d'une petite rivière qui se perd dans la Bresle à Senarpont ». (Top. t. 196, f° 136, v°).

A la page suivante, nous lisons : « Brocourt et le Forestel, bailliage d'Arguel, 28 maisons, 487 journaux de terre.

« Tout le terroir de Brocourt ne contient qu'environ 285 journaux de terre, dont 116 environ en bois, le reste en terre labourable, dont 75 journaux à la seigneurie en domaine ; 8 maisons et 5 manoirs tenus en censives ; le reste des maisons et des manoirs tenus de la commanderie de Saint-Maulvis, avec environ 107 rasières de terres labourables, tenues de ladite commanderie ».

L'église de Brocourt est sous le vocable de l'Assomption de la sainte Vierge. Rien au dehors n'attire l'attention de l'archéologue. Les croisées, au nombre de quatre, sont fort petites et très basses ; le mur de droite a été entièrement restauré en briques il y a peu d'années. Le clocher, qui est peu élevé, se trouve en tête de la nef et ne contient qu'une cloche, baptisée en 1828 sous le nom de *Marie-Joséphine-Élisabeth* ; elle eut pour parrain le vicomte d'Hervilly, lieutenant-colonel de cavalerie, chevalier de Saint-Louis et de la Légion d'honneur, et pour marraine, la comtesse

---

[1] Archives municipales d'Abbeville.
[2] Nous avons vu que Brocourt est situé sur la rive gauche du Liger. Y a-t-il eu déplacement du village ? D. Grenier se trompe-t-il ? Nous le croyons.

Élisabeth des Ligneris, chanoinesse de Sainte-Anne de Bavière.

Cette église mesure intérieurement 15 mètres de long sur 8 de large. L'intérieur ne mérite guère de fixer les regards, si ce n'est la propreté du carrelage et les bancs à dossier ; on y voit un chemin de croix en relief et 6 statues modernes.

La cuve baptismale ne se trouve pas dans l'église, mais dans la sacristie, sans doute à cause de l'exiguïté de cet édifice. On aperçoit dans le sanctuaire, à droite, une plaque commémorative en marbre blanc, attachée au mur, et portant cette inscription gravée en lettres d'or : « A Élisabeth de Ligneris, morte à 21 ans... »

Le commandeur de Saint-Maulvis présentait à la cure, dont le revenu s'élevait à 450 livres au siècle dernier ; celui de la fabrique n'était que de 60 livres ; le nombre des communiants était de 75 au xviiie siècle, suivant M. P. de Cagny.

Les curés qui ont desservi Brocourt jusqu'à la Révolution ont été : I. Quesnel Nicolas, 1690 à 1712. — II. Hecquet Antoine, 1712 à 1747. — III. Masson N., 1747 à 1752. — IV. Catelain Charles, 1752 à 1793.

Après la Révolution, cette paroisse n'eut plus de curé ; elle est aujourd'hui annexée à Liomer pour le spirituel.

Il y avait deux seigneuries en l'étendue du terroir de Brocourt. L'une, appartenant au commandeur de Saint-Maulvis, consistait en soixante livres de censives.

La seconde seigneurie, qui était la plus importante, relevait de la châtellenie du Mazis. D. Grenier nous en donne l'étendue : « Une maison de huit journaux d'enclos, quatre-vingt-neuf journaux de bois, soixante-quinze de terre labourable et six livres de censives ». (Topogr. t. 196, f° 139). — Au commencement du xviii° siècle, elle était estimée valoir de mille à douze cents livres par an [1].

Girauld ou Girald de Brocourt [2], chevalier, paraît être le premier seigneur connu de ce domaine ; il vivait en 1186.

Étienne de Brocourt, chevalier, consent à une donation faite à la maladrerie du Quesne par Hugues Haterel, chevalier, en 1216.

Henri de Brocourt, chevalier, seigneur dudit lieu en 1267, bienfaiteur de l'abbaye de Selincourt.

Robert de Brocourt, chevalier, seigneur dudit lieu, de Fay et de Villers en partie, épousa Huguette de Pierrecourt et en eut plusieurs enfants, entre autres Blanche, mariée vers 1322 à Vincent de Moyencourt, écuyer, seigneur dudit lieu ; elle testa en faveur de son mari en 1338 et ne vivait plus en 1345 [3].

Girauld, Étienne et Guillaume de Brocourt, chevaliers, firent des donations à la maladrerie du Quesne. Plus tard, on voit encore d'autres seigneurs portant le nom de Brocourt sans qu'il soit possible de déterminer s'ils ont possédé le domaine de ce lieu ; ainsi Hugues de Brocourt est cité comme bienfaiteur de l'abbaye de Selincourt ; Enguerrand et Bertauld de Brocourt, fieffés de la prévôté du Ponthieu, sont convoqués pour la

---

[1] E. Prarond. — *De quelques lieux du Ponthieu...*
[2] Armes : *D'or, au lion de gueules.*
[3] Morel d'Acy. — *Hist. des sires puis princes de Poix.*

guerre en 1377 (D. Grenier) ; Jean de Brocourt tient un fief de l'abbaye de Saint-Valery en 1370 ; André de Brocourt, écuyer, tient un fief à Nesle-l'Hôpital en 1379 ; son fief était mouvant de la seigneurie de Nesle, qui appartenait alors à Jean de Tonneville [1].

Jean d'Yaucourt [2], *aliàs* Eaucourt, chevalier, était seigneur d'Yaucourt, Liomer et Brocourt vers 1480. De son mariage avec Antoinette de Mailly, il eut un fils, qui suit.

Jean d'Yaucourt, chevalier, seigneur dudit lieu, Liomer, Brocourt et Hallencourt, épousa Marie d'Abbeville d'Yvregny ; de cette union naquirent : 1° Marie, *aliàs* Jeanne [3], alliée au suivant ; 2° Antoinette, mariée en 1544 à Antoine de Pisseleu, chevalier.

Antoine de Mailly, dit *Hutin*, chevalier, baron d'Auchy, commandant de mille hommes de pied, était fils de Jean, seigneur d'Auchy et de la Neuville-Roye, et d'Antoinette de Mouy. Hutin de Mailly épousa Marie d'Yaucourt vers 1520. Il se fit remarquer pendant les guerres du règne de François Ier, et se signala surtout en Piémont et en Picardie, mais il fut tué d'un coup d'arquebuse au siège d'Hesdin en 1537, et non en 1539 ; il laissa une fille, mariée au suivant.

[1] Copie du dénombrement de Nesle-l'Hôpital. Arch. d'Abbeville, II, 265.

[2] Armes : *D'argent, au sautoir de gueules.*

[3] Son vrai nom est Marie ; ce qui a occasionné l'erreur commise par plusieurs généalogistes relativement à ce prénom, c'est que Jean d'Yaucourt eut une fille bâtarde nommée Jeanne, qui fut mariée en 1532 à Jean d'Esquincourt.

Jean de Thaix [1], *alibi* Jacques, chevalier, panetier de François Ier en 1529, capitaine de 50 hommes d'armes, grand-maître de l'artillerie, colonel-général d'infanterie de France, gouverneur de Loches et chevalier de l'ordre du roi, était fils d'Aimery, seigneur de Thaix et de Sepmes, et de Françoise de la Ferté. Il devint seigneur de Brocourt après son mariage avec Charlotte de Mailly, fille du précédent, dame de Brocourt, Liomer et autres lieux. Jean de Thaix fut tué au siège d'Hesdin en 1553; il reçut sa sépulture dans l'église de Sepmes en Touraine; il fut le dernier mâle de son nom, car il ne laissa que des filles. Après la mort de Jean de Thaix, Charlotte de Mailly épousa en secondes noces, le 30 mars 1555, François de Soyécourt.

Charlotte de Thaix, dame dudit lieu, de Brocourt, Liomer, le Forestel, etc., fille du précédent, épousa : 1° Charles des Essarts [2], chevalier, seigneur de Saucourt, et n'en eut point d'enfants; 2° le suivant.

René de Sanzay [3], chevalier, vicomte héréditaire et parageux [4] de Poitou, chambellan et conseiller du roi, chevalier de son ordre, colonel et capitaine-général de la noblesse de France au ban et arrière-ban

---

[1] Cette famille, originaire de la Touraine, portait : *D'argent, à 2 fasces d'azur*. C'est à tort que la Morlière intervertit les émaux.

[2] Armes : *De gueules, à 3 croissants montant d'or*.

[3] Armes : *D'or, à 3 bandes d'azur, à l'écu d'Auxy sur le tout*.

[4] Parageux, puîné tenant fief en *parage*, c'est-à-dire au même titre que son frère aîné.

en 1568 et 1569, superintendant général des fortifications de France, devint seigneur de Brocourt, Liomer et le Forestel par suite de son mariage avec Charlotte de Thaix; de cette union naquit le suivant.

Charles, comte de Sanzay, chevalier, vicomte héréditaire de Poitou et de Tupigny, gentilhomme ordinaire de la chambre du roi, chevalier de son ordre, succéda à son père dans les seigneuries de Brocourt, Liomer et le Forestel. Il épousa, vers 1600, Françoise d'Estrées, sœur de la fameuse Gabrielle.

Hugues ou Claude Poulletier, chevalier, secrétaire de la chambre du roi, demeurant à Amiens, acheta au comte de Sanzay le 21 février 1612 les terres et seigneuries de Brocourt, Liomer et le Forestel ; quelque temps après il fit hommage au roi de sa terre de Liomer, tenue du comté de Ponthieu.

Artus de Moreuil [1], chevalier, seigneur de Caumesnil, Brucamps, Villers-Bretonneux, Raincheval et Planques, chevalier de l'ordre du roi, capitaine d'une compagnie de chevau-légers, gouverneur de Rue, était fils de François, seigneur de Fresnoy, de la branche bâtarde des Moreuil, et de Marie de Mairé. Il devint seigneur de Brocourt, Liomer et le Forestel par adjudication par décret faite au Parlement de Paris le 29 décembre 1629 sur Jacques Rapinart, curateur aux dites terres. Artus de Moreuil avait épousé en 1619 Charlotte de Halluin, fille de Charles-Maximilien, seigneur d'Esclebec et de Wailly, et de Catherine du

[1] Armes : *D'azur, semé de fleurs de lis d'or, au lion issant d'argent.*

Gué, dame de Lully. De ce mariage naquirent: 1° Henri, qui suit; 2° Alphonse, qui suivra; 3° N..., mariée à N... de Fosseuse.

Henri de Moreuil, chevalier, fils du précédent, releva les terres de Brocourt, Liomer et le Forestel par acte du 20 août 1646.

Alphonse de Moreuil, comte dudit lieu et de Liomer, chevalier, seigneur de Brocourt, Liomer, le Forestel, Brucamps, Caumesnil et autres lieux, premier écuyer du prince de Condé, brigadier des armées du roi, paraît avoir hérité les biens de son frère aîné. Il épousa Hélène de Fourré-Dampierre, fille d'honneur de la reine, dame d'honneur de la princesse de Condé, puis de la duchesse du Maine. Le comte de Moreuil rendit au roi les foi et hommage de sa terre de Liomer le 4 septembre 1684. Il mourut en 1702, laissant deux filles, dont l'une épousa le suivant.

Noël de Barbezières [1], comte de Chémerault, lieutenant-général des armées du roi, épousa Louise-Françoise de Moreuil, qui lui apporta les seigneuries de Brocourt, Liomer, le Forestel et Brucamps.

Philippe du Gardin [2], écuyer, seigneur de Bernapré, Bretel, Longpré, Guimerville et Canteple, cornette et lieutenant de cavalerie dans les troupes boulonnaises, mousquetaire de la garde du roi en 1695, lieutenant au régiment de Desprez-cavalerie, en 1697, anobli par

---

[1] Armes: *D'argent, à 5 fusées de gueules rangées en fasce.*

[2] Armes: *D'azur, au chevron d'argent, accompagné de 3 croix ailées, aliàs, 3 roses de même.*

lettres-patentes de 1699, fils de Philippe, seigneur de Bernapré, et de Marie du Maisniel d'Applaincourt, acheta le 23 février 1712 à Noël de Barbezières les terres et seigneuries de Brocourt, le Forestel et Liomer, cette dernière pour quatre mille livres. Il avait épousé le 30 avril 1696 Marie-Barbe Godart, fille de Pierre, écuyer, seigneur du Montant, et de Barbe Obry ; il en eut deux filles : 1° Anne-Barbe, mariée le 2 janvier 1725 à Pierre-Vulfran Briet, écuyer, seigneur de Rainvillers ; 2° Françoise-Thérèse, née le 1er mars 1713.

Jérôme Phelypeaux [1], comte de Pontchartrain, ministre, secrétaire d'État, acheta au précédent, le 2 décembre 1715, les terres de Brocourt, le Forestel et Liomer, cette dernière pour la somme de dix-huit mille cinq cents livres ; nous voyons ailleurs que la saisine de cette terre lui fut donnée le 9 février 1720 moyennant la somme de cent quarante-deux mille livres. Le comte de Pontchartrain avait épousé le 19 février 1697 Éléonore-Christine de Roye de la Rochefoucauld, fille de Frédéric-Charles, comte de Roye et de Roucy.

François Manessier, chevalier, marquis de Guibermesnil, acheta au comte de Pontchartrain, le 30 novembre 1723, les domaines de Brocourt, Liomer et le Forestel, que ses descendants ont possédés jusqu'à la Révolution, comme on l'a vu plus haut.

[1] Armes : *Écartelé aux 1 et 4 de gueules, semés de quintefeuilles d'or, au franc-canton d'hermines ; aux 2 et 3 d'argent, à 3 lézards de sinople.*

Fiefs.

1° LE FORESTEL. — Le fief noble du Forestel, avec droit de justice vicomtière, était d'un revenu de deux cent cinquante livres. Il consistait en « une maison seigneuriale, colombier, granges, étables, jardins, pourpris, ténement, bois, terres labourables, larris et riez ». En 1703 il se composait de cinquante-cinq journaux de terre à la sole, tenus par hommage de bouche et de mains de Fresnoy-bailliage pour une partie, et de Liomer, pour l'autre partie. (*D. Grenier*).

La ferme du Forestel, relevant de ce fief, consistait en quarante-cinq journaux de terre et trente-six rasières ou journaux de petit bois. (*Id*).

Le seigneur du Forestel devait au seigneur de Fresnoy-bailliage, suivant la coutume de Ponthieu, soixante sols parisis de relief, vingt sols de chambellage, service de plaids de quinzaine en quinzaine, service à roncin, etc. (*Reg. terrier de Fresnoy pour 1595*).

Ainsi qu'on l'a vu plus haut, le Forestel était possédé par les seigneurs de Brocourt.

2° Le commandeur de Saint-Maulvis jouissait d'un fief à Brocourt valant soixante livres de censives.

3° Fief de vingt-sept journaux de bois possédé en 1703 par le seigneur de Villers-Campsart. (*D. Grenier*).

4° Un autre fief séant à Brocourt était possédé par

Jean d'Esquincourt [1], écuyer, qualifié honorable homme, fils de Jeannet et d'Antoinette Perin, demeurant à Brocourt en 1532. Il épousa par contrat du 8 février de cette année Jeanne d'Yaucourt, fille bâtarde de Jean, seigneur d'Yaucourt, Hallencourt, Brocourt, le Forestel et Liomer ; de cette alliance sont nés : 1° Antoine, homme d'armes sous M. de Saint-Luc au siège d'Amiens, selon certificat de 1597, marié en 1566 à Jeanne d'Amiens ; 2° Jean, qui suit ; 3° Antoinette, alliée par contrat du 6 juin 1560 à Jean ou Adrien de Fer, écuyer, seigneur de Selincourt ; 4° N..., femme de Jean Poultrain, greffier d'Abbeville.

Jean d'Esquincourt, écuyer, seigneur de Butelutel, demeurant aussi à Brocourt, épousa par contrat du 5 janvier 1563 Jacqueline Pitout, dont il eut le suivant.

Jean d'Esquincourt, écuyer, demeurait également à Brocourt ; il devint seigneur du fief de Follemprise, tenu de Senarpont, par donation de sa tante, Marie d'Amiens, femme d'Antoine d'Esquincourt. Par contrat passé le 12 avril 1602, il épousa Anne de Villers de Liercourt, fille de Jean, écuyer, seigneur de Liercourt, et de Marie de Caumont ; de ce mariage sont nés : 1° François, qui suit ; 2° Charles ; 3° Philippe ; 4° Jean ; 5° Marie ; 6° Catherine ; 7° Antoinette.

François d'Esquincourt, écuyer, seigneur de Follemprise, Vieillaude, lieutenant au régiment de Bretagne-cavalerie dans la compagnie du seigneur de Dromesnil en 1638, habitait Brocourt en 1664 ; il avait épousé, par contrat du 16 février 1640, Jeanne de Béthencourt, d'où vinrent : 1° David, chevalier,

[1] Armes : *De gueules, à 3 tours d'or, écartelé d'argent à 3 fleurs de lis au pied nourri de gueules.*

seigneur de Follemprise, capitaine au régiment de Rivery, allié le 19 novembre 1691 à Marie-Anne de la Mairie, fille de Jean, chevalier, seigneur de la Mairie, et de Charlotte de Virgille ; 2° Charles, écuyer, seigneur de Saint-Remy, marié en 1642 à Antoinette de Belliart, sans enfants ; 3° Jean, curé d'Illois. François d'Esquincourt justifia de sa noblesse par preuves remontant au 20 janvier 1476, époque où vivait Huchon d'Esquincourt, son ascendant ; les fils de François étaient gentilshommes verriers, suivant D. Grenier et le *Nobiliaire de Picardie*.

Liste des maires : I. Henry François, agent municipal, 1793 à 1796. — II. Rousselle Jacques, agent municipal, 1796 à 1797. — III. Carment Nicolas, agent municipal, 1797 à 1798. — IV. Henry François, agent municipal, 1798 à 1800. — V. Carment Nicolas, maire, 1800 à 1812. — VI. Vasseur François, 1812 à 1822. — VII. D'Hervilly (le vicomte) Philbert, 1822 à 1832. — VIII. Poiré Jean-François, 1832 à 1860. — IX. Domont Édouard, 1860 à 1865. — X. Blanche Eugène, 1865 à 1876. — XI. Martin Théophile, 1876.

L'école communale des garçons n'a été fondée qu'en 1836 ; avant cette époque les enfants allaient recevoir l'instruction à Liomer. Nombre d'élèves inscrits : 10.

Les instituteurs de Brocourt ont été : I. Damien François, 1836 à 1853. — II. Cardon Constant, 1853 à 1861. — III. Tueux Louis, 1861 à 1863. — IV. Denis Henri, 1863 à 1867. — V. Oger Louis, 1867 à 1869. — VI. Cardon Constant, 1869 à 1876, 2e fois. — VII. Détré François, 1875 à 1878. — IX. Galampoix Charles, en exercice depuis 1878.

Il y a une école libre de filles fondée depuis de longues années par la famille des Ligneris en faveur des enfants pauvres de Brocourt, de Liomer et de Guibermesnil. La donation, faite à perpétuité, produit un revenu de 5,000 francs. Cette école, dirigée par des religieuses de Saint-André, dites sœurs de la Croix, reçoit 18 élèves ; l'école communale ne compte que 8 garçons inscrits.

Trois bois se trouvent sur le terroir : au nord, le bois du Forestel, de 12 hectares ; au sud, le bois de Brocourt, de 50 hect. ; à l'ouest, le bois Lefort, de 15 hect.

Rues : Saint-Jean, du bois de l'église, d'Hornoy, de Liomer, d'Aumale, des charbonniers et des tuileries.

Lieuxdits : L'argilière, le bois de l'église, etc Au lieudit *le Bois de Brocourt* se voit un tilleul appelé *l'omieu moite* qui passe pour être plus de cinq fois séculaire.

Le hameau du Forestel, situé au-dessus de la côte faisant face à Liomer et à Brocourt, se compose actuellement de 2 maisons et de 6 habitants.

Sous ce hameau se trouvent des souterrains dont l'entrée est presque impraticable par suite d'éboulements qui en obstruent le passage à chaque pas. D'après une tradition locale, ils auraient une étendue de 8 à 10 kilomètres, et ils iraient se terminer sur le terroir de Bezencourt, annexe de Tronchoy, au lieudit *les larris* ; suivant la même tradition, ils seraient croisés par ceux du mont d'Arguel.

LIOMER

Lionmes, 1164; Lyonmers, 1249; Liomers, 1262; Liomes, 1301.

Ce lieu, qui paraît signifier *maison de Léon* (Lionmes en 1164), se trouve à peu de distance en aval de Brocourt et à sept kilomètres d'Hornoy.

Le nombre des habitants était de 175 en 1698 ; de 382 en 1806 ; de 400 en 1827 ; de 422 en 1837 ; de 441 en 1872 et de 407 en 1881 ; il n'est plus aujourd'hui que de 401. En 1714 on ne comptait que 61 feux ; il s'y trouve actuellement 128 ménages logés dans 126 maisons. L'agriculture fait vivre 61 habitants, et l'industrie et le commerce local, 247.

La superficie territoriale est de 389 hectares, dont 198 sont livrés à la culture, 8 et demi aux prairies naturelles, 38 en larris et 123 couverts de bois. Le rendement moyen annuel des pommes à cidre est d'environ 600 hectolitres.

Description de Liomer en 1763: « Liomer est une paroisse dont le fils de M. d'Hervilly de Canisy est le seigneur. Rossignol est une ancienne ferme, qui a été démolie, dont il ne reste plus que les terres, qui appartiennent aussi à M. d'Hervilly. 69 feux ; ni hameau ni autre ferme qui en dépende. Le village est situé dans un vallon fort serré, arrosé par une petite rivière qui prend sa source à Brocourt, village au-dessus, distant d'un demi-quart de lieue. Le terroir est en côte ; a quelques portions dans la plaine, sur le haut de la côte et en prairies, dans la vallée. Objet de commerce et d'industrie : filature de laine pour les étoffes d'Amiens ; productions ordinaires ; quelque peu de foins ; 5 laboureurs ; deux cents journaux de bois sur ce terroir. Liomer et Rossignol sont entièrement de l'élection de Ponthieu. La grand'route la plus voisine est celle d'Eu à Paris et en est distante d'une lieue. Il y a un moulin à l'eau au blé [1]. Il n'y a point de bureau de marque. Le seigneur a un droit de poids et de halle. 20 journaux de communes ; point de revenus. Il y a un marché toutes les semaines, le mercredi, et le premier lundi de chaque mois il y a un marché franc où il se vend beaucoup de fils de laine, des chanvres, des chevaux, des bestiaux et des grains. Les seigneurs ont obtenu des lettres-patentes pour ces marchés il y a très longtemps ; ils se tenaient autrefois à Arguel. Le pied de taille est de 695 livres ». Le montant des quatre contributions directes est aujourd'hui de 4,734 francs.

Les marchés du mercredi et le franc-marché du premier lundi de chaque mois attirent une assez grande affluence de marchands, ce qui donne à ce bourg une animation qu'il est loin d'avoir les autres jours ; le plus fort franc-marché de l'année est celui du mois de novembre, qu'on appelle le *marché du déparcage*. C'est en vain que nous avons cherché dans

---

[1] Ce moulin existe encore ; il se trouve entre Liomer et le Quesne.

le *Recueil des Ordonnances des rois de France* à quelle époque ils remontent ; mais une note conservée dans les archives de Liomer nous apprend que le franc-marché a été établi au mois d'octobre 1487 par le roi Charles VIII ; il fut créé « à perpétuité et à toujours en considération des guerres qui avaient ruiné les habitants, détruit les maisons et tous les édifices de la ville de Liomer ». Par ordonnance du même roi, rendue à Montilz-lès-Tours au mois de février 1490, un marché fut ouvert à Liomer le mercredi de chaque semaine.

Liomer était le siège du bailliage d'Arguel [1].

Après la création des départements en 1790, cette commune devint le chef-lieu de l'un des dix-huit cantons du district d'Amiens et de l'un des dix-huit arrondissements communaux en l'an VIII. Deux ans plus tard, Liomer fut créé chef-lieu de l'une des treize justices de paix d'Amiens ; mais le 9 pluviôse de l'an X, il céda ce titre à Hornoy, qui l'a toujours conservé depuis ; le premier et seul titulaire de ce poste à Liomer fut J.-B. Taupin le Comte, propriétaire au Quesne ; il exerça ensuite les mêmes fonctions à Hornoy.

Liomer est aujourd'hui la résidence d'un notaire, d'un huissier, d'un percepteur et d'un receveur à cheval des contributions indirectes ; il y a aussi un bureau des postes et télégraphes.

L'ancienne église de Liomer fut démolie en 1868 ; elle n'offrait aucun caractère architectural. Le chœur

---

[1] M. J. Garnier. — *Dictionnaire topographique du département de la Somme*, t. 1er, p. 517.

était en partie couvert en essilles ; il n'y avait qu'une seule cloche, portant la date de 1779.

L'église actuelle, d'assez bon goût, a été construite en 1862 ; elle mesure 30 mètres de longueur sur 15 de largeur.

Au-dessus du portail, de style ogival, se voit une immense rosace. Le clocher, en tête de la nef, est fort élevé et contient trois cloches ; à sa base sont quatre tourelles.

L'intérieur de l'église se compose d'une nef avec deux bas-côtés pourvus de cinq arcades et éclairés chacun par sept fenêtres en grisaille ; de petites colonnettes adossées au mur reçoivent les nervures de la voûte. A l'extrémité du bas-côté gauche se trouve un autel en bois de chêne dédié à la sainte Vierge ; on y remarque deux médaillons sculptés, représentant l'un la *Salutation angélique*, l'autre, l'*Assomption* ; au-dessous de ces médaillons deux autres sculptures figurent la *Sainte-Famille* et le *Mariage de la Sainte-Vierge*. L'autel du bas-côté droit est dédié à l'Enfant-Jésus ; dans des niches se voient des sculptures de la *Sainte-Famille* et de l'*Adoration des Mages*.

Le sanctuaire reçoit le jour par trois fenêtres dont deux en grisaille ; celle du milieu présente les portraits de saint Pierre et de saint Paul, séparées par le meneau. L'ornementation est assez élégante, quoique simple. Douze statues modernes décorent cette église. Dans le chœur, on voit de belles stalles en bois de chêne ; les bancs de la nef sont aussi de même bois. Le vocable de l'église est saint Pierre, dont la fête se célèbre le 29 juin.

Avant la Révolution, la cure de Liomer était à la

présentation du personnat de ce lieu ; le revenu, qui était de cinq cent soixante-deux livres en 1728, descendit plus tard à quatre cents, puis à trois cents livres. Le revenu de la fabrique était de cinquante livres. On comptait 130 communiants dans cette paroisse au siècle dernier.

Le 22 juin 1728, Nicolas Lefèvre, curé de Liomer, fournit la déclaration des biens de la cure, dont le revenu net était de trois cent quatre-vingts livres.

Le personnat de Liomer était à la présentation de l'évêque d'Amiens ; le revenu, d'abord de trente livres, s'éleva plus tard à quatre cent quatre-vingts livres [1]. — « Par lettres du mois de février 1209, Hugues de Haudrechy renonça au profit de l'évêque au droit du personnat qu'il prétendait avoir à Arguel et à Liomer [2] ».

On voit dans D. Grenier que Mathilde, mère de Hugues de Haudrechies, et l'oncle de ce dernier, Anscher d'Offignies, jurèrent devant Richard, évêque d'Amiens, qu'ils renonçaient de même à ce qu'ils réclamaient dans le personnat d'Arguel et de Liomer.

La seigneurie de Liomer était tenue du roi, à cause de son château d'Arguel, en trois fiefs et trois hommages différents. Cette seigneurie, avec celles de Brocourt et du Forestel, valait de quatre à cinq mille livres de rente au commencement du xviii° siècle.

Nous voyons dans D. Grenier que la seigneurie de

---

[1] M. P. de Cagny. — *État général de l'ancien diocèse d'Amiens*.

[2] *Bén. de l'Égl. d'Am.*, t. ii, p. 145.

Liomer consistait en « 270 mesures environ de terre labourable sur le terroir, dont 50 mesures à la solle en bas et 30 à la solle en haut, en 197 journaux de bois, 10 de prés, un moulin à eau, en 8 journaux de larris et en censives ». (T. 209, p. 161).

Nous lisons à la page suivante qu'au seigneur appartenait en outre la pêche depuis le terroir de Brocourt jusqu'au vivier du Quesne, et la banalité du four et du moulin.

Au milieu du xviiie siècle, la seigneurie de Liomer « consistait en un moulin à l'eau, cent quatorze journaux de terres labourables, dix journaux de prés, deux cents journaux de bois et environ trois cent quarante livres de censives [1] ».

Dans le principe, les seigneurs de Liomer en portaient le nom. Le plus ancien qui nous soit connu est Baudoin de Liomer [2], chevalier, seigneur dudit lieu et de Dromesnil, vivant dans la première moitié du xiie siècle. De son mariage avec Marie de Bougainville, il eut plusieurs enfants, entre autres Ève ou Ade de Liomer, mariée vers 1204 à Gauthier Tyrel VI, chevalier, sire de Poix, mort vers 1228 ; Ade de Liomer mourut après lui.

Enguerrand de Liomer, chevalier, seigneur dudit lieu, est témoin d'une donation à la maladrerie du Quesne en 1232. (*Cart. de Ponth.*).

Un siècle plus tard, le domaine de Liomer apparte-

---

[1] M. E. Prarond. — *De quelques lieux du Ponthieu...*
[2] Armes : *De gueules, à 3 lions d'or, posés 2 et 1, au chef d'argent.*

naît à Simon du Hamel [1], dit Tourmelle, chevalier, seigneur de Lignières-Foucaucourt. En 1363, il vend à Raoul de Martaigneville un fief au Petit-Bus, tenu de Vismes. (*D. Grenier*).

En 1373, le 9 juin, Jean d'Offignies, dit *Gadifer*, chevalier, vicomte d'Aumale, sire de Boulainvillers, fournit au roi l'aveu de la terre de Liomer [2], qu'il possédait sans doute du chef de sa femme, Marie de Boulainvillers, puisque cette dernière était dame de Liomer en 1370.

Jean d'Offignies, dit de *Boulainvillers*, chevalier, seigneur de Liomer, Offignies, Hallencourt et autres lieux en 1410, était fils du précédent ; il épousa Béatrix de Châtillon, fille de Gaucher, seigneur de Tours-en-Vimeu, et de N... de Pacy ; il écartela ses armes d'*Offignies* et de *Boulainvillers*. Après sa mort, sa veuve se remaria à Colart de Tenques, écuyer de l'écurie du roi ; elle mourut en 1420, laissant ses biens à ses deux fils : Jean, écuyer, et Simon, dit de *Boulainvillers*, chevalier, marié à Marguerite de Fosseux.

Jean d'Yaucourt, chevalier, était seigneur de Liomer en 1480.

A partir de cette époque jusqu'à la Révolution, les seigneurs de Liomer ont été les mêmes qu'à Brocourt, comme on l'a vu plus haut.

[1] Armes : *D'azur, à la bande d'or, chargée de 3 roses de gueules.*
[2] Elle consistait alors en deux cent soixante-six journaux de bois, un moulin à eau, pêcheries, etc.

Fiefs.

Il y avait plusieurs fiefs nobles en l'étendue du terroir de Liomer et relevant de la seigneurie de ce lieu ; nous citerons les suivants :

1° SAINT-MARTIN-HOREST. Ce fief, appartenant à l'abbaye de Selincourt, consistait en une maison avec trente journaux d'enclos en pâturage et en bruyère, et en cent quarante journaux de terre labourable. Il existe encore aujourd'hui une ou deux habitations situées sur l'emplacement de ce fief.

Voici ce qu'on lit dans le savant ouvrage de M. Darsy : « Parmi les biens confirmés au couvent de Selincourt en 1164 par Willaume, comte d'Aumale, comme sis en son fief, se trouve la ferme de Saint-Martin, consistant en 90 journaux de terre à la sole. Elle est désignée sous le nom de Saint-Martin de *Loheri-Campania* avec la terre en dépendant sur le terroir de la Boissière, donnée par Girold, fils de Roscelin, au nombre des possessions confirmées par l'évêque Thibaut en 1177 comme étant du fief de noble homme Raoul d'Airaines. Au mois de décembre 1262, Henri, chevalier, seigneur d'Airaines, vendit au couvent de Selincourt la quatrième gerbe de tout le gaignage du terroir de la cense de Saint-Martin [1] ».

2° FIEF GALLET, ou des GALETTES, ou du CARNOY, appartenant en 1575 à Jean Camousson.

[1] *Bénéf. de l'Égl. d'Am...*, t. II, p. 125.

3° Fief Carroy, appartenant en 1717 à Philippe du Gardin.

4° Fief de la Rivière, appartenant en 1575 à Adrien de la Rivière ; il était possédé en 1700 par la marquise de Feuquières.

5° Fief Lévilly ou de Leuilly, consistant en vingt journaux de terre labourable, douze de bois, et huit livres de censives.

6° Fief Campsart, produisant seize livres de censives et rentages sur quarante journaux de terre.

7° Fief Roussel ; fief restreint.

En 1575, le sieur Alexandre Lambert possédait deux fiefs à Liomer [1], dont l'un se composait de vingt-cinq journaux de terre et rapportait six livres dix sols de censives.

D. Grenier cite un fief séant à Liomer consistant en trois journaux de terre labourable, vingt-cinq de bois au-dessus de Brocourt, dix de larris, deux de prés à foin et censives. Il cite de même un fief restreint consistant en une maison d'un journal de terre labourable, quatre de bois et quelques censives.

D. Grenier cite encore un certain nombre de fiefs et d'arrière-fiefs qui nous paraissent avoir été repris dans l'aveu de Liomer de 1373 et que nous rapportons ci-dessous :

[1] De la Gorgue-Rosny. — *Rech. généal...*

« Arrière-fief tenu du seigneur de Lionmers consistant en un manoir situé audit lieu de Lionmers et trente-quatre journaux de terre ou environ en plusieurs pièces tenues à cens ; le tout tenu par les devoirs et services ordinaires.

« Autre fief tenu de même à Liomer, consistant en un manoir de demi-journal, cinq journaux de domaine en trois pièces, plusieurs censives. Ledit fief tenu par service restraint, 60 sous parisis de relief et autant d'aides avec service de plaids.

« Autre arrière-fief de Lionmers, tenu comme les précédents, consistant en vingt-huit journaux de terre à Arguel ; basse justice ; services ordinaires.

« Autre arrière-fief, séant à Lionmers et tenu comme les précédents, consistant en un manoir, cent soixante à cent soixante-cinq journaux de terre en domaine. Plusieurs cens tenus du dit fief avec champart ; plusieurs corvées. Il y a une très grande quantité de cens ; on a oublié d'indiquer les devoirs du fief ; on met seulement la justice de vicomte et au-dessous.

« Autre fief tenu de même à Lionmers, consistant en trente et un journaux de terre ou environ en domaine, un article tenu à cens par 10 sous de service annuel, 60 sous de relief et autant d'aides, 2 boisseaux d'avoine pour le bois commun et le service de plaids ; basse justice ». (*Topog.*, t. 209, f° 162.)

Les archives de la commune ayant été détruites dans un incendie qui éclata à Liomer en 1810, nous ne pouvons donner la suite des maires que depuis cette époque : I. Martin, 18... à 1824. — II. Waré, notaire, 1824 à 1848. — III. Desguinguettes, notaire,

1848 à 1855. — IV. Louchet, 1855 à 1857. — V. Bennetot, notaire, 1857 à 1862. — VI. Labitte, 1862 à 1868. — VII. Hénocque, notaire, 1868 à 1876. — VIII. Danzelle, huissier, 1876 à 1877. — IX. Hénocque, 2ᵉ fois, en exercice depuis 1877.

Il y a une école communale mixte qui n'est fréquentée que par les garçons, inscrits au nombre de 18 sur le registre matricule ; les jeunes filles reçoivent l'instruction soit à l'école libre de Liomer soit à celle de Brocourt.

En 1870, des ouvriers terrassiers, en travaillant à la route qui conduit de Liomer à Hornoy, découvrirent plusieurs cercueils en pierre et des ossements humains.

Lieuxdits : les hauts pays, le Rossignol, les fonds, le bois Rougemas, aux relais, les larris, les communes, la vallée Robert, la carbonnière, le bouquet blanc.

Il y a deux bois : le bois de Liomer, d'une contenance de 102 hectares, et le bois du Rossignol, d'une superficie de 21 hectares.

Les dix rues ou places de Liomer sont : la grand'rue ou rue du Quesne, la place de la halle, la rue Marie-Dupont, la rue de Laboissière, la rue d'Hornoy, la rue perdue, la rue du pont, la place du marché, la rue des couturières et la rue de bas.

L'église du Quesne et le mont d'Arguel

LE QUESNE

Quercus, 1161 ; Caisneum, 1164 ; Caisne, 1165 ; le Caisnes, 1301.

A quinze hectomètres au-dessous du bourg de Liomer se trouve l'antique village du Quesne, présentant au printemps l'aspect le plus agréable, alors que ses nombreux pommiers sont couverts de fleurs roses et blanches...

L'étymologie de ce lieu, *Quercu*, ferait croire à son existence ou à sa fondation à l'époque des Gaulois. Les druides ou *hommes du chêne* avaient peut-être établi leur temple en cet endroit, qui devait être à leur convenance, encaissé qu'il est dans la vallée, au pied d'une haute colline, sur un cours d'eau environné de bois. Mais si le Quesne fut fondé à cette époque, aucun fait important de son histoire n'est arrivé jusqu'à nous. Il en est pour ce village comme pour beaucoup d'autres : un voile épais couvre son origine.

La population du Quesne, qui était de 110 habitants en 1698, s'est constamment accrue depuis cette époque, mais le dernier recensement accuse une diminution.

En 1806, le nombre des habitants était de 228 ; en

1827, de 248 ; en 1837, de 262 ; en 1872, de 244 ; en 1876, de 258 ; en 1881, de 280, et en 1886, de 270.

C'est la *Cité de l'Usine*, fabrique de passementerie située à l'extrémité du terroir, vers Beaucamps-le-Vieux, qui a surtout contribué à faire accroître la population, qui n'est que de 209 habitants pour le village. Le nombre des maisons est de 67 ; celui des ménages, de 86.

La contenance territoriale n'est que de 114 hectares ; c'est l'une des plus petites du département. L'agriculture fait vivre 112 habitants ; l'industrie en fait vivre 116 et le commerce local, 34.

On récolte environ 400 hectolitres de pommes.

Avant la Révolution, ce village, qui se divisait en haut Quesne et bas Quesne, ressortissait du bailliage d'Airaines et Arguel et de l'élection d'Abbeville. Après la création des départements, il fit d'abord partie du canton d'Oisemont et fut réuni plus tard au canton d'Hornoy ; il est distant de ce bourg de huit kilomètres et de quarante d'Amiens.

Description en 1763 : « Le Quesne est une paroisse dont M. le marquis de Rambures est seigneur. 46 feux ; ni ferme ni hameau qui en dépendent. Le Quesne est situé dans la vallée de Liomer, laquelle est arrosée par une petite rivière qui prend sa source à Brocourt. Le terroir consiste dans de très bons prés et en terres situées en partie dans la vallée, qui sont aussi très bonnes, et partie en côtes, qui sont très mauvaises ; productions ordinaires. Un laboureur ; les autres habitants sont journaliers. Cette paroisse est entièrement de l'élection de Ponthieu ; elle est à un quart de lieue de Liomer, par où passe le chemin d'Abbeville à Aumale. Il y a un moulin à l'eau au blé ; point de bureau de marque, ni biens communaux, ni foire, ni marché. Le pied de taille est de 250 livres ». Aujourd'hui le montant des quatre contributions directes est de 2,448 francs.

En 1735, Louis-Antoine de la Roche, marquis de Rambures, seigneur du haut et bas Quesne, voulut faire percer dans son bois une rue de quinze pieds de large allant de ce village à Beaucamps-le-Vieux. A cet effet, le bois fut divisé en différentes portions que le bailli du Quesne loua par adjudication, « à condition pour les adjudicataires de faire construire une maison dans chaque portion, après que la haute et basse futaie seront enlevées par le seigneur [1] ».

L'église, sous le vocable de saint Remy, archevêque de Reims, est construite au pied du mont d'Arguel ; elle n'offre aucun caractère digne d'intérêt. Le mur situé du côté du larris fut entièrement restauré en torchis vers 1845, tandis que celui qui fait face au sud est en pierres et fut aussi restauré à plusieurs reprises, de telle sorte qu'il n'est guère possible de fixer une date à cette église. Avant sa restauration (1845), elle était couverte en chaume, de même que l'ancienne maison d'école, qui était autrefois le presbytère.

Le vaisseau, éclairé par six fenêtres de différentes dimensions, a quinze mètres de longueur depuis le portail jusqu'à l'extrémité du sanctuaire, sur cinq mètres de largeur. Cette modeste église est assez bien décorée ; plusieurs statues modernes en ornent le chœur.

[1] Arch. dép. de la Somme. B, 1431.

Le maître-autel provient, dit-on, de l'église de Ramburos. Le retable offre une toile peinte représentant sainte Catherine, mais ce tableau est sans mérite ; de chaque côté sont deux hautes colonnes en bois, d'ordre corinthien. Sur le fronton on remarque une tête d'ange ailée. Le confessionnal, sans être une œuvre d'art, a cependant été travaillé avec délicatesse.

La cloche provient de l'église de Villers-Campsart. Bien qu'elle fût payée sa juste valeur, le maire du Quesne, craignant que les habitants de Villers ne vinssent la revendiquer plus tard, fit oblitérer l'inscription qu'elle portait, de sorte qu'il n'est plus possible de lire aujourd'hui que ces quelques mots : « J'ai été bénite par... curé de... et nommée Cérina, ... l'an 1831..... »

Près de l'église, au pied du larris, on a pratiqué une excavation d'assez grandes dimensions pour recevoir une statue de N.-D. de Lourdes, dont la bénédiction attira une foule considérable le 19 septembre 1875. Ce petit oratoire est aujourd'hui l'objet d'un pèlerinage très fréquenté.

Avant la Révolution, l'église du Quesne avait pour présentateur l'abbé de Saint-Fuscien-au-Bois.

Les registres de l'état civil remontent au commencement du xviie siècle ; sur la première page de l'un d'eux, qui va de 1614 à 1752, on lit :

« Voulez-vous des enfants connoître et noms et aages,
« Pères, mères, pareins de nom et de surnoms,
« De cent trente-neuf ans les morts, les mariages ?
« Regardez en ce livre, ils y sont tout au long. »

Signé : « J. DOUBLET, curé du Quesne. »

Les curés de cette paroisse ont été: I. Gentien Josse, 1603. — II. Lagniel Antoine, 1614 à 1640. — III. Coffin Pierre, 1640 à 166.. Il fonda un obit dans l'église d'Ercourt, son village natal. — IV. Vastier Nicolas, 166. à 1680. — V. Cornette François, 1680 à 1684. — VI. Magnier Jacques, 1684 à 1714, mort le 28 avril à l'âge de soixante-quatre ans ; il fut inhumé dans l'église. — VII. Raimbault Jacques, 1714 à 1733. Il était natif d'Abbeville. Il fournit le 23 juin 1728 la déclaration des biens de la cure, dont le revenu était de 235 livres, charges déduites. — VIII. Deforceville François, 1733 à 1741. Inhumé dans l'église. — IX. Olive Claude, 1741 à 1749. — X. Depoussepin Louis, 1749 à 1751. — XI. Dubois Jean-Baptiste, 1751. Il ne fut curé du Quesne que pendant quelques mois ; il mourut en cette paroisse le 10 juin à l'âge de vingt-cinq ans. — XII. Doublet Jean, 1751 à 1769 ; précédemment vicaire d'Oresmeaux ; il était natif de Mézières-en-Santerre. — XIII. Henry Jean-Baptiste, 1769 à 1824 ; il avait d'abord été vicaire de Villers-Campsart. Devenu aveugle, il gouverna encore la paroisse du Quesne pendant vingt-six ans ; il mourut le 30 août 1824 à l'âge de quatre-vingt-trois ans. Il était natif du Ronssoy (Seine-Inférieure), et fut inhumé à Fouilloy en Normandie.

Après sa mort, le Quesne demeura sans curé et fut alternativement desservi par le curé de Saint-Aubin et par le vicaire de Beaucamps-le-Vieux.

La seigneurie et châtellenie du Quesne était tenue en pairie du roi, à cause de son château d'Arguel ; de cette châtellenie relevaient plusieurs fiefs importants, ainsi qu'on le verra plus loin.

La seigneurie du Quesne, « tenue noblement du roi, lisons-nous dans D. Grenier, consistait en une motte [1] et un jardin situés au Quesne, la place d'un moulin, les eaux et rivière qui sont sur ledit fief, un vivier et les prés, de cinq journaux de bois nommés d'Airaines entre le Quesne et Beaucamps, dix ou onze pièces de terre d'assez petite contenance en domaine, la plus grande de huit journaux ».

Au XVIIIe siècle, la seigneurie du Quesne ne consistait plus qu'en deux cents livres de censives et quarante journaux de bois. L'ancien château était ruiné et le domaine aliéné [2].

Les premiers seigneurs connus de ce lieu en portaient le nom.

N... du Quesne [3], chevalier, seigneur dudit lieu, vivait vers 1160. De sa femme, dont le nom est inconnu, il eut : 1° Foulques, qui suit ; 2° Lucas, chevalier, qui confirma en 1203 une charte de son frère ; 3° Aubert, prêtre en 1213.

Foulques du Quesne, chevalier, seigneur dudit lieu, souscrit en 1203 une charte de donation faite à l'hôpital du Quesne par Enguerrand de Saint-Aubin. A la même date, M. de la Gorgue-Rosny cite Gautier et Wérembaut du Quesne comme faisant une donation au même hôpital. Au mois de février 1225, Foulques et Gautier, son fils, donnent à l'hospice des lépreux du Quesne, pour le repos de leurs âmes et pour celles de

---

[1] Cette motte ne serait-elle pas le reste d'un château-fort du Xe ou du XIe siècle ?

[2] M. E. Prarond. — *De quelques lieux du Ponthieu...* M. le comte de Louvencourt : *États des fiefs... du Ponthieu.*

[3] Armes : *De vair, à un pal de...*

leurs ancêtres, tout le terrage qu'ils possèdent à Saint-Aubin ; Aubert du Quesne paraît à cet acte comme témoin. Au mois de février 1235, le seigneur du Quesne souscrit une donation au même hospice faite par Hugues de Molliens. D'Ève, sa femme, il n'eut qu'un fils, qui suit.

Gautier du Quesne, chevalier, était seigneur de ce lieu en 1240 ; au mois de février 1235, il avait amorti dix journaux de terre sis à Beaucamps, donnés à la léproserie du Quesne par Anselme de Beaucamps. La femme de Gautier s'appelait Marie.

Jean du Quesne, chevalier, seigneur dudit lieu, épousa Marguerite de Liomer, dont il eut Jeanne du Quesne, mariée en premières noces vers 1375 à Jean IV Tyrel, chevalier, sire de Poix [1], et en secondes noces, vers 1404, à Hugues Quiéret, seigneur de Tours-en-Vimeu [2].

De cette famille des premiers seigneurs du Quesne étaient : 1° Hugues du Quesne, d'Orival, chevalier ; au mois d'août 1238, il vend des terres à l'abbaye de Foucarmont du consentement de sa femme Lumine et de son fils Hugues ; 2° André du Quesne, dit d'Orival, écuyer, et Alix, sa femme ; ils vendent une dîme à la même abbaye en 1270. Est-ce le même que Dreux du Kaisne, qui paraît comme témoin à l'acte de vente de la terre d'Allery à l'abbaye de Saint-Valery vers 1260 ? 3° Hue, sire de Kaisne, sénéchal du Ponthieu en 1285 ; 4° Jeanne du Quesne, dame d'Andainville, femme de Sohier de la Vieuville ; elle donne aveu d'un fief à Andainville le 17 septembre 1377 (*Comp. de Ponth.*) ;

---

[1] Il fut tué au siège d'Arguel en 1402.
[2] Cuvillier-Morel d'Acy. — *Histoire des Tyrel, sires puis princes de Poix.*

5° Jean du Quesne, tenant censives de Drucat en 1278 ; 6° Jean du Quesne, sergent de la vingtaine à Abbeville en 1472 ; 7° Enguerrand du Quesne, dit *le Caron*, écuyer, et sa femme, Marguerite de Nointel, qui vendent le 10 juillet 1487 au prieuré de Saint-Pierre d'Abbeville un cens sur des héritages situés au-dessus des monts de Caubert [1] ; 8° Jehan du Quesne, marié à Maroie Danzel, en 1384.

En 1350 la seigneurie du Quesne appartenait à une autre famille dont le nom avait beaucoup d'analogie avec celui des premiers possesseurs de cette seigneurie.

Guillaume du Quesnoy [2], chevalier, seigneur dudit lieu, et de Raimbehan [3], s'intitulait seigneur du Quesne au milieu du xiv° siècle ; il avait pour frères : 1° Jean, dit Mignot ; 2° Robert, chevalier, seigneur de Noirville, et 3° N..., seigneur de Hélicourt, et pour sœur, Jeanne, religieuse à l'abbaye de Moreaucourt. De son mariage avec Jeanne Quiéret, il eut une fille, mariée au seigneur de Miraumont ; il eut en outre deux enfants naturels : Jean et Margote. Nous trouvons dans le quatrième volume des *Documents inédits*, publié par M. de Beauvillé (pp. 77-79), le testament de Guillaume du Quesnoy, daté du 10 août 1354. Il fit plusieurs legs particuliers à différentes fabriques et à ses domestiques ; il laissa à sa femme « tous les draps, reubes, affubemens et capiaus que elle a pour sen corps ». Dans le cas où sa fille « n'eust nul hoir de se char », la terre du Quesne devait appartenir à Jean

[1] M. de Belleval. — *Nobil. du Ponth. et du Vim...*
[2] Armes : De ... à 3 fasces de ... à la bande de ... brochante.
[3] Ribehem est aujourd'hui une ferme dépendant de Nibas.

du Quesnoy, dit *Mignot*, son frère ; mais si sa femme était enceinte d'une fille à l'époque de la mort de son mari, la seigneurie du Quesne avec toutes ses dépendances devait être la propriété de sa fille. Il laissa à Jean, son fils bâtard, 40 écus ; à Margoté, sa fille bâtarde, 60 écus ; à Jeanne, sa sœur, 20 écus ; à son frère d'Hélicourt, ses levriers, ses oiseaux et le « remanant de tous ses biens meubles, cateuls, acquests, estoremens où que il soient ». Il légua aussi 40 écus pour deux annuels, l'un en l'église du Quesnoy et l'autre en l'église « d'em bat [1] ».

Jean du Quesnoy, dit *Mignot*, écuyer, frère du précédent, devint seigneur du Quesne par le testament de Guillaume du Quesnoy.

Raoul du Quesnoy, dit *Estourmy*, écuyer, seigneur du Quesne, Miannay et autres lieux, fils cadet du précédent, fournit au roi l'aveu de la terre du Quèsne le 8 octobre 1379. De son mariage avec Marie de Bougainville, Raoul eut plusieurs enfants, entre autres : Colart ou Nicolas et Guillaume. A la date du 20 juillet 1407, Raoul du Quesnoy vendit « à toudis à Philippe de Rambures, escuier, ainsné fil » de David de Rambures et de Catherine d'Auxy, « le treffons » de la seigneurie du Quesne pour « six chens et chinquante frans d'or, seze sols parisis pour piece frans deniers de vente ». Le même jour, par un second acte aussi sur parchemin, Estourmy vend l'usufruit de la même seigneurie à David de Rambures et à Catherine d'Auxy. Nous extrayons ce qui suit de cet acte : « Est comparu personnellement Raoul du Quesnoy dit Estourmy, escuier, demourant au Quesne soubz Arguel,

---

[1] Ne faudrait-il pas lire Nibas

si comme il dist, et a recongnut que pour son clair et évident pourffit appartenant mieux fait que laissié lui fut ce bien conseillié pour lui acquittier de plusieurs et grans debtes esquelles il estoit tenu et obligié envers plusieurs personnes ses créanchiers, il a vendu bien justement et loialment à noble homme monsegneur David, segneur de Rambures et de Canechières, chevalier, chambellan du roy, à le vye dudit chevalier et à le vye de noble dame Katerine d'Auxy, sa fame, et à le vye de chascun d'eux le desrain vivant tout tenant sans en rien diminuer..., toutes les terres, fiefs, tenements et appartenances du Quesne soubz Arguel et tout ce généralement et espécialement que ledit Estourmy y avoit et pooit avoir..., pour entrer en le pocession de la dite terre et segnourie du Quesne par lesdis chevalier et dame après le vie faillie dudit Estourmy, qui saditte vie durant doit joir et pocesser des maisons, terres, prés, bois, cens et rentes deues par les hommes cotiers aveuc toutes les amendes, ventes, reliefs que porront devoir yceux hommes cottiers la vie dudit Estourmy durant, et les pourfit des hommages, justice et seignourye aveuc les amendes des estrangiers seront au pourffit desdis chevalier et dame pour yceux présentement en quitte et en délivre ; et sera ladite terre et seignourye du Quesne gouvernée par les bailli, sergens et officiers qui par ledit chevalier et dame y seront nommés, ordonnés et establis, et lesdis chevalier et dame seront tenus de paier les plais et assises que doit icelle terre au roy à cause de sa conté de Pontieu de qui ledit fief moeut et est tenu en plain serviche et hommage par les plais paiant de quinsaine en quinsaine... Lequelle vente est faitte pour le pris et somme de deux chens flourins et seze sols parisis pour chacun franc, deniers francs de ventes, que ledit Estourmy en a congnut avoir eu et reçu desdis chevalier et dame en boine monnoye bien comptée et justement nombrée et délivrée et dont ledit Estourmy s'est tenu pour contemps... » Il fut stipulé dans cet acte que, pendant sa « vie durant », Estourmy ne pourrait faire couper les arbres du bois qui auraient plus de soixante ans et moins de douze ; qu'il sera tenu de maintenir en bon état les « maisons et édifices qui sont enclos de fossés là où demeure ledit Estourmy, qui est le manoir du fief du Quesne ». Marguerite de Bougainville, sa femme, apparaît à la fin de l'acte pour ratifier cette vente de son « boin gré et volenté neant contrainte du gré, congié, licensse et autorité dudit Estourmy, son mary, qui lui donna pooir de faire passer et recongnoistre ce qui s'ensuit, laquelle cose elle a promist et rechupt en elle agréablement, sans aucune force, doubte, peur... Elle, sur ce bien conseillié par ses seigneurs et amis et pour son cler et évident pourffit apparent, a recongnut que le vente dessus ditte... elle le vœult... et accorde boinement et y met du tout son consentement..... » Le 27 juillet suivant, Jehan du Quesnoy, dit *Mignot*, « escuier, ainsné frère de Raoul du Quesnoy, dit Estourmy, escuier, et Jehan du Quesnoy, ainsné fil et héritier apparent dudit Mignot, demourans à Arguel..., ont recongnut le vente faitte par ledit Raoul du Quesnoy dit Estourmy de la terre et seignourie du Quesne à noble et puissant Philippe de Rambures ». Le même jour, dans un second acte, ils reconnaissent aussi la vente faite à David de Rambures et confessent avoir reçu pour leur part la somme de quatre cent quarante livres. Nicolas du Quesnoy, fils de Raoul, porta opposition à la vente opérée par son père, et, à cet effet, une sentence fut rendue par la sénéchaussée de Ponthieu le 27 juillet 1408 ; mais, à la date du 10 avril 1412, Nicolas et son frère Guillaume signent un acte de désistement au sujet du retrait de la terre du Quesne fait par Philippe de Rambures, et consentent à ce qu'il en jouisse en toute propriété [1].

David de Rambures [2], chevalier, conseiller et chambellan du roi, maître des arbalétriers de France en 1411, s'illustra dans les guerres de cette époque. Il fut fait prisonnier au château de Mercq, près Calais, en 1405 ; l'année suivante, il fut envoyé par le roi en Guyenne, puis à Gênes en 1409 pour prêter main-forte à Boucicaut. Il était fils d'André Ier et de Jeanne de Brégny. De son mariage avec Catherine d'Auxy, fille d'Enguerrand et d'Isabelle de Goulons, contracté le 4 mai 1394, il eut : 1° Jean ; 2° Hugues ; 3° Philippe, qui suit ; 4° André qui suivra. David, blessé à Azincourt, mourut quelques mois après cette bataille des suites de ses blessures.

Philippe de Rambures, écuyer, seigneur du Quesne par l'acquisition qu'il en avait faite en 1407, fut tué à la bataille d'Azincourt en 1415 avec son père et deux de ses frères, Jean et Hugues ; n'ayant point laissé de postérité, ses biens passèrent au suivant.

André II de Rambures, chevalier, sire dudit lieu, seigneur de Dampierre-en-Brie, Drucat, Escouy, Plessier, Dompierre-sur-Authie et le Quesne, quatrième fils de David, fut capitaine d'Étrepagny et d'Aumale,

[1] Arch. mun. d'Abbev., II, 131.
[2] Armes : *D'or, à 3 fasces de gueules.*

grand-maître des Eaux et Forêts de Picardie. Il se signala sous le règne de Charles VI en guerroyant contre les Anglais, auxquels il enleva la plupart des places du Ponthieu, telles que Saint-Riquier, Pont-Remy, Gamaches, Rue, etc. Le 11 mai 1423, il épousa Péronne de Créquy, fille de Jean IV, sire de Créquy, et de Jeanne de Roye ; de son union il eut le suivant.

Jacques de Rambures, chevalier, sire dudit lieu, seigneur de Dampierre-en-Brie, Drucat, Escouy Plessier, Dompierre-sur-Authie, le Quesne et Mons-en-Pucelle, était conseiller et chambellan du roi, gouverneur de Saint-Valery et de Houdenc en Artois, grand-maître des Eaux et Forêts de Picardie. Il se distingua d'abord, sous le règne de Charles VII, au siège de Pont-Audemer, en 1449, où il fut fait chevalier en présence de son père, avant de donner l'assaut de cette place, emportée l'épée à la main. Sous les premières années du règne de Louis XI, il fut d'abord zélé serviteur du roi lors de la Ligue du Bien public, mais il semble avoir pris ensuite le parti du duc de Bourgogne, ainsi que le fait supposer un article de la trêve conclue en 1475 entre Louis XI et Charles le Téméraire, par lequel la jouissance de la terre de Rambures est laissée à Jacques, à la condition qu'il ne mettra aucune garnison dans ses places et forteresses, et qu'il ne portera préjudice ni au duc ni au roi [1]. Le 10 mars 1476, il rendit foi et hommage au roi de France en la Chambre de la Cour des comptes de Paris pour les terres de Drucat, de Nesle-l'Hôpital, du Quesne, de Vergies et de Huppy [2] ; c'est à tort que M. de Belleval dit qu'il mou-

---

[1] La Morlière. — *Recueil des illustres maisons de Picardie.*
[2] Arc. mun. d'Abbev., II, 131.

rut à cette date ; d'après Haudicquer de Blancourt, il vivait encore en 1488 ; il était alors âgé de soixante ans, suivant le P. Anselme. De son mariage avec Marie de Berghes, fille de Jean, seigneur de Cohen, et de Jeanne de Nielle, il eut : 1° André, qui suit ; 2° Antoinette, mariée le 19 mars 1462 à Guy de Brimeu, seigneur de Humbercourt, comte de Meghan, chevalier de la Toison d'or, exécuté à Gand en 1476.

André III de Rambures, chevalier, seigneur dudit lieu, de Dompierre, Hornoy, Drucat, Escouy et le Quesne, était conseiller et chambellan du roi, sénéchal et gouverneur du Ponthieu en 1492, grand-maitre des Eaux et Forêts de Picardie. Ce fut lui qui fonda le couvent des Minimes d'Abbeville du vivant même de saint François de Paule. Il mourut le 8 avril 1413 à l'âge de quatre-vingts ans et fut inhumé, ainsi que sa femme, dans l'église de ce couvent, où l'on voyait autrefois leur mausolée en marbre exécuté par Blasset ; ce monument a disparu en 1793 [1]. De son mariage avec Jeanne de Hallwin-Piennes, sœur de l'évêque d'Amiens et fille de Louis, seigneur de Piennes, et de Jeanne de Ghistelles, André eut quatorze enfants, qui furent nommés et représentés sur son tombeau, au rapport du chanoine la Morlière : 1° Jean, qui suit ; 2° Louis ; 3° Adrien ; 4° Grillon ; 5° Philippe ; 6° Bonaventure ; 7° Claude ; 8° Eustache ; 9° François ; 10° Gabrielle ; 11° Anne, tous morts jeunes ; 12° Marie, alliée le 1er juin 1528 au seigneur de Carentan ; 13° Claude-Françoise, morte sans alliance en 1509 ; 14° Suzanne, mariée le 2 novembre 1486 à Jean de Boubers, écuyer.

[1] Une statue en marbre blanc représentant Charlemagne, aussi exécutée par Blasset, et qui se trouvait sur le mausolée des Rambures, se voit aujourd'hui au musée d'Abbeville.

Jean III de Rambures, chevalier, comte de Dammartin et de Guines [1], seigneur de Rambures, Dompierre, Drucat, Hornoy, Escouy et le Quesne, était conseiller et échanson du roi, grand-louvetier de France et grand-maître des Eaux et Forêts de Picardie ; il mourut vers 1558. Il avait épousé : 1° par contrat du 26 novembre 1521, Anne de la Marck, dame de Montbazon, fille de Guillaume, seigneur d'Aigremont, et de Renée du Fou, dame de Montbazon ; il en eut plusieurs enfants, morts jeunes, entre autres, André, écuyer, tué au siège d'Hesdin en 1553 à l'âge de dix-huit ans [2]. Jean III épousa : 2° par contrat du 9 octobre 1538, Françoise d'Anjou, comtesse de Dammartin, de Courtenay et de Fauquembergue, veuve de Philippe de Boulainvillers, seigneur de Verneuil, et fille de René d'Anjou, baron de Mézières, et d'Antoinette de Chabannes, comtesse de Dammartin ; de cette seconde union naquirent : 1° Oudard, qui suivra ; 2° Philippe, qui suit ; 3° Jean, qui suivra. Jean III eut aussi de Périne de Poilvilain une fille naturelle, nommée Antoinette, qu'il fit légitimer en mars 1556.

Philippe de Rambures, chevalier, grand-maître des Eaux et Forêts de Picardie, était seigneur de Rambures, Dompierre, Hornoy, Vergies, Fay, Cannessières, Villeroy, Sorel, Behen, Cambron, Drucat, Mouflers et le Quesne ; de son mariage avec Madeleine de Pimont, il eut : Emmanuel et François, morts jeunes ; il eut aussi deux filles naturelles : 1° Laure,

[1] Ce dernier comté lui fut donné par le roi le 1er mai 1519.

[2] D'après la Morlière et le P. Anselme, il fut tué à Gravelines en 1538, à l'âge de dix-huit ans, ce qui paraît inexact puisque sa mère était morte en 1538 ; ou alors il aurait eu plus de dix-huit ans.

mariée le 20 mai 1590 à Jean de Boffles, écuyer ; 2° Marie, alliée à Jean de la Folie, écuyer. Philippe ne jouit pas longtemps de son immense fortune, car il mourut au commencement de l'année 1561, n'étant pas encore âgé de vingt-deux ans. Aug. Thierry, dans son *Histoire du Tiers-État*, dit que c'est à la demande de Philippe de Rambures que Charles IX accorda des lettres en décembre 1565 établissant à Hornoy un marché mensuel, outre les foires déjà existantes. Il y a évidemment une erreur, et ce serait à Jean IV que ces lettres auraient été accordées, puisqu'il était seigneur d'Hornoy à cette époque.

Oudard de Rambures, chevalier, seigneur dudit lieu, Hornoy, le Quesne et autres lieux, grand-maître des Eaux et Forêts de Picardie [1], hérita de tous les biens de son frère aîné ; mais, à son tour, il en jouit pendant peu de temps, ayant été tué à l'assaut de Rouen en 1562. D'après Haudicquer, il mourut sans avoir été marié ; d'autres disent qu'il laissa une fille : Adrienne, alliée à François de Lare, sieur de Montcornet.

Jean IV de Rambures, chevalier, seigneur dudit lieu, Vergies, Hornoy, le Quesne, etc., qu'il hérita de son frère, était capitaine de 50 hommes d'armes des ordonnances et chevalier des ordres du roi. Il épousa le 24 juin 1571 Claude de Bourbon, dame de Ligny et de Lambercourt, fille aînée de Claude, dit de Vendôme, baron de Ligny, gouverneur de Doullens, et d'Antoinette de Bours, vicomtesse de Lambercourt, dame de Saint-Michel ; de ce mariage naquirent trois

---

[1] Il est le cinquième qui ait possédé cette charge de père en fils depuis André II.

garçons et quatre filles, qui furent : 1° Charles, qui suit ; 2° Geoffroy, chevalier, seigneur de Ligny, allié à Marie de Mailly, tué au mois de février 1608 par le seigneur de Mareuil, son beau-frère, en la maison et en la présence de Thibaut, baron de Mailly, beau-père de Geoffroy ; 3° Guillaume, chevalier de Malte en 1597, tué en 1608 ; 4° Antoinette, qui épousa Jean de Berghes, seigneur d'Olhain ; 5° Léonore, religieuse à Avesnes ; 6° Madeleine, aussi religieuse au même lieu ; 7° Françoise-Anne, alliée à Louis Servin, conseiller du roi, avocat général au Parlement de Paris.

Charles Ier de Rambures, dit le *Brave Rambures*, chevalier, seigneur de Rambures, Dompierre, Hornoy, le Quesne et autres lieux, était chevalier des ordres du roi, maréchal des camps et armées, colonel d'un régiment de mille hommes de pied, vice-amiral en Picardie, gouverneur de Doullens et du Crotoy ; c'est pendant les guerres de religion que le *Brave Rambures* fut nommé vice-amiral de Picardie et gouverneur de Bergerac. Partisan zélé de la Ligue, il reçut pour récompense de ses glorieux services la terre de Noyelles-sur-Mer [1], enlevée au duc de Longueville. Il épousa en premières noces, vers 1597, Marie de Montluc-Balagny, fille de Jean, seigneur de Balagny, maréchal de France, et de Renée de Clermont d'Amboise ; de cette union sont venus : 1° François, né en 1598, tué par accident en 1606 ; 2° Jean, seigneur de Dompierre, maréchal de camp, mestre de camp de son régiment ; il se signala aux sièges de la Rochelle, de Saluces et de la Capelle ; c'est à ce dernier siège qu'il fut si grièvement blessé qu'il mourut peu de jours après, sans avoir été

---

[1] F.-C. Louandre. — *Histoire d'Abbeville...*, t. II, p. 18.

marié (1637) ; il fut inhumé aux Minimes d'Abbeville, lieu ordinaire de sépulture de la famille de Rambures. « A dire le vray, c'était un jeune seigneur plein de valeur et d'expérience,... qui fut fort regretté de toute l'armée ». (*Le P. Anselme*). Son portrait a été gravé par Moncornet ; 3° Philippe-Alexandre ; 4° Charles ; 5° Claude, morts tous sans enfants ; 6° Pierre, seigneur de Dompierre, tué d'un coup de brique en 1606, âgé de sept ans. De son second mariage, contracté le 14 décembre 1620 avec Renée de Boulainvillers, fille d'Antoine, comte de Courtenay, et de Catherine de Vieuxpont, Charles de Rambures eut : 7° Charles, qui suit ; 8° François, né en 1625, mestre de camp d'un régiment de son nom, tué près de Honnecourt en 1642 après avoir vaillamment combattu ; il reçut aussi sa sépulture dans la chapelle Saint-François du couvent des Minimes d'Abbeville [1] ; 9° René, mort sans alliance en 1656 ; 10° Charlotte, mariée par contrat du 14 mars 1645 à François de la Roche, marquis de Fontenilles, seigneur d'Adeilhac, la Serre, châtelain d'Aung, gentilhomme du roi en 1654, issu d'une des plus anciennes familles nobles du comté de Bigorre ; 11° Renée-Françoise, religieuse à Berteaucourt, puis abbesse de Willancourt, morte en 1707. Le *Brave Rambures* fit des merveilles à la journée d'Arques, mais il fut blessé à la bataille d'Ivry (1590) et au siège d'Amiens (1597), de sorte qu'il fut obligé de se laisser faire l'amputation

[1] Il fut parrain en 1641 à une cloche existant encore au Crotoy ; il y est qualifié comte de Courtenay, seigneur de Dompierre, baron de Vaudreuil, vicomte d'Aubercourt, seigneur d'Hornoy, Authies et autres lieux, gouverneur des ville et château du Crotoy, etc. (*V. Histoire de cinq villes et de trois cents villages... Canton de Rue*, p. 198, par M. E. Prarond).

du bras droit. Il mourut à Paris le 18 janvier 1633 et reçut sa sépulture aux Minimes d'Abbeville, où reposaient déjà deux de ses fils. Notons en dernier lieu que le 9 janvier 1613 il avait baillé à cens le moulin du Quesne en fief restreint à Antoine Lebrun, meunier, moyennant six livres de cens annuel [1].

Charles II de Rambures, chevalier, marquis dudit lieu, comte de Courtenay après son frère, était en même temps seigneur d'Hornoy, le Quesne, Dompierre, Ligny, Lambercourt, maréchal de camp, gouverneur de Bohain, conseiller d'État. Il mourut à Calais le 11 mars, *aliàs* mai 1671, à l'âge de trente-neuf ans et fut inhumé aux Minimes d'Abbeville. Il avait épousé le 5 avril 1656 Marie Bautru, fille de Nicolas, comte de Nogent, et de Marie Coulon ; Marie Bautru mourut le 10 mars 1683. De son mariage, le marquis de Rambures avait eu : 1° Louis-Alexandre, qui suit ; 2° Marie-Renée, alliée à Just-Joseph-François de Cadart de Tournon d'Ancezune, duc de Caderousse, veuf de Claire-Benedict de Guénégaud ; 3° Marie-Charlotte, religieuse ; 4° Marie-Armande, dame d'honneur de la Dauphine, morte en 1689 ; elle avait épousé le 24 avril 1686 Armand-Scipion-Sidoine-Apollinaire-Gaspard, marquis de Polignac, lieutenant général des armées du roi, gouverneur du Puy en Velay.

Louis-Alexandre de Rambures, chevalier, marquis dudit lieu, seigneur d'Hornoy, le Quesne et autres lieux, était colonel d'un régiment d'infanterie lorsqu'il fut tué en Alsace, à l'âge de dix-sept ans, dans les conditions suivantes, relatées à peu près de cette manière dans les registres aux actes de décès de

---

[1] Arch. mun. d'Abbev., II, 131.

Rambures : « Le 23 juillet 1676, à cinq heures du matin, pendant que ce jeune seigneur s'entretenait avec quelques officiers, à la tete de son régiment, un soldat du régiment de la Ferté déchargea son mousquet devant lui, à six cents pas du groupe, et la balle alla frapper Rambures sous l'œil droit. Il mourut le lendemain vendredi ». [1] Avec lui s'est éteinte la famille des de Rambures dits *du château* ; les terres possédées par le dernier marquis furent partagées après sa mort entre ses deux sœurs. Marie-Renée de Rambures, femme du duc de Caderousse, eut entre autres biens les domaines de Rambures et du Quesne. Le 30 août 1680, le duc de Caderousse fut appelé à faire hommage au roi pour cette dernière terre. Marie-Renée étant morte sans enfants en 1710 et sa sœur n'ayant point laissé de postérité, tous les biens de la maison de Rambures furent reportés entre les mains de leur plus proche et plus direct héritier, François de la Roche, qui, du chef de sa mère, se trouva appelé à recueillir la succession de ses cousines-germaines, et, à la maison de Rambures, fut substituée celle de la Roche-Fontenilles, quant aux nom, armes, titres et biens.

François II de la Roche, [2] marquis de Fontenilles, sire de Rambures, comte de Courtenay, capitaine au régiment de Coislin-infanterie, était fils de François et de Charlotte de Rambures. Il épousa en 1683 Marie-Thérèse de Mesmes d'Avaux et en eut entre autres enfants : 1° Louis-Antoine, qui suit ; 2° René-Antoine, évêque de Meaux en 1737, premier aumô-

---

[1] M. F.-I. Darsy. *Description archéologique et historique du canton de Gamaches*, p. 117.

[2] Armes : *D'azur, à trois rocs d'échiquier d'or.*

nier de Mesdames de France, mort le 7 janvier 1759.

Louis-Antoine de la Roche, marquis de Fontenilles et de Rambures, comte de Courtenay, baron de Cessao, seigneur du Quesne, etc., colonel du régiment de Navarre, nommé maréchal de camp en 1740, se distingua en plusieurs occasions, notamment aux sièges de Saint-Sébastien, de Fontarabie et d'Urgel, en 1719, à celui de Kehl en 1733, à l'attaque des lignes d'Etlingen et au siège de Philipsbourg en 1734. Il fut créé maréchal de camp en 1740, fit la guerre de 1742 en Bavière et contribua à la défaite des ennemis à Rhinvillers l'année suivante. Il avait fourni le dénombrement de la terre du Quesne le 22 mars 1734. Le marquis de Fontenilles mourut en 1755, laissant de son mariage avec Élisabeth-Marguerite de Saint-Georges de Vérac, sa seconde femme : 1° Antoine-César, qui suit ; 2° Antoinette-Adélaïde, qui suivra ; 3° Élisabeth-Jeanne, comtesse de Courtenay, mariée en 1755 à Charles-Adrien, comte de Ligny, vicomte de Dombasle.

Antoine-César de la Roche, marquis de Fontenilles et de Rambures, seigneur du Quesne, etc., né en 1746, mourut en 1764 ; il était le dernier de la branche aînée de cette maison.

Antoinette-Adélaïde de la Roche-Fontenilles, dame de Rambures et du Quesne, hérita ces seigneuries de son frère. Elle avait épousé en 1763 Jean-Baptiste-François-Menelaüs Colbert de Croissy, marquis de Sablé, lieutenant général des armées du roi, et n'en eut point d'enfants ; elle institua légataire universel de ses biens son cousin Adélaïde-Honoré-César de la Roche, à la condition que l'un de ses enfants devrait prendre le nom de Rambures.

Adélaïde-Honoré-César de la Roche, marquis de Fontenilles et de Rambures, né en 1787 de Pierre-Paul, baron de Lavedan, et de Marie-Claude-Alexandrine de Morard d'Arces, fut colonel du régiment de Marie-Thérèse, aide de camp du duc d'Angoulême, chevalier de l'ordre de Saint-Louis, commandeur de la Légion d'honneur. Il fit les campagnes de 1806 en Allemagne et en Pologne, celles de 1808 à 1813 en Espagne, en Portugal et en Allemagne, celle d'Espagne en 1823. De son premier mariage avec Hombeline de Pegneiroles, fille de Julien, marquis de Pegneiroles, et de Charlotte de Paulo, il n'eut point d'enfants ; de sa seconde alliance, contractée avec Charlotte-Antoinette-Thérèse le Clerc de Juigné, fille de Léon le Clerc, comte de Juigné, maréchal de camp, et d'Anne-Marie-Adèle de Seran, il eut : 1° Léon-Alexandre ; 2° Honoré, mort en 1834 ; 3° Charles.

Fiefs assis au Quésne.

Outre les mouvances de la seigneurie du Quesne que nous avons déjà indiquées, un certain nombre de fiefs assis au Quesne relevaient de la seigneurie de ce lieu.

1° FIEF LE COMTE. — Antoine d'Acheu [1], écuyer, seigneur de Bienfay et de Wavrans, possédait le fief

---

[1] Armes : *Parti, au 1 d'argent, à la croix ancrée de sable; au 2 d'argent, à l'aigle éployée de sable,* — armes que cette famille prétendait tirer d'un voyage en Terre-Sainte, suivant M. de Rosny.

le Comte au xvııe siècle et encore en 1703. (*D. Grenier*); il était fils de Louis et d'Anne de Bernard. De son mariage, contracté en 1662 avec Suzanne de Bruxelles, il eut beaucoup d'enfants, entre autres : Paul, né le 26 octobre 1662 ; François, né le 26 mars 1664. [1] Antoine d'Acheu perdit tous ses enfants de son vivant et ses biens furent recueillis par la famille le Comte. [2]

*Dans une déclaration des vassaux du fief de Saint-Blimond, rédigée en 1666, nous lisons : « Est comparu Anthoine d'Acheu, escuier, sieur de Bienfay, lequel a advoué et advoue tenir noblement et en fief de Jean Trudinne... c'est à sçavoir : ung fief noble et consistant en une masure amasée de maison, grange, estable, pigeonnier, lieu, pourpris et tenement contenant trois journeux et demy ou environ, tenant d'un costé audit sieur de Bienfay à cause de sa maison cy après, d'autre à Jacques le Roy et des deux bouts à rue..... Item, en quatre journeux de terre à labour ;... de laquelle masure en appartient les trois car audict sieur de Bienfay, l'autre car avec les dicts quatre journeux appartiennent à la damoiselle Catherine d'Acheu, sa sœur. A cause duquel fief ledict de Bienfay pœut tenir coulombier, mare, tor, ver et est franc de mort et vif herbage, cambage et forage. Le quel fief et masure est le chef-lieu dudict fief de Saint-Blimond, pourquoy il doit fournir des plaids de quinzinne en quinzinne en la dicte maison à peine de soixante sols parisis d'amende pour chacunne fois. Sy doibt en cas de relief soixante sols parisis, vingt sols parisis de chambellage, soixante sols parisis d'aide, le quint

---

[1] Archives du Quesne.
[2] M. de Belleval. — *Nobil. du Ponth. et du Vim...*

denier en cas de vente et tel autre droict qu'à fie noble apartient... Sy doibt, pour avoir le droict de faire un relet dans la rivierre du Quesne pour faire abruver son praïez, demy poulle chascun an au jour de Noël, à la charge néantmoing que ledict relet ne poura faire préjudice au moulin qui est en dessoubs et ne poura retenir les eaux que lorceque ledict moulin sera à jocque, à peine de tous despens, domage et intérêt, et faute de ce faire sera permis de faire desmollir ledict relet sans estre subjet à aucune signification ny autre formalité de justice... [1] » Antoine d'Acheu fit son testament le 10 août 1693 à Bienfay, par devant le curé de Bouillancourt et Moyenneville ; par cet acte, il légua à l'église du Quesne huit cents livres à prendre sur son fief pour acquitter douze saluts en son honneur, chantés aux principales fêtes de l'année, et une messe hebdomadaire du Saint-Sacrement [2].

Simon Taupin avait épousé demoiselle Marie d'Acheu, sœur du précédent, de qui il hérita le fief le Comte ; à partir de cette époque tous les membres de la famille Taupin joignirent à leur nom celui de ce fief. De son mariage, Simon Taupin eut entre autres enfants : 1° Jean, qui suit ; 2° Louis, né le 9 juillet 1662 ; il eut pour parrain son oncle, Louis d'Acheu.

Jean Taupin le Comte épousa en premières noces Françoise Greffier dont il eut : 1° Simon, qui suit ; 2° Geneviève, morte jeune ; 3° François, né le 22

---

[1] Archives du château de Fresnoy-Andainville.
[2] Archives du Quesne.

décembre 1705, mort le même jour ; 4° Marie-Madeleine, mariée à Jean Nortier, d'Andainville. De son second mariage, avec Marguerite Bilhaut, il eut : 5° Jean-Baptiste ; 6° Jacques-Antoine ; 7° Léonor ; 8° Pierre-Nicolas ; 9° Marie-Anne ; 10° Marie-Catherine. Par son testament, daté du 10 juillet 1719, reçu par messire Rembault, curé du Quesne, il légua deux journaux de terre et vingt-trois verges de pré à l'église du Quesne ; Simon, son fils aîné, fut institué son légataire universel à la charge de payer ses dettes et ses obsèques, de rendre douze journaux de terre à ses six frères et sœurs du second lit, et de faire construire une maison au Quesne pour loger sa belle-mère, Marguerite Bilhaut et ses enfants ; Marie-Madeleine n'eut aucune part dans la succession des biens de son père, qui « la voyoit honnestement placée à Andainville ». [1]

Simon Taupin le Comte, né le 15 mars 1699, épousa Marie-Françoise Jourdain, d'où vinrent : 1° Jean-Baptiste, né le 28 février 1721, décédé le 6 mai 1724 ; 2° Marie-Thérèse, née le 3 septembre 1723, mariée le 16 juin 1744 à Pierre-Ferdinand Sagnier, de Hallencourt ; 3° Marie, née le 10 août 1725, baptisée le surlendemain ; elle eut pour parrain Louis-Ferdinand de Beaurain, chevalier, seigneur de Bureuil, gendarme de la garde du roi ; elle épousa Alexandre le Bon, de Villers-Campsart, le 19 juillet 1746 ; 4° Jean-Baptiste, qui suit ; 5° Pierre, né le 4 mai 1730, décédé le 12 octobre 1732 ; 6° Simon, né le 25 juillet 1732, mort le 17 octobre suivant. Simon Taupin mourut le 3 avril 1742 et fut inhumé dans l'église du Quesne ; sa femme

---

[1] Archives du Quesne.

décéda le 1er septembre 1762 et reçut aussi sa sépulture dans la même église.

Jean-Baptiste Taupin le Comte, né le 4 septembre 1728, épousa en premières noces Marie-Anne Digeon, dont il eut : 1° Jean-Baptiste, qui suit ; de sa seconde femme, Marie-Madeleine Duménil, sont venus : 2° Henri-Simon, né le 5 mars 1757, mort célibataire le 8 février 1814 ; 3° Jean-François-Honoré, né le 3 mai 1758 ; 4° Marie-Rose-Élisabeth, née le 20 novembre 1760, morte jeune ; 5° Marie-Rose-Charlotte, née en 1762, décédée le 6 mars 1765 ; 6° Geneviève-Thérèse, née en 1767, morte en 1824 ; 7° Louis-Abraham-Maurice, né le 1er février 1769 ; il habita plus tard Villers-Campsart où demeurent encore aujourd'hui ses descendants. Marie-Anne Digeon mourut des suites de ses couches le 13 décembre 1754, à l'âge de trente-six ans ; Marie-Madeleine Duménil mourut le 22 avril 1769 âgée de trente-cinq ans, et Jean-Baptiste Taupin, le 14 août de la même année ; ils furent inhumés tous trois dans l'église du Quesne. Nous lisons dans le cueilloir de Saint-Blimond de 1762 : « Jean-Baptiste Taupin le Comte, laboureur, demeurant au Quesne, pour une masure amasée de maison, cour, plant et jardin potager contenant trois journaux et demi ou environ, tenant d'un côté à lui-même, à cause de la masure provenant de Jacques le Roy, d'autre côté encore à lui-même à cause de la masure ci-après, d'un bout au chemin tendant de l'église du Quesne à Saint-Aubin et à Beaucamps, et d'autre bout au chemin de Liomer à Saint-Aubin et à Senarpont, laquelle masure est tenue en fief noble, et est le chef-lieu du dit fief de Saint-Blimond, à cause duquel fief ledit Taupin est franc de mort et vif herbage, et a droit de colombier, mare, tor et vérat, et doit donner et fournir pour ledit seigneur et ses officiers un logement pour y tenir les plaids, y tenir et exercer la justice toutes fois qu'il sera jugé à propos, et de fournir aussi une prison ; outre ce, doit de cens chacun an au jour de la Toussaint quarante-deux sols parisis et trois sols pour le four au jour de Noël [1] ». Jean-Baptiste Taupin payait annuellement quatorze livres deux sols sept deniers une obole et trois chapons de censives pour soixante-dix journaux de terre ou pré et quinze journaux de bois taillis sur la côte du Vaudier, mouvant du fief de Saint-Blimond.

Jean-Baptiste Taupin le Comte, fils du précédent, né le 9 décembre 1754, épousa le 3 mars 1774 Marie-Thérèse Sagnier, sa cousine-germaine, fille de Ferdinand Sagnier et de Marie-Thérèse Taupin, demeurant aux Zaleux, paroisse de Behen. Il fut juge de paix à Liomer puis à Hornoy. Il vendit sa maison, son bois du Vaudier et toutes ses propriétés, qu'il avait considérablement obérées, à M. Delaire, de Fresneville ; celui-ci les revendit ensuite à M. Leroux, de Beaucamps-le-Vieux. Jean-Baptiste Taupin mourut au Quesne le 22 novembre 1835. Sa maison et une partie de ses biens appartiennent aujourd'hui à M. Gustave Herbet, ancien maire.

2° FIEF DE SAINT-BLIMOND. — Ce fief, mouvant de la châtellenie du Quesne, consistait d'abord en deux journaux de terre labourable, douze journaux de

---

[1] Archives du château de Fresnoy-Andainville ; communication de M. Ch. de Rambures,

pré, un moulin à eau [1] et trente livres de censives. Plus tard, comme on le voit dans D. Grenier, il « consistoit en un manoir, seize journaux de bois chargés de rentes, dix courtilles; ledit fief avoit droit de prendre moitié de la mouture du moulin dudit lieu, s'il existoit... » Le chef-lieu était occupé par Antoine d'Acheu en 1666, et plus tard par ses héritiers, à cause du fief le Comte. Sur son emplacement se trouve aujourd'hui la maison de M. G. Herbet; plusieurs parties des bâtiments que l'on voit encore actuellement existaient déjà du temps d'Antoine d'Acheu puisqu'une pièce de bois de la charpente porte la date de 1667; sur la cheminée de la cuisine est le millésime 1771. De curieux mais grossiers bas-reliefs de cette époque, représentant des scènes de chasse, décorent la salle de la maison de M. Herbet.

Les mouvances du fief de Saint-Blimond comprenaient une assez grande partie du terroir du Quesne: c'étaient principalement les terres du fond du Vaudier. Dans le cueilloir de 1772, nous voyons un lieudit appelé le *Camp Saint-Remy*, dont le nom subsiste encore, assis en la vallée du Vaudier, « où il y avoit autrefois une masure ».

[1] Ce moulin, qui appartient aujourd'hui au sr Cartlot, « tenait d'un côté au chemin qui conduisait de l'hôtellerie à l'église du Quesne, d'autre côté à la rivière, d'un bout par devant au chemin, et d'autre bout au représentant du jardin Magdelaine ». Ce moulin ne fit partie que pendant peu de temps du fief de Saint-Blimond; il appartenait à Jean Boutaine, qui le vendit en 1477 à Jean de la Trenquie; il fut ensuite détaché du fief de Saint-Blimond ainsi qu'on le verra plus loin. (Arch. du chât. de Fresnoy; communication due à l'obligeance de M. Ch. de Rambures).

Le 20 novembre 1669, François Grattenoix, homme vivant et mourant pour la « communaulté » du Quesne, relève quatre journaux de terre « à usage de pasture » mouvants du fief de Saint-Blimond.

Dans le cueilloir des censives de 1762, nous lisons les deux articles suivants, qui offrent un certain intérêt :

« Est tenue de notre ditte seigneurie de Saint-Blimond une place vide contenant un quartier ou environ, assise au Quesne, bornée d'un costé et d'un bout par le chemin tendant de l'église du Quesne à Saint-Aubin et à Beaucamps, d'autre costé à la rivière et d'autre bout à Jean-Baptiste Taupin ». C'est aujourd'hui la place publique.

« Notre dit seigneur du Quesne tient par indivis de sa seigneurie du Quesne et de notre seigneurie de Saint-Blimond environ six perches de terre ou estoit anciennement bâti son moulin à l'eau du Quesne faisant de bled farine, borné d'un costé et d'un bout à la rivière, d'autre costé et d'autre bout en pointe, sur lequel moulin nous avons droit de prendre par an la moitié des proffits qu'il pourroit produire. C'est à quoy nous nous réservons en cas qu'il soit restably ; quand à présent, nous nous contentons de la moitié du revenu qu'il peut produire, duquel notre dit seigneur du Quesne nous fera compte, en cas qu'il le reçoive ».

Nous ne savons quel était l'emplacement occupé par ce moulin, les indications n'étant pas assez précises ; mais nous croyons qu'il était situé à l'endroit où se trouve aujourd'hui le moulin appartenant à M. de Brigode.

Le premier possesseur connu du fief de Saint-Blimond est Jean de la Cambre, qui en fournit le dénombrement au seigneur du Quesne le 1er avril 1428.

Robert Mallot, bourgeois d'Abbeville, seigneur du fief de Saint-Blimond, en fit le dénombrement le 4 octobre 1460. De son mariage avec Catherine de Beaurains, il eut : 1° Jean, qui comparait en 1481 pour son père à cause du grand âge de ce dernier ; 2° Marie ou Mariette.

Jean de la Trenquie [1], chevalier, seigneur dudit lieu et de Longavesnes, devint seigneur du fief de Saint-Blimond par son mariage avec Marie Mallot. Le 31 janvier 1499, il donna une quittance à Guillaume du Sauchoy, son receveur, de la terre de Longavesnes (*De Rosny*). Sa veuve fournit le dénombrement de Saint-Blimond à la seigneurie du Quesne le 24 janvier 1509.

Simon de Saint-Blimond [2], écuyer, seigneur de Cahon, chambellan du duc d'Angoulême, épousa en 1501 Marie de la Trenquie, fille du précédent, dame de Saint-Blimond et d'un fief noble à Saint-Maxent. Au mois de janvier 1519, Simon releva le fief de Saint-Blimond, mouvant de Jean de Rambures comme seigneur du Quesne ; il mourut en 1523, laissant : 1° Charles, chevalier, mort sans enfants en 1543 ; 2° Nicolas, qui suit ; 3° Marie-Jeanne, mariée le 6 avril 1528 à Pierre le Ver, seigneur de Caux ;

---

[1] Armes : *D'argent, à 3 trèfles de sable* ; aliàs : *D'azur, au chevron d'or, à 3 trèfles de même, 2 et 1.*

[2] Armes : *D'or, au sautoir engrêlé de sable.*

4° Jeannequin, religieux ; 5° Catherine, alliée à Jean le Boucher, seigneur de Frireules.

Nicolas de Saint-Blimond, écuyer, seigneur de Gouy et du fief de Saint-Blimond, guidon de la compagnie d'armes de Mre Oudard du Biez, capitaine de deux cents hommes de pied, fut tué au siège de Boulogne en 1543. De son mariage avec Catherine de Hesdin, il eut François, qui suit, et Antoinette. Sa veuve épousa Jean de Boubers.

François de Saint-Blimond, chevalier, seigneur dudit lieu, Bessin, Cahon-Gouy, Andainville-au-Bois, du fief de Saint-Blimond, premier baron du Boulonnais, guidon de cinquante hommes d'armes, chevalier de l'ordre du roi, épousa Claude de Sempy, dame d'Ordre, le 8 mars 1562. Il fut fait chevalier à la bataille de Moncontour, et mourut le 17 octobre 1603. Sa femme était morte le 28 juillet 1584 ; ils furent inhumés tous deux dans l'église de Cahon. De leur union étaient nés : 1° André, chevalier, baron d'Ordre, seigneur de Saint-Blimond ; 2° François, écuyer, seigneur de Gouy, marié à Nicole Abraham ; 3° Antoinette, qui épousa Jean Roussel, seigneur de Cauchie ; 4° Charlotte, dame du fief de Saint-Blimond, mariée au suivant ; 5° Hippolyte, femme d'Antoine de Fontaines ; 6° Françoise ; 7° Pierre-André, marié à Marguerite de Saveuse.

François le Normant de Tronville [1], écuyer, seigneur de Mérélessart, devint seigneur du fief de Saint-Blimond par son mariage avec Charlotte de Saint-Bli-

---

[1] Armes : *De sinople, au lion d'argent, armé et lampassé de gueules.*

mond. Il vivait encore en 1655; il avait eu une fille, mariée au suivant.

Jean Trudaine [1], écuyer, seigneur de Dreuil, trésorier de France à Amiens en 1659, fils d'Antoine, écuyer, seigneur d'Oissy, trésorier de France à Amiens en 1614, et de Françoise de Louvencourt, épousa en 1662 Claude le Normant de Tronville, dame de Mérélessart et du fief de Saint-Blimond; il avait épousé en premières noces, en 1651, Anne Lucas, fille du seigneur de Démuin. De son second mariage, il eut : 1° Joseph ; 2° Jean-Louis, écuyer, seigneur de Dreuil, marié en 1698 à Marguerite Morel.

François Cornu [2], chevalier, seigneur de Beaucamps-le-Vieux, dit le *marquis de Beaucamps*, devint seigneur du fief de Saint-Blimond à la fin du xvııᵉ siècle, sans doute par l'acquisition qu'il en fit au précédent. Il avait épousé par contrat du 10 mars 1655 Élisabeth le Ver, fille de Nicolas, seigneur de Busmenard et de Chantraine, et en eut plusieurs enfants morts avant lui et sans alliance; sa veuve fit don du fief de Saint-Blimond au suivant.

Jacques-Philibert le Ver [3], chevalier, seigneur de Chantraine, le Mesnil-David, etc., capitaine au régiment de Picardie, maintenu dans sa noblesse en 1698, devint seigneur du fief de Saint-Blimond après la

[1] Armes : *D'or, à 3 daims de sable.*
[2] Armes : *De gueules, à l'orle d'argent.*
[3] Armes : *D'argent, à 3 sangliers de sable, 2 et 1, accompagnés de 9 trèfles de même, 3 en chef, 3 en fasce et 3 en pointe.*

donation qui lui en fut faite par Élisabeth le Ver, sa tante, dans son testament en date du 27 mai 1696. Par acte du 19 février 1712, le seigneur de Chantraine vend à François Forteguerre et à Marie Deray, sa femme, le moulin à eau de Saint-Blimond et les droits de chasse et de banalité dans tout le Quesne et Beaucamps-le-Vieux, et dans l'étendue de la seigneurie de Rambures (pour la partie assise à Beaucamps), « et qui ont été aliénés ou baillés à cens aux auteurs du seigneur de Chantraine par Charles de Rambures par contract passé en 1613 ». Cette vente fut faite moyennant le prix de deux mille cinq cent dix livres pour le moulin, cinq cents livres pour les droits de chasse et de banalité, et cinquante sols de cens par an au jour de saint Remy. De son mariage avec Marthe-Renée des Prez, le seigneur de Chantraine eut : 1° Louis-Marie-Joseph, chevalier, seigneur de Chantraine et du Mesnil-David, marié à Ursule Ternisien ; 2° Augustin-César, qui épousa Catherine-Jacqueline du Tertre ; 3° Marie-Anne, alliée à Charles-François de Beauvais par contrat du 12 juin 1724 ; 4° Reine-Charlotte, qui épousa Alexis-Charles des Hayes, par contrat du 25 août 1733

Charles Hébert, chevalier, seigneur de Rouvillers, ancien mousquetaire du roi, et Marie-Élisabeth de Caumont, sa femme, achètent le fief de Saint-Blimond vers 1735 à Louis-Marie-Joseph le Ver, fils aîné du précédent.

François-Marie de Caumont [1], chevalier, possédait

---

[1] Armes : *D'argent, à trois fasces de gueules, la première surmontée de 3 tourteaux de même en chef.*

Saint-Blimond en 1753, puisqu'il en fournit le dénombrement au seigneur du Quesne le 29 octobre de cette année.

Henri-Grégoire Ternisien [1], chevalier, seigneur de Fresnoy-Andainville, Rumetz, Becquétoille et autres lieux, était seigneur de Saint-Blimond en 1778. Ce fief consistait alors en dix journaux de terre labourable, deux de pré, trente livres de censives et un moulin ; M. de Ternisien avait acheté ce moulin avant de faire l'acquisition du fief de Saint-Blimond, et il fut expressément stipulé dans l'acte qu'il serait toujours tenu en roture de ce fief par cinquante sols de cens et qu'il ne pourrait jamais être réuni au fief de Saint-Blimond.

La famille Ternisien posséda Saint-Blimond jusqu'à la Révolution. (V. ARGUEL.)

3° FIEF DU CAPPE-DIEU. — Ce fief noble, qui consistait en vingt-cinq livres de censives, relevait du fief de Saint-Blimond et non de la châtellenie du Quesne.

Gabriel Briet [2], seigneur de Neuvillette, élu en Ponthieu, possédait ce fief en 1630 ; il était fils de Nicolas et de Gabrielle Hocquet. De son mariage, contracté en 1632 avec Anne Vincent d'Hantecourt, il n'eut qu'une fille : Marie-Gabrielle, *alibi* Anne, dame de Neuvillette, mariée à François Maucquois, seigneur de Heudelimont, puis à Octavien de la Villeneuve, et,

---

[1] Armes : *D'argent, à trois fleurs de lis au pied coupé de gueules, accompagnées de trois molettes d'éperon mal ordonnées de même.*

[2] Armes : *De gueules, à la croix d'argent plaine, chargée de cinq hermines de sable.*

en troisièmes noces, à Claude d'Urre, seigneur de Clanleu ; elle mourut en 1704 et fut inhumée dans l'église Saint-Nicolas d'Abbeville.

Gilles d'Ailly [1], neveu et héritier de Gabriel Briet, eut le fief de Cappe-Dieu après la mort de ce dernier.

Gabriel d'Ailly, bourgeois d'Abbeville, fils et héritier du précédent, possédait le Cappe-Dieu dès 1666, puisque nous trouvons qu'il en fournit le dénombrement le 17 juillet de cette année. Nous lisons aussi dans une déclaration des vassaux de Saint-Blimond faite la même année : « Est comparu Gabriel d'Ailly..., lequel a advoué et advoue tenir noblement et en fief de Jean Trudinne... un fief noble se consistant en censives à prendre sur les immeubles cy après déclarés tenus dudict fief de Saint-Blimond en plain hommage, par soixante sols parisis de relief, vingt sols parisis de chambellage, droict d'aide, service de plaid de quinzinne en quinzinne... » Suit la déclaration des immeubles en censives. Gabriel Briet était encore en possession du Cappe-Dieu en 1703. (*D. Grenier.*)

Élisabeth-Françoise d'Ailly était dame du Cappe-Dieu en 1762, car nous lisons dans un cueilloir de Saint-Blimond de cette année : « Élisabeth-Françoise d'Ailly tient un fief noble par hommage de bouche et de mains, service à ronchin, par soixante sols parisis de relief et autant d'aides, vingt sols parisis de chambellage, le quint denier en cas de vente, et autres droits et devoirs seigneuriaux,... service de plaids de quinzaine en quinzaine », etc.

[1] Armes : *De gueules, au chef échiqueté d'argent et d'azur.*

Antoine Duvauchelle était seigneur du Cappe-Dieu en 1771. Vers cette date, Simon-Jude Candellier fut condamné par le bailli d'Arguel à payer au seigneur du Cappe-Dieu vingt-neuf années d'arrérages de censives pour un demi-journal de terre dont ledit Candellier devra donner aveu et dénombrement ; faute par lui de se conformer à cette sentence, il sera procédé à la réunion de ce demi-journal de terre à la table et domaine de la seigneurie du fief de Cappe-Dieu [1].

4° Fief de Bertauville, mouvant de la seigneurie du Quesne, appartenant en 1379 à Simon de Beaucamps [2], écuyer. (*Comptes de Ponthieu.*)

5° Fief le Sueurs, mouvant de la même seigneurie, valant quatre sols.

6° Fief inconnu, relevant de la châtellenie du Quesne, appartenant en 1485 au seigneur de Longavesnes, qui en fit l'hommage à Jacques de Rambures le 20 avril de cette année [3].

7° Fief de la Maladrerie. — Il existait une *Léproserie* au Quesne au moyen âge. On sait que le nombre des lépreux était considérable au XII° et au XIII° siècle. Mathieu Paris fixe à 19,000 le nombre des hospices consacrés aux lépreux en 1250. Louis VII, dans son testament, avait fait don à deux mille léproseries. (1180.)

[1] Arch. dép. de la Somme. B, 661.
[2] Armes : *D'argent, à la bande de sable frettée d'or.*
[3] Arch. d'Abbev.

Chez les Hébreux, les individus atteints de la lèpre devaient se tenir à l'écart de la ville et du camp, et demeurer dans un quartier qui leur était assigné. En France, au moyen âge, on les renfermait dans des établissements nommés *Léproseries*, et dès lors il ne leur était plus permis de communiquer avec la société. Ils reconnaissaient saint Lazare pour patron, parce qu'il était mort de la lèpre ; le peuple avait transformé son nom en celui de saint Ladre, d'où sont venus les noms de *Ladreries*, Maladreries, aux établissements renfermant les lépreux, qui furent eux-mêmes appelés *Ladres*. La léproserie du Quesne était sous l'invocation de sainte Marie-Madeleine, qui était aussi prise quelquefois pour patronne.

Il n'y avait point partout d'hospice pour recevoir les malheureuses victimes qu'une loi barbare rejetait de la société des vivants, puisque aussitôt qu'un individu était atteint de la lèpre, on le menait à l'église, où l'on chantait l'office des morts, et, après l'avoir revêtu d'une robe noire, on le conduisait dans une cabane isolée ; il lui était défendu de se laver dans les ruisseaux et dans les fontaines ; il portait au cou une sonnette pour avertir les passants, auxquels il ne parlait que de loin, après avoir placé un voile devant sa bouche.

C'est pour recevoir les malheureux atteints de cette maladie, qui causait tant de frayeur au moyen âge, qu'une léproserie fut établie au Quesne ; les noms des fondateurs nous sont inconnus, mais l'histoire nous a transmis ceux des bienfaiteurs, en tête desquels il faut placer les premiers seigneurs du Quesne, qui lui firent d'importantes donations.

Nous trouvons dans le *Cartulaire du Ponthieu* déposé à la Bibliothèque nationale [1], un certain nombre de pièces fort intéressantes concernant la léproserie du Quesne ; nous en extrayons une grande partie de ce qui va suivre.

Le pape Luce III, dans une bulle du 21 décembre 1182, fait mention des bienfaiteurs de cette maladrerie. Guillaume et Giraut de Brocourt avaient donné trente-six journaux de terre sur le fief de Rumeron ; Hugues le Clercq, d'Arguel, avait donné vingt journaux de terre ; Gautier et Bernard, frères, trente journaux ; Girard le Petit, vingt-quatre journaux ; Girard le Rouge, d'Arguel, quinze journaux ; Raoul Hasterel, cinquante journaux ; Raoul de Villers, trois journaux ; Giraut d'Airaines et Richilde, sa femme, soixante journaux ; Mathilde de Machy, trois journaux ; Hugues Sorech, deux journaux sur le fief de Saint-Aubin ; Hugues et Jean de Molliens, frères, deux journaux ; Gautier du Quesne, quatre journaux ; Boson de Saint-Aubin, quatre journaux ; Étienne et Fulbert d'Arguel, neuf journaux sur le fief de Gautier du Quesne ; Wérembaut du Quesne, dix journaux ; Étienne d'Arguel, trois journaux ; Renard Broslain, quatre journaux en fief ; Gautier du Quesne, deux journaux près la croix Guillard ; Robert Mairel, vingt-sept journaux du fief de Neuville ; Agathe de Neufville, quatre journaux en la vallée de Lunères ; Arnoul de Dienval, une mesure de froment.

Nous lisons dans une charte de 1211 qu'Étienne Mulet donne aux malades du Quesne un demi-muid de sel pour le repos de son âme, de celles de ses ancêtres et surtout de celle de son fils Mathieu.

---

[1] Fonds latin, n° 10,112 ^{bis}, f°s 354 et suiv.

Autre charte de 1219 par laquelle Gautier de Pierretort donne trois muids de blé de rente, mesure d'Arguel, à prendre au moulin d'Inval.

En 1220, Hugues de Molliens donne un journal de terre près Wagi.

Robert de Saint-Aubin, sa femme, Marguerite, et Étienne, leur fils et héritier, donnent à la maladrerie du Quesne trois journaux de terre au Catelet, du consentement d'Enguerrand, chevalier, seigneur de Saint-Aubin.

Mathilde de Fresnoy, sœur de Raoul de Neufville, du consentement de son mari, de son frère et de ses héritiers, abandonne aux lépreux du Quesne, en 1223, dix journaux de terre dans la vallée de ce lieu. Cette donation fut ratifiée par Alexandre de Beaucamps, chevalier, seigneur dominant ; témoins : Enguerrand, chevalier, seigneur de Saint-Aubin ; Hugues Maritat, maïeur d'Arguel, etc.

Charte du mois de février 1225 par laquelle Foulques du Quesne, chevalier, et Gautier, son fils et héritier, donnent, pour le repos de leurs âmes et de celles de leurs ancêtres, tout le terrage qui leur appartenait sur le terroir de Saint-Aubin.

Charte du mois de décembre 1225 par laquelle Firmin Marcel, sa femme, Emmeline, et Étienne, leur fils, donnent trois journaux de terre situés à l'*Épine Ivelin*, du consentement de Gautier de la Forme, seigneur du fonds ; cette charte fut signée par Jean de Brocourt, Jean d'Arguel, Jean d'Andainville, Aubert du Quesne, prêtres, Hugues Maritat, maire d'Arguel, et par les échevins de ce lieu.

Gautier de Croquoison, chevalier, reconnaît au mois de février 1232 (v. st.), qu'il doit, comme ses ancêtres, une rente d'un demi-muid de blé à la mesure d'Inval.

Au mois d'avril de la même année, Hugues de Fontaines, chevalier, seigneur de Long, reconnaît que Hugues de Molliens, du consentement de sa femme Sidonie, de Jean, leur fils aîné, et de leurs autres enfants, avait abandonné à la maladrerie du Quesne toutes les rentes qui lui appartenaient sur les terres de cet établissement ; c'est comme seigneur du fonds qu'il approuve et garantit cette donation, à laquelle interviennent Foulques du Quesne et plusieurs autres témoins.

Au mois de février 1235, Anselme de Beaucamps, fils aîné d'Alexandre, seigneur de Campsart, donne à la léproserie du Quesne dix journaux de terre sur Beaucamps, pour le repos de l'âme de son frère Asselin, mort de la lèpre et enterré dans la maladrerie; cette donation fut faite du consentement de Jean, frère d'Anselme, de Gautier du Quesne, seigneur du fonds, et de noble homme Raoul d'Airaines, seigneur du fief dominant.

Guillaume Haterel, fils de Hugues, donne aux lépreux du Quesne la moitié du terrage de la terre de Rivières, du consentement d'Étienne de Brocourt ; l'autre moitié avait été précédemment vendue par son père à la maladrerie.

Étienne de Biencourt, fils d'Hainfroy et de Mathilde de Fresnoy, donne, au mois de septembre 1245, quatre setiers de blé à la mesure d'Airaines, qu'il prenait injustement dans la terre achetée autrefois par sa mère.

Nous trouvons aussi dans le *Cartulaire du Ponthieu* un accord sous l'année 1211 entre la léproserie et

Foulques du Quesne, chevalier ; à cet acte paraissent comme témoins : Aubert du Quesne, Pierre de Saint-Aubin, prêtres ; Enguerrand de Saint-Aubin, Hugues Haterel, Hugues, prévôt du Quesne, et autres.

En 1216, Hugues Haterel, chevalier, vend aux frères de la léproserie du Quesne l'estage de toute la terre de Liomer que les frères du Quesne tenaient de lui ; cette vente fut faite moyennant le prix de quinze livres parisis ; donnèrent leur consentement : Étienne de Brocourt, chevalier, et Hugues, son fils aîné ; André d'Andainville, seigneur du fonds, et autres ; témoins : Aubert du Quesne, Raoul de Campsart, Alexandre de Beaucamps, chevalier, etc., et toute la commune d'Arguel.

Par lettres du mois de janvier 1312 (vieux style), Robert de Villeneuve, bailli d'Amiens, promulgue la vente faite par Robert, curé de Saint-Aubin, alors rewars de la maladrerie du Quesne, et frère Jean de la Barre, maître de la même maladrerie, qui avaient vendu au profit de cet établissement vingt-cinq journaux de bois pour être exploités dans un délai de trois ans.

Les administrateurs, est-il dit dans ces lettres, reconnaissent que cette vente est « fete pour la nécessité apparant de leur maison on subvencion et aieue de leur poureté si comme il dient, les quex bos il ne pœut vendre si comme il dient se n'est de la licence et du congié devant dit, kar il leur fu tant seulement otrié des seigneurs de Pontieu à leur usage si comme il dient. *Item*, au tele grace reconnoissent li dit aministreur estre faite del escorche des caisnes du dit bos qui leur demore qu'il porront vendre dusques à iij ans par la licence dessusdite, si comme il dient, sauve la droiture du conte de Pontieu en toutes choses. *Item*, li dit aministreur ont reconnu et reconnoissent encore qu'il ont rechut par l'auctorité et l'assentement du seignenr de Pontieu et par se grace en leur maison dessus dite à confrère Robert du Caisne et Agnès sa famme tout le cours de leurs vies... » (*Cart. du Ponth.*, fol. 377.)

Cette léproserie était commune au Quesne et à Arguel, quoique l'on ait souvent cru qu'une seconde léproserie existât dans ce dernier lieu ; elle était située près de la rivière du Liger, en un canton qui conserve la dénomination de *Loterie*, corruption de *l'Hôtellerie*.

Quand la lèpre eut disparu, les maisons établies pour recevoir ceux qui en avaient été atteints demeurèrent sans effet ; des abus s'y introduisirent et plusieurs mêmes furent abandonnées. Celles du Quesne et d'Hornoy passèrent, comme beaucoup d'autres, aux chevaliers de l'ordre de Saint-Lazare, de la commanderie de Paris. Étant tombées dans l'abandon, Louis XIV déclara éteintes toutes ces maladreries et leurs biens furent ôtés aux chevaliers de Saint-Lazare et donnés aux hôpitaux ou aux établissements de bienfaisance des villes ou des faubourgs voisins.

Par lettres-patentes en date du 13 juillet 1695, *alibi* avril 1696, le roi unit à l'hôtel-Dieu d'Airaines tous les biens ayant appartenu aux léproseries du Quesne et d'Hornoy, à la condition que l'on y soignerait les malades de ces deux villages et ceux d'Arguel ; ces communes protestèrent longtemps inutilement.

Par une délibération en date du 25 mai 1845, le

conseil municipal du Quesne sollicita la distraction des biens de sa maladrerie de l'hospice d'Airaines. L'affaire ayant été soumise au Conseil d'État, celui-ci déclara en 1849-1850 que la révocation des lettres-patentes de Louis XIV était décidée et prononcée.

Ces biens consistaient en quinze hectares environ de terre labourable et prés sur les terroirs du Quesne, d'Arguel et d'Andainville, et d'un bois de trente-neuf hectares sur le terroir du Mazis, appelé le *bois de l'Hôtellerie* ou *forêt d'Arguel*.

Par une transaction à la date du 7 mai 1863, les bureaux de bienfaisance du Quesne et d'Arguel rentrèrent dans la possession des terres et des prés, estimés environ 35,000 francs ; l'hospice d'Airaines conserva le bois, évalué 70,000 francs, et remit une somme de 8,795 francs aux bureaux de bienfaisance du Quesne et d'Arguel.

En 1663, les revenus de la maladrerie du Quesne consistaient en huit journaux de bois à couper tous les ans, trente-six journaux de terre, un journal de pré, un petit jardin contenant un quartier, situé près de la chapelle, et vingt-quatre à vingt-cinq livres de censives à prendre sur deux maisons et autres héritages.

Dans le bail de 1663, dont nous avons une copie, l'administrateur de la maladrerie fait connaître qu'une maison, enclos et quarante journaux de terre, appartenant autrefois à la maladrerie, ont été « usurpés par divers particuliers qui en sont encore en possession » ; n'ayant pu, faute de titres, les faire rendre à la maladrerie, il propose d'obliger l'adjudicataire à faire, à ses frais et dépens, les poursuites nécessaires à ce sujet. Dans le cas où le locataire aurait gain de cause, il jouirait de ces quarante journaux sans augmentation de prix pendant la durée de son bail ; dans le cas contraire, une diminution annuelle de vingt livres lui serait faite sur le montant de sa location.

Le 4 novembre 1663, il fut procédé par devant Jean Noël, conseiller du roi, doyen et chanoine de Saint-Vulfran d'Abbeville, et en la présence de Charles Lenglet, bailli de la terre et seigneurie de la maladrerie du Quesne, à l'adjudication au plus offrant et dernier enchérisseur de la location des biens et revenus de la maladrerie pour une durée de neuf années à partir de la Saint-Jean 1664. Il fut stipulé que l'adjudicataire devra « faire faire le service divin, entretenir les bâtiments, labourer et amender lesdites terres, les conduire par solles et saisons convenables sans les dessoller, et, en fin de temps, les rendre en bonne valeur... »

Eustache Cocu, sellier à Abbeville, s'en rendit adjudicataire moyennant le prix annuel de trois cents livres ; Jean Mellier, seigneur de Saint-Jean, demeurant à Villers-Campsart, se rendit caution du sieur Cocu. Le précédent fermage n'avait été que de deux cent huit livres.

Nous avons retrouvé deux noms de chapelains de la maladrerie, qui en étaient en même temps les administrateurs : Pierre le Vasseur, en 1580, et Antoine de Mignars, en 1663.

8° Fief de Floriville, tenu en arrière-fief de Saint-Blimond, consistant en 1626 en « une masure non amasée, tenant d'un côté à Simon Taupin, d'autre côté et des deux bouts au fruc ».

François de Belleval [1], chevalier, seigneur de Floriville [2], Hasardville et autres lieux, fournit l'aveu du fief de Floriville au Quesne le 9 mai 1726 à Louis-Marie-Joseph le Ver, seigneur de Saint-Blimond ; il déclara relever son fief par soixante sols parisis de relief et vingt sols parisis de chambellage. (Arch. du château de Fresnoy).

On trouve en outre dans D. Grenier un assez grand nombre de fiefs et d'arrière-fiefs tenus de la seigneurie du Quesne [3] ; nous citerons entre autres :

1° La cour de Laboissière, consistant en un manoir, soixante-quatorze journaux de terre en domaine, plusieurs terres en la main du tenant, faute d'hommes, sept journaux de bois appelés le Plouis, cent trente journaux de bois en deux pièces, dix ou douze journaux de bruyères ou pâtures où les habitants de Laboissière avaient le droit de faire pâturer leurs bestiaux.

2° La seigneurie de Beaucamps-le-Vieux, consistant en un manoir de huit journaux de terre et jardins, vingt-quatre journaux de bois y attenant, soixante-six journaux nommés *la Couture*, vingt-six autres journaux en deux pièces, un four banal et le patronage de la cure de Beaucamps.

3° La prévôté de Beaucamps, tenue comme fief de la seigneurie de ce lieu, consistant en un manoir, six journaux et demi de terre ; le manoir était tenu par seize deniers de service à Noël, par autant de relief et

---

[1] Armes : *De gueules, semé de croix recroisetées au pied fiché d'or, à la bande de même brochante.*

[2] Annexe de Tilloy, canton de Gamaches ; c'est sans doute de ce lieu que le fief FLORIVILLE du Quesne tira son nom.

[3] Topographie, t. 215-216, fol. 6 et suiv.

autant d'aides. Le prévôt était chargé de faire les ajournements aux francs hommes et aux hommes de poeste ; il pouvait « prendre gages de replage de justice, les malfaiteurs, lever toutes les amendes en cas de saisies en roture..., et pour faire ces choses, il a les saisines ou dessaisines, fausses clameurs, le tiers de toutes les amendes, hors celles de soixante sols, dont n'a que dix sols ».

4° La seigneurie de Rambures, tenue du Quesne, consistant en un manoir et jardins, sept journaux de terre y attenant, trois cent trente-six journaux de terre en plusieurs grandes pièces, deux fours banaux, plusieurs cens en très grande quantité, herbage, forage et relief sur divers immeubles, justice et seigneurie sur l'hôpital de Waben, etc.

L'école communale mixte du Quesne est fréquentée par cinquante-quatre élèves, dont vingt-sept garçons et vingt-sept filles.

Le nombre des maires depuis la Révolution se borne à sept : I. Taupin le Comte Henri-Simon, 1792 à 1814, mort célibataire le 8 février 1814 en la maison de son frère Jean-Baptiste, juge de paix d'Hornoy. — II. Sire Pierre-Nicolas, chevalier de la Légion d'honneur, adjoint faisant fonctions de maire de 1814 à 1817 ; maire de 1817 à 1825. — III. Bourgois Jean-Baptiste-Norbert, 1825 à 1831. — IV. Herbet Jean-Louis, dit Olive, 1831 à 1844. — V. Hénin Jean-Baptiste, 1844 à 1871. — VI. Herbet Gustave 1871 à 1876. — VII. Bleuvin, en exercice depuis 1876.

Il n'y a que quatre rues au Quesne ainsi nommées :

La rue du pierre, la ruellette, la loterie et la route.

Lieuxdits : Patis des merciers, le larris, le chemin du pierre, le patis Laurent, le bois rond, le bois du Quesne, la vallée, le long du chemin Aourt, le fond à cailloux, le chemin du roi, etc.

CANTON D'OISEMONT

SAINT-AUBIN-RIVIÈRE

Sanctus Albinus, 1154 ; Saint-Aubin-en-Rivière, 1689.

A quinze cents mètres du Quesne, sur le versant méridional du Liger, se trouve Saint-Aubin-Rivière. Il est à remarquer que la plupart des villages portant un nom de saint tiennent ce nom d'une église bâtie ou réédifiée à une époque peu ancienne, surtout si ces villages ont fait partie d'un manse épiscopal ou des biens d'un monastère ; il ne faut donc point rechercher d'étymologie en pareil cas, mais on peut voir si les noms de quelques lieuxdits ne fournissent pas d'indication.

La population de Saint-Aubin décroît considérablement. En 1806, on comptait 328 habitants ; en 1827, 358 ; en 1837, 313 ; en 1872, 247 ; en 1876, 276 ; et en 1881, 211. Il ne s'y trouve plus aujourd'hui que 202 habitants. En 1714, il y avait 66 feux ; le nombre des ménages est actuellement de 67, logés dans autant de maisons.

Le nombre des habitants attachés à l'industrie est de 89 ; à l'agriculture, de 79.

La quantité moyenne et annuelle du rendement des pommes à cidre est d'environ 600 hectolitres.

La superficie territoriale de Saint-Aubin est de 308 hectares, dont 198 sont livrés à la culture, 18 convertis en prairies naturelles et 13 en larris.

Il n'existe de maison d'école en cette commune que depuis 1847 ; précédemment la salle de classe se composait d'une chambre fort insuffisante.

Les instituteurs ont été : I. Ségard Jean-Baptiste, de 1749 à 1770 et de 1775 à 1803 ; il mourut à Saint-Aubin le 15 nivôse an XIII, à l'âge de 75 ans. — II. Harmand Jacques, 1770 à 1773 ; il était natif de Dromesnil. — III. Mathieu Pierre, 1773 à 1775. — IV. Leroy N..., 1803 à 1805. — V. Delboulle Denis, 1805-1807. — VI. Vion Jean-Baptiste, 1807 à 1818. — VII. Carles Désiré, 1818 à 1826. — VIII. Talva Prudent, 1826 à 1867, natif de Beaucamps-le-Vieux, où il alla se fixer après qu'il eut obtenu sa retraite, et où il mourut en 1877. Il laissa un excellent souvenir à Saint-Aubin, car le niveau de l'instruction populaire s'est considérablement élevé dans cette commune pendant les quarante et une années qu'il a dirigé l'école. — IX. Fordinoy Just, 1867 à 1868. — X. Herbet Arthur, en exercice depuis 1868.

Nombre d'élèves inscrits actuellement au registre matricule : garçons, 10 ; filles, 17.

Description en 1763 : « Saint-Aubin-Rivière, paroisse ; le seigneur est M. le marquis de Saint-Blimont. 46 feux ; ni ferme ni hameau qui en dépende. Saint-

Aubin est situé sur une pente douce qui se termine à la vallée de Liomer ; il y passe un ruisseau qui prend sa source à Brocourt; le terroir est situé comme le village ; terres en général médiocres ; quelque peu de bonnes, qui avoisinent la vallée. Productions ordinaires. Entièrement de l'élection de Ponthieu. Il y a aussi une trentaine de journaux de très bons prés ; soixante-douze journaux de bois ; un moulin à l'eau au bled. Trois laboureurs ; tous les autres habitants sont des fabricants de belinges et des fileurs de laine. A trois quarts de lieue de Liomer, où passe le chemin d'Abbeville à Aumale. Point de bureau de marque, ni revenus, ni foire, ni marché. Le pied de taille est de 700 livres. » — Le montant des quatre contributions directes est aujourd'hui de 2,080 fr.

L'église, sous le vocable de saint Aubin, mesure vingt-quatre mètres de long sur sept de large; elle reçoit le jour par douze fenêtres, et contient deux toiles peintes et six statues dont plusieurs sont anciennes ; l'un des tableaux, donné par l'État, est de mademoiselle Caroline Delaguette ; c'est une copie de la Sainte Famille de Léonard del Sarto.

Cette église, qui ne date que de 1790, n'offre rien de remarquable. A l'entrée de la nef est placé le clocher, pourvu d'une flèche en charpente très aiguë. Il renferme une cloche portant l'inscription suivante :

« L'an 1840, sous l'administration de Monsieur Jean-Baptiste Lefebvre, maire de la commune de St-Aubin-Rivière, j'ai été fondue et bénite par M. Sanson Demontanglos, curé de ce lieu, et nommée par Mad. Marie-Louise-Agnès de Saint-Blimont, veuve de Mr François-Désiré-Marc-Cheslain, prince de St-Winogk qui lui a donné ses nom et prénoms avec Mʳ Charles-Alphonse-Désiré-Eugène, prince et duc de Berghes Sᵗ-Winogk, son fils ».

Avant la Révolution, la cure était à la présentation du supérieur du séminaire, auquel était uni le prieuré de Mareuil.

Le 10 janvier 1730, le curé, Louis Lefort, fournit la déclaration des biens de sa cure dont le revenu net était de trois cent quatre-vingts livres.

Le revenu de la cure s'éleva plus tard à cinq cents livres ; celui de la fabrique était de cent livres.

Les curés qui ont gouverné cette paroisse jusqu'à la Révolution furent : I. Regnault Philippe, 16.. à 1709. — II. Lefort Louis, 1717 à 1741. On lit l'inscription suivante sur une pierre placée en dehors du mur de l'église : « Cy gist le corps de Mʳᵉ Louis Lefort, curé pendant vingt-quatre ans de cette paroisse, zélé de la gloire de Dieu, de son salut et de celui de son peuple. Il ordonna trois cents messes à son décès. Il fonda par son testament holographe du 20 décembre 1741, déposé chez Jean Clairet, notaire à Liomer, quatre obits perpétuels. Serviteur de la sainte Vierge, il en inspira la dévotion aux autres et la pratiqua lui-même. Père des pauvres, chacun d'eux trouva auprès de lui son soulagement. Bon pasteur, il aima son peuple pendant sa vie et ne l'a pas voulu quitter après sa mort. Agé de soixante-neuf ans, il mourut au monde le 20 décembre 1741 pour vivre éternellement en Dieu. Requiescat in pace ». — III. Ducrocq N..., 1741 à 1769 ; doyen de chrétienté d'Hornoy pendant plusieurs années ; il quitta ensuite la paroisse de Saint-Aubin pour aller administrer celle d'Andainville. — IV. Ternois N..., 1789 à

1792 ; il paraît avoir émigré au mois d'octobre de cette année.

En 1781 fut inhumé dans le cimetière de Saint-Aubin Jean-Baptiste Poultier, retiré dans cette commune depuis 1768 ; il mourut à l'âge de quatre-vingt-deux ans, après avoir été curé de Vironchaux pendant quarante-trois années.

A l'entrée de Saint-Aubin, vers le Quesne, sur la droite de la route d'Amiens à Senarpont, se voit une chapelle dédiée à saint Millefort, érigée vers 1850 ; elle renferme un buste en bois représentant ce saint, où sont contenues des reliques que l'on porte processionnellement tous les ans le premier dimanche de mai.

La terre et seigneurie de Saint-Aubin, relevant de Long, consistait au XVIIIe siècle « en une maison seigneuriale de douze journaux, champart et censives de deux cents livres, soixante-douze journaux de bois, cent trente journaux de terre labourable, treize journaux et demi de prés et un moulin à eau ».

Les mouvances étaient :

« Un fief séant à Arguel ;

« Un fief séant à Saint-Aubin, au nommé le Fébure, sur treize journaux, et produisant deux livres dix-sept sous de censives ;

« La seigneurie de Saint-Léger-le-Pauvre, par le prieur, curé du lieu, près Senarpont.

« A la maladrerie d'Arguel, — lisez du Quesne — vingt-deux livres de censives et un journal de pré [1] ».

---

[1] M. E. Prarond. — *De quelques lieux du Ponthieu...* — M. de Louvencourt. — *Etat des fiefs...*, loc. citt., et Arch. d'Abbeville.

Les premiers seigneurs, dont plusieurs furent bienfaiteurs de la maladrerie du Quesne, portaient le nom du village. Parmi eux nous citerons :

1° Dreux de Saint-Aubin [1], vivant en 1178, marié à Ode et père de Robert. — 2° Boson de Saint-Aubin, qui donna quatre journaux de terre en 1180 à la maladrerie du Quesne. — 3° Thibaut de Saint-Aubin, vavasseur, marié à Menandis, dite *Esmérie*, vivant en 1275 (*Cart. du Gard*). — 4° Robert de Saint-Aubin, Marguerite, sa femme, et Étienne, leur fils, donnèrent à la léproserie du Quesne trois journaux de terre sis au Catelet en 1243. — 5° Jean de Saint-Aubin tenait fief du bailliage d'Arguel en 1377.

Cette famille paraît avoir cessé de posséder la seigneurie de Saint-Aubin vers le commencement du XV° siècle.

Marguerite de Biencourt [2], dame de Saint-Josse-sur-Mer, possédait le domaine de Saint-Aubin en 1416. Elle était la seconde fille de Nicole, dit *Colart*, écuyer, seigneur de Biencourt, Menchecourt, bailli de Waben, et de Luce Gentien ou la Gentienne.

Robert le Cordelier [3], écuyer, seigneur de Chénevières-sur-Marne, écuyer du roi Charles VI, devint seigneur de Saint-Aubin après son mariage avec la précédente, le 20 mai 1416. Il était fils de Robert,

---

[1] Armes : *De sable, au fer de moulin d'argent, à la bande de gueules sur le tout*.

[2] Armes déjà citées.

[3] Armes : *D'azur, à 2 gerbes d'or, au franc-quartier d'argent, à 2 lions de sable*.

écuyer, franc-manier du moulin du roi à Abbeville en 1365, et de Marguerite Paillart. De son mariage, Robert eut le suivant.

Robert le Cordelier, écuyer, seigneur de Chénevières et de Saint-Aubin, épousa Pérette Allegrain, dont il eut : 1° Benoît, qui suit ; 2° François, religieux ; 3° Henri ; 4° Jean ; 5° Gentien.

Benoît le Cordelier, chevalier, seigneur de Chénevières, Saint-Aubin et Verton, capitaine du bois de Vincennes et du château de Bréauté, épousa Alix de Chasserat et en eut entre autres enfants Gentien, chevalier, seigneur de Chénevières, gouverneur d'Arras sous Lous XI, marié à Simone de Cauliers.

Raoul de Rosny [1], écuyer, était seigneur de Saint-Aubin en 1486 ; le 22 janvier de cette année, il fournit à Jean de Mailly l'aveu d'un fief noble qu'il possédait à Bouillancourt en Sery.

Nicolas de Rosny, écuyer, seigneur de Saint-Aubin en 1507, homme d'armes sous M. de la Grutuse en 1510 et sous M. de Guise en 1519 et en 1526, était fils de N... et d'Ide de la Cauchie ; il avait pour sœur Isabeau, mariée en 1508 à Jean de Bellengreville. Il épousa Nicole de Morvillers et en eut : 1° Guillaume, qui suit ; 2° Antoinette, mariée à Antoine d'Offignies, écuyer, seigneur du Ronssoy ; 3° Marguerite, femme d'Antoine de Guisard, écuyer, seigneur de Coquerel.

Guillaume de Rosny, écuyer, seigneur de Saint-Aubin, eut un fils, qui suit.

Florimond de Rosny, écuyer, seigneur de Saint-Au-

---

[1] Armes : *D'or, à deux fasces de gueules.*

bin, homme d'armes sous le seigneur de Humbercourt en 1515 et sous le duc de Vendômois en 1519, mourut jeune et sans postérité.

François de Soyécourt [1], chevalier, seigneur dudit lieu, de Regnières-Écluse, Liomer, Saint-Jean et autres lieux, entra en possession de la terre de Saint-Aubin après adjudication par décret en 1574; il en fournit le dénombrement le 10 novembre 1589 à Eustache de Croy, seigneur de Long. En 1577, le revenu des terres qu'il possédait dans le Ponthieu était estimé trois mille cinq cents livres. De son mariage avec Charlotte de Mailly, il eut six enfants, comme on l'a vu au chapitre de Saint-Jean.

Guy d'Auxy [2], chevalier, seigneur de Monceaux, Saint-Sanson et Hanvoille, capitaine de 50 hommes d'armes et gentilhomme de la chambre du roi, fils de François et de Marie Raguier, devint seigneur de Saint-Aubin par son mariage en 1587 avec Suzanne de Soyécourt; cette dame avait fourni avant son mariage le dénombrement de la terre de Saint-Aubin à Daniel de Boulainvillers, seigneur de Long.

François d'Auxy, chevalier, seigneur de Monceaux, Hanvoille, Saint-Aubin et Saint-Sanson, fils du précédent, épousa, au mois de décembre 1620, Marthe-Jeanne de Boufflers, fille d'Adrien et de Françoise de Gouffier.

Adrien d'Auxy, chevalier, marquis d'Hanvoille, seigneur de Saint-Sanson et Saint-Aubin, où il demeu-

---

[1] Armes: *D'argent, fretté de gueules.*
[2] Armes: *Échiqueté de 25 traits d'or et de gueules.*

rait, épousa en 1646 Élisabeth le Grand, dont il eut : 1° François, marquis d'Auxy ; 2° Jacques, seigneur d'Hanvoille et Saint-Sanson ; 3° Jacques, seigneur de la Bruyère et de la Fresnoye ; 4° Henri, qui suit ; 5° Marthe, alliée à Georges du Fay.

Henri d'Auxy, chevalier, comte d'Hanvoille, seigneur de Saint-Aubin en 1704, colonel de dragons, mourut le 22 février 1722 et reçut sa sépulture dans l'église Saint-Gilles d'Abbeville. Il avait épousé Marie-Anne-Madeleine de Créquy et en avait eu deux filles : 1° Jacqueline-Louise-Charlotte, mariée au suivant ; 2° Françoise-Élisabeth-Henriette-Marie, dite *Mademoiselle d'Hanvoille*.

Claude de Saint-Blimond [1], chevalier, marquis dudit lieu, seigneur de Gouy, Cahon, Pendé, Cucques, Sallenelle, Vron, etc., seigneur de Saint-Aubin après son mariage en date du 2 mars 1721, *alibi* 5 avril, avec Jacqueline-Louise-Charlotte, fille ainée du précédent, était fils cadet d'André III et de Chrétienne-Élisabeth le Tonnelier de Breteuil. De son mariage, il eut : 1° Jacques-Louis, qui suit ; 2° Marie-Louise-Chrétienne, mariée à Claude-Alexandre de Pons, marquis de Rennepont, le 20 août 1742 ; 3° Anne-Élisabeth-Renée, alliée à Nicolas-François du Bois de Belhotel, comte de Bours, le 18 février 1755, morte en 1784. Le marquis de Saint-Blimond mourut le 10 mars 1753.

Jacques-Louis de Saint-Blimond, marquis dudit

---

[1] Armes : *D'or, au sautoir engrêlé de sable*. — Une généalogie de cette famille est conservée dans les Mss. de D. Grenier. (Paq. 24, art. 27).

lieu, dernier de son nom, vicomte de Saigneville, seigneur de Pendé, Saint-Aubin et autres lieux, capitaine au régiment de Clermont-Tonnerre-cavalerie, chevalier de Saint-Louis, naquit en 1730. Il émigra à la Révolution et revint plus tard habiter le château de Pendé, où il mourut le 16 février 1820. Il avait épousé Marie-Victoire-Françoise de Lamiré de Caumont, morte à Pendé le 10 janvier 1756 ; leur fille, Marie-Louise-Agnès, épousa François-Désiré-Marc-Ghislain de Berghes-Saint-Winock ; elle reçut 773,382 francs d'indemnité en 1826. Elle mourut le 24 janvier 1852 et fut inhumée dans l'église de Saint-Blimond.

« La famille de Saint-Blimond, dit M. E. Prarond, passait pour très riche, et cette opinion avait donné naissance à un proverbe : *Il a les oignons de M. de Saint-Blimond*, était dans le langage populaire la formule hyperbolique qui constatait la fortune d'un homme [1] ».

Il reste encore une partie assez considérable de l'ancien château de Saint-Aubin, pouvant remonter à la fin du XVIe siècle ou au commencement du XVIIe. En effet, on remarque sur la façade, au-dessus de la porte d'entrée, une pierre sur laquelle furent sculptés l'écusson de Guy d'Auxy avec celui de sa femme, Suzanne de Soyécourt. Au-dessus de la porte des communs, on voit encore l'écusson de la famille d'Auxy ; sur un pignon, se lit le millésime 1728, date probable d'une réparation.

Dans cette habitation, qui appartient actuellement à Madame Leclercq, nous avons vu une plaque de che-

---

[1] *Hist. de cinq villes...* IIIe partie, p. 306.

minée sur laquelle sont figurés deux écussons ovales et accolés ; celui de senestre est : *De gueules, à trois molettes d'or, 2 et 1* ; celui de dextre est : *D'or, à trois fasces de gueules, surmontées en chef d'une coquille d'azur* ; supports : *Deux licornes* ; cimier : *Une couronne*...

Le premier écusson est celui de Jean Truffier, écuyer, seigneur d'Allenay, pour lequel Villers-sur-Authie fut érigé en comté ; le second est celui de sa femme, Gabrielle de Saint-Soupplis, fille d'Antoine et de Marie de Warlusel.

Les maires de Saint-Aubin depuis 1792 ont été peu nombreux, comme on peut en juger par la liste suivante : I. Lefebvre Alexis-François, 1792 à 1815. — II. Lefebvre Jean-Baptiste-Augustin, son fils, 1815 à 1845. — III. Lefebvre Joseph-Auguste-Casimir, 1845 à 1849. — IV. Lefebvre Jean-Baptiste-Augustin, pour la seconde fois, 1849 à 1855. — V. Lefebvre Jean-Baptiste-Augustin, son neveu, 1855 à 1874. — VI. Desprès, chevalier de la Légion d'honneur, en exercice depuis 1874.

Les deux rues du village sont : la grand'rue et la rue du bois.

Les principaux lieuxdits sont : la garenne, le vaudier, aux glaines, aux hachettes, le cap-Dieu, les cravinchonniers, les basses et les hautes communes, les larris, le fond Jeanne, etc.

Pour terminer, nous ferons observer que, sur la côte qui s'élève à droite du Liger entre le Quesne et Saint-Aubin, au-dessous du lieudit *Becquétoille*, se voient plusieurs cercles assez étendus appelés dans le pays *ronds de S. Gauthier*, et auxquels le peuple attache de singulières croyances.

C'était là, répète-t-on, que saint Gauthier, né à Andainville, et saint Aubin se rendaient jadis pour jouer aux cartes, conte absurde, inventé par une imagination en délire et maintes fois répété pendant les longues soirées oisives des hivers d'autrefois.

Ce singulier phénomène végétal, que l'on rencontre dans les lieux ou croissent les mousserons et diverses autres espèces de champignons, est facile à expliquer.

Ces cercles, que la superstition populaire nomme *cercles des fées* ou *cercles des sorcières*, sont tracés par un gazon épais, dont la couleur verte tranche vigoureusement sur celle des végétaux voisins ; la production de ces cercles s'explique par ce fait qu'une spore de mousseron, en germant, émet un *mycelium* s'étendant suivant de nombreux rayons, et forme un cercle bien défini.

LE MAZIS

Masis et Le Masiz, 1164; Masys, 1301.

Ce petit village est, ainsi que Saint-Aubin, situé sur la rive gauche du Liger, et, comme lui, il fait partie des trente-deux communes composant le canton d'Oisemont. Sa population est de 117 habitants, formant 38 ménages logés dans 35 maisons. La superficie territoriale de 380 hectares. En 1806, il s'y trouvait 115 habitants; en 1827, 126 ; en 1837, 152 et en 1873, 139.

Description en 1763 : « Le Mazis est une paroisse dont M. le Président d'Auneüil du Mazis est le seigneur. Vingt-six feux ; ni ferme ni hameau qui en dépende. Cette paroisse est située dans la vallée de Liomer, qui est arrosée d'une petite rivière qui prend sa source à Brocourt. Terroir en pente ; terres médiocres ; productions ordinaires. Les prés qui en dépendent sont très bons. Entièrement de l'élection de Ponthieu. Deux cent cinquante-six journaux de bois ; quatre laboureurs ; les autres habitants sont peigneurs de laine ou journaliers ; ce village n'est avoisiné d'aucune grande route ; un moulin à l'eau ; point de bureau de marque, ni foire, ni marché, ni biens communaux ». — Montant des quatre contributions, 1,892 fr.

L'église, sous le vocable de l'Assomption de la sainte Vierge, ne conserve plus de son architecture primitive que quelques parties du chœur. La nef, dont un des murs est en charpente, est éclairée par de très petites fenêtres modernes sans caractère, ne laissant pénétrer à l'intérieur qu'une faible lumière. Le chœur, plus étroit, mais plus élevé que la nef, était autrefois éclairé par de larges fenêtres ogivales qui ont été entièrement bouchées depuis. La fenêtre du sanctuaire, la seule qui soit restée intacte, est en ogive tréflée, à un meneau ; dans cette croisée se voient cinq écussons parmi lesquels deux sont incomplets [1]. Le clocher, placé en tête de la nef, se compose d'une haute tour quadrangulaire en pierres, plusieurs fois restaurée en briques, et contenant une cloche portant l'inscription suivante : « Je dois mon existence à la bienfaisance de MM. René et Jean-Baptiste Lefèvre et de tous les habitants de la commune du Mazis. L'an 1840, sous l'ad[tion] de M. Augustin Lefebvre, maire de la commune du Mazis, j'ai été bénie (sic) par M. Samson de Montanglos, curé de ce lieu, et nommée Virginie-Françoise-Honorine par M. Honoré-François Lefebvre, propriétaire, et dame Virginie Martin, épouse de M. François Lefebvre-Martin, rentier ». Au-dessous se voient deux noms : « Auguste Leguay et Marc Daillier ».

Le portail, de style ogival, est formé de trois vous-

---

[1] Le second écusson à gauche est : *gironné d'or et d'argent*; le premier à droite est : *d'argent, à la croix de gueules frettée d'or* ; le second du même côté, qui paraît être celui de la famille de la Rue est : *d'argent, à trois fasces de gueules* ; enfin celui du milieu est *écartelé aux 1 et 3 d'or... aux 2 et 4 de vair...*

sures gravement endommagées ; autour de l'église on remarque une litre.

La cure, qui faisait partie du doyenné d'Airaines, était à la présentation du chapitre de Saint-Firmin-le-Confesseur, d'Amiens.

Pierre Demonchy, curé du Mazis, produisit la déclaration des biens de sa cure le 18 juin 1728 ; le revenu était de deux cent quatre-vingt-dix-neuf livres.

Les religieux de Selincourt possédaient le tiers de la dîme du Mazis dès l'année 1160, pour lequel ils devaient contribuer en partie aux réparations du chœur de l'église. Plus tard, l'abbé de Selincourt et le commandeur de Saint-Maulvis, gros décimateurs, firent abandon au curé pour sa portion congrue, à la charge d'une redevance annuelle de trente-six livres que l'on voit figurer dans la déclaration du 18 juin 1728 [1].

A l'aide des registres de l'état civil, nous avons retrouvé les noms de cinq curés du Mazis : I. Lannoy N..., 1699. — II. Demonchy Pierre, 1700 à 1737, décédé le 25 mai de cette année ; il fut inhumé dans le cimetière d'Épaumesnil. — III. Poiriez Charles, 1737 à 1743. — IV. Bullot Jean-Baptiste, 1743 à 1795, décédé au Mazis le 18 prairial an III, à l'âge de quatre-vingts ans. — V. Lamarle Pierre-François, prêtre du diocèse d'Amiens, se présenta au Mazis le 24 thermidor an XI pour y remplir les fonctions curiales ; il était porteur d'une lettre de l'évêque le nommant en cette paroisse et d'une expédition de prestation de serment.

Depuis ce dernier curé, le Mazis n'eut plus de desservants ; il est aujourd'hui annexé à Saint-Aubin pour le spirituel, quoiqu'à la date du 29 thermidor

[1] M. F.-I. Darsy. — *Bén. de l'Égl. d'Am.*, t. II p. 139.

an XII nous ayons remarqué une délibération du conseil municipal tendant à annexer les paroisses d'Inval et de Saint-Aubin à celle du Mazis, qui aurait été le siège d'une succursale ; mais cette demande n'a pas abouti.

La seigneurie du Mazis, avec titre de châtellenie, tenue du roi à cause de son château d'Arguel, consistait au xviii° siècle « en un hôtel seigneurial, deux moulins à eau, un vivier de trois journaux, sept journaux de pâture, douze journaux de terres labourables, vingt-deux journaux de prés, deux cent quarante-six journaux de bois et environ deux cents livres de censives. Cette terre, avec Andainville, valait cinq mille livres de rente [1] ».

Les mouvances de la châtellenie du Mazis étaient très importantes, comme on le verra plus loin.

Robert d'Équennes [2], chevalier, vicomte de Poix, était seigneur du Mazis en 1370 ; il était fils de Guillaume, vicomte de Poix, seigneur d'Équennes et de Gannes, et de Jeanne de Rouvroy. Le 13 août 1372, il servit au roi l'aveu de la seigneurie du Mazis, consistant alors en « un manoir assis au Mazis, deux moulins, deux viviers, vingt-quatre journaux de prez, quarante-six hosties audit lieu produisant vingt livres de cens ou environ, cent vingt chapons, neuf septiers de bled, six muids d'avoine, dont il y a cinquante bois-

---

[1] M. E. Prarond. — *De quelques lieux du Ponth...* — M. de Louvencourt. — *État des fiefs, terres et seign...* — Arch. d'Abbev.

[2] Armes: *D'argent, à la croix de gueules, chargée de.. sautoirs d'or.*

seaux d'avouerie, quinze masures en la main du seigneur, chaque masure chargée de trois corvées par an, vente, relief et queue à court, champart sur soixante journaux, cent journaux de terre labourable, dont vingt sont donnés à cens par an rapportant six livres parisis, cent quatre-vingts journaux de bois ; justice et seigneurie de vicomte en toute la ville et terroir ». (D. *Grenier*).

Sohier de la Viefville [1], chevalier, seigneur du fief de Saint-Aubin à Andainville [2], devint seigneur du Mazis et d'Andainville par suite de son mariage en 1377 avec Jeanne d'Équennes, fille du précédent. Il reçut de Jean le Flament, trésorier des guerres, la somme de cent soixante-cinq livres tournois pour lui et neuf écuyers de sa compagnie, servant sous M. de Sempy. (Amiens, 20 octobre 1380) [3].

Guillaume de Heuchin [4], écuyer, était seigneur du Mazis et d'Andainville en 1490.

Guérard de la Trenquie [5] devint seigneur du Mazis par l'acquisition qu'il en fit à Guillaume de Heuchin le 12 juillet 1496 ; l'année précédente il avait signé la Coutume du Ponthieu avec la noblesse en qualité de bailli d'Airaines et d'Arguel.

[1] Armes : *Fascé d'or et d'azur de 8 pièces à 3 annelets de gueules en chef posés sur les deux premières fasces.*
[2] Ce fief était mouvant de la seigneurie du Mazis.
[3] *Trésor généalogique de la Picardie.*
[4] Armes : *D'argent, semé de billettes de sable, au lion de même.*
[5] Armes : *D'azur, au chevron d'or, à 3 trèfles de même, deux et un.*

Jeanne de Lannoy [1], aliàs Marie, fille du seigneur de Damereaucourt, était dame du Mazis et d'Andainville en 1510.

Jean de Poix [2], chevalier, seigneur de Séchelles, fils de Jean et d'Antoinette de Belloy, fut seigneur du Mazis et d'Andainville après son mariage avec Jeanne de Lannoy; de cette union naquirent entre autres : Jean, qui suit, et Georges, qui épousa la dame de Cléry, près Péronne, et n'en eut point de postérité [3].

Jean de Poix, chevalier, seigneur de Séchelles, le Mazis, Andainville en 1548, guidon de 50 hommes d'armes, hérita de tous les biens de Georges et de ses autres frères. Il épousa : 1° Jacqueline de Proissy et en eut trois filles; 2° Catherine de Dompierre, fille de François, seigneur de Liaraumont, et de Madeleine de Lannoy de la Boissière, dont il eut le suivant.

David de Poix, chevalier, seigneur du Mazis, Andainville en 1589, épousa Madeleine de Brouilly, fille de François, seigneur de Mesvillers, tué à Senlis le 17 mai 1580, et de Louise de Halluin-Piennes. David mourut sans laisser de postérité [4].

Marie de Poix, sœur du précédent, hérita de tous ses biens ; elle s'intitulait dame du Mazis en 1620.

Daniel Cauchet, dit de *Beaumont*, écuyer, seigneur

[1] Armes : *Échiqueté d'or et d'azur de 25 pièces.*
[2] Armes : *De gueules, à la bande d'argent accompagnée de 6 croix d'argent recroisetées.*
[3] La Morlière.—*Recueil des illustres maisons de Picardie.*
[4] La Morlière. *Ibid.*

de Saint-Étienne, devint seigneur du Mazis et d'Andainville du chef de sa femme, Marie de Poix.

Jean de Beaumont, écuyer, seigneur du Mazis, Andainville et Saint-Étienne, épousa Marie le Clerc du Tremblay, dont une fille, mariée au suivant.

Louis Barjot [1], chevalier, seigneur d'Auneuil, de Marchefroy, conseiller d'État, maitre d'hôtel du roi, grand maître des Eaux et Forêts de Lorraine, fils aîné de Jean et de Marguerite Forget, devint seigneur du Mazis après son mariage en 1635 avec Marie-Élisabeth de Beaumont ; de cette union naquirent : 1° Louis-Claude, chevalier, marquis d'Auneuil, mort sans postérité en 1700 ; 2° François, qui suit ; 3° Jean, seigneur d'Auneuil et de Carville, marié en 1671 à Marthe de la Croix ; 4° François-Archambauld, prieur d'Auneuil ; 5° Alexandre, prêtre ; 6° Charles, seigneur de Four, près Montargis ; 7° Anne, alliée à Christophe du Mas, seigneur de Menville.

François Barjot, chevalier, seigneur du Mazis, Andainville, etc., premier écuyer de mademoiselle de Montpensier, épousa Claudine de Clémençon, dont il n'eut point de postérité ; la seigneurie du Mazis retourna à son père Louis Barjot, qui, se trouvant au-dessous de ses affaires, la vendit en 1680 pour satisfaire ses créanciers.

Nicolas Ier de Frémont [2], chevalier, marquis du

---

[1] Armes : *D'azur, au griffon d'or, le franc canton chargé d'une étoile de même.*

[2] Armes : *D'azur, à 3 têtes de léopard d'or, posées 2 et 1.* — Cette famille, originaire de Normandie, s'établit plus tard à Paris.

Rosay, seigneur d'Auneuil, le Mazis, Andainville, Bosseguin, Argueil, etc., naquit en 1622. Le 22 décembre 1646, il fut pourvu d'un office du roi, puis nommé correcteur en la chambre des comptes de Marseille ; plus tard, il devint trésorier général de France, intendant des finances en la généralité de Provence, et enfin conseiller du roi en ses Conseils d'État par lettres du 17 avril 1654. Ce fut en sa faveur, et pour récompenser « les grands, fidèles et affectionnés services qu'il avait rendus au roi dans l'exercice de ses charges », que Louis XIV érigea en marquisat la terre de Rosay par lettres-patentes du mois de février 1680. Il résigna sa charge de grand-audiencier de France en 1689 et fut alors pourvu de l'un des deux offices héréditaires de conseiller du roi en ses conseils et garde du Trésor royal. Il amassa dans les finances du roi une fortune considérable avec laquelle il put acheter les seigneuries du Mazis, de Dominois, du Rosay, le fief de Beauchamp à Andainville, etc. Il était le second des dix enfants de Jacques, écuyer, seigneur de Frémont, et de Marie Baduel ; il mourut à Paris le 10 décembre 1696 et fut inhumé à Saint-Roch. Il avait épousé en premières noces, le 24 juin 1648, Isabeau Catelan, dont il eut : 1° Élisabeth, née en 1649, morte religieuse à Nevers ; 2° Suzanne, née vers 1651, religieuse à Conflans. De son second mariage, contracté le 1er août 1655 avec Geneviève Damond, *aliàs* Claire-Clémence, fille de Claude et de Françoise de la Lande, il eut : 1° Nicolas, qui suit ; 2° Geneviève, mariée le 16 mars 1676 à Guy-Aldonce de Durfort de Duras, duc de Lorges, maréchal de France et capitaine des gardes du corps du roi ; 3° Marie-Gabrielle, religieuse.

Nicolas II de Frémont, chevalier, marquis du Rosay

et de Charleval, seigneur d'Auneuil, la Neuville, le Mazis, Andainville, Bodoage près Vron, Dominois, Petit-Chemin, Argoules, etc., maître des requêtes au Parlement de Paris, fut baptisé le 25 février 1666 ; il fut reçu conseiller au Parlement de Paris le 7 mai 1688 ; c'est en 1723 qu'il acheta le marquisat de Charleval. De son union contractée le 3 février 1704 avec Renée-Élisabeth Pucelle, fille de Pierre, premier président au parlement de Dauphiné, et d'Anne Roujault, il eut: 1° Nicolas, chevalier, seigneur d'Auneuil en partie, Arquivillers, Mussegros, etc., président au Parlement ; 2° Adrien-Robert, marquis de Charleval, seigneur d'Auneuil en partie, mort sans postérité en 1790 ; 3° Pierre-François, qui suit ; 4° Anne-Renée, alliée le 18 juillet 1729 à Paul-Maxime Hurault, marquis de Vibraye. Nicolas II de Frémont mourut le 30 septembre 1748.

Pierre-François de Frémont, chevalier, seigneur du Mazis, Auneuil, la Neuville, Saint-Léger et autres lieux, reçu président au Parlement en la seconde des enquêtes le 16 mai 1738, naquit le 9 septembre 1713. Par acte à la date du 1ᵉʳ août 1757, Nicolas de Frémont, seigneur d'Auneuil en partie, se voyant sans enfants mâles (ses deux fils étant morts), donne à son frère, Pierre-François, le tiers qu'il avait dans la jouissance des seigneuries d'Auneuil, de la Neuville et de Saint-Léger pour en jouir comme usufruitier durant la vie du donateur seulement. Le même jour, Adrien-Robert, marquis de Charleval, fit semblable donation à Pierre-François, de sorte que ce dernier fut considéré comme seul seigneur d'Auneuil. Pierre-François, dit le *Président du Mazis*, épousa par contrat du 24 janvier 1738 Marie-Agathe des Vieux, fille de

Louis-Philippe, écuyer, et de Bonne-Madeleine le Couturier. De cette union vinrent : 1° Nicolas, né le 13 février 1739, seigneur de Charteret, substitut du procureur général au Parlement de Paris ; en 1765, son père lui fit don des seigneuries du Mazis et d'Andainville, mais il ne jouit pas longtemps de ces domaines : il mourut au Mazis le 10 novembre 1767, âgé de vingt-huit ans, et fut inhumé le lendemain dans l'église de ce village. Il laissait pour héritier son père et sa sœur ; on lit dans l'inventaire dressé après sa mort : « Un tableau représentant saint Pierre et saint Paul, estimé 30 livres ; onze tableaux à cadres dorés, qui n'ont point été estimés, à la réquisition des parties, attendu que ce sont des portraits de famille, et que les noms de ceux qu'ils représentent sont écrits sur plusieurs ». Nicolas de Frémont, oncle du décédé, réclama sept de ces portraits : M. de Frémont, son grand-père ; M. Pucelle, son bisaïeul ; l'abbé Catinat, son grand-oncle ; Mme de Catinat, religieuse, sa grand'tante ; la baronne d'Asfeld, sa tante ; la duchesse de Saint-Simon et la duchesse de Lausanne, ses cousines-germaines ; il réclama en outre un portrait au pastel représentant un berger [1] ; 2° Marie-Élisabeth, née le 10 janvier 1740, mariée à Louis-Marie-Nicolas-Guillaume de Chavaudon de Montmagny, chevalier, seigneur de Montmagny, Bersenay, Fouchères et autres lieux, conseiller au Parlement de Paris, fils de Louis-Guillaume, chevalier, conseiller du roi, président au Grand Conseil, et d'Anne-Élisabeth Masson ; devenue veuve, Marie-Élisabeth de Frémont épousa en secondes noces

---

[1] Arch. dép. de la Somme. B, 675.

Alexandre-François de la Rochefoucauld-Bayers, mort le 7 janvier 1786 à l'âge de cinquante-quatre ans, laissant plusieurs enfants ; 3° Pierre-Nicolas-Philippe, né le 30 juin 1741. L'union du Président du Mazis fut de courte durée ; sa femme, Marie-Agathe des Vieux, mourut le 23 novembre 1741, n'étant âgée que de dix-neuf ans. Pierre-François de Frémont émigra à la Révolution et une grande partie de ses biens fut mise en vente.

Fiefs et mouvances.

De la châtellenie du Mazis relevaient :
1° La seigneurie de Brocourt ;
2° La seigneurie d'Inval-Boiron, pour la partie-Ponthieu ;
3° La seigneurie d'Andainville, en trois fiefs ;
4° La seigneurie de Dreuil-sous-Molliens, consistant en un chef-lieu de onze journaux, soixante-deux journaux de terre labourable et trois cents livres de censives ;
5° Le fief de Lespinoy, situé au Mazis, consistant au XVII° siècle en un chef-lieu de journal et demi et seize ou dix-sept journaux de terre labourable avec quelques censives.

Antoine Aliamet [1], seigneur du fief de Lespinoy, mourut en 1575, date à laquelle ses héritiers paraissent pour ce fief.

[1] Cette famille, originaire d'Abbeville, avait pour armes parlantes des *pommes aliamets*.

Pierre Aliamet, avocat, capitaine d'Abbeville pour la porte d'Hocquet en 1609, seigneur de Lespinoy, épousa Isabeau de Boulogne, fille de Nicolas, seigneur du Hamel, et de Marguerite de le Gorgue, dont il eut : 1° Pierre, chartreux ; 2° Nicolas ; 3° Charles.

Charles Aliamet, seigneur de Lespinoy, s'allia à Marie Baillon, d'où vinrent: 1° Jacques ; 2° Élisabeth, mariée à Antoine Mauvoisin ; 3° Charles-Antoine.

Charles-Antoine Aliamet, seigneur de Lespinoy, marié le 10 juillet 1686 à Isabelle Machart, fille de Nicolas, avocat en Parlement, échevin de Saint-Valery, et de Françoise Lallement, eut trois enfants, qui furent : 1° Nicolas-Antoine, qui suit ; 2° Marie-Élisabeth, mariée en 1735 à Charles-François de Ray, écuyer, seigneur du Tilleul, fils de Jean, assesseur en la maréchaussée, et de Thérèse-Austreberthe de la Rue [1] ; 3° Marie-Élisabeth, morte en 1749.

Nicolas-Antoine Aliamet, seigneur de Lespinoy et de Métigny, signe un acte de baptême au Mazis le 11 janvier 1723.

6° Le fief du Bac, au Mazis ;

7° Le fief Belleperche, sis au Mazis, consistant en dix-sept journaux de bois ;

8° Le fief Haynault, au Mazis ;

9° Autre fief au Mazis, consistant en une masure amasée ;

10° Autre fief, au même lieu, consistant en six journaux de terre ;

11° Arrière-fief du Mazis consistant en un manoir à Andainville, soixante-quatre journaux de bois, cin-

---

[1] C'est sans doute l'écusson de cette dame que l'on voit à la croisée du sanctuaire de l'église du Mazis.

quante-huit journaux et demi de terre, vingt-neuf hostises à Andainville-au-Bois, dix journaux à Andainville-aux-Champs qui lui devaient 28ˡ 15ˢ 7ᵈ, soixante-dix-neuf chapons, dix-neuf poules, deux muids et quatre boisseaux d'avoine, vingt-quatre fouaches, deux livres de cire, une de poivre, quatre verres, huit éteufs, cent cinquante œufs, un éperon ; chaque hostise ayant charrue lui devait cinq corvées par an, queute à court, reliefs, saisines et dessaisines, aide aux us et coutumes de la châtellenie d'Arguel, champart sur cent vingt journaux, justice et seigneurie de vicomte et au-dessous ;

12° Arrière-fief au Mazis, contenant cinq journaux, dix journaux donnés à cens, le tout tenu par cinq sols de relief, autant d'aides et le service de plaids au Mazis ;

13° Arrière-fief au Mazis, consistant en un manoir et en quatre journaux donnés à cens, le tout tenu par dix sols de relief, autant d'aides et dix sols de service ;

14° Arrière-fief à Andainville, consistant en cinquante-un journaux de terre et en quarante-sept journaux de terre à cens, les trois quarts du champart sur quarante-un journaux de terre ; le tout tenu par les devoirs et les services ordinaires ;

15° Arrière-fief situé à Dourier-lès-Airaines, consistant en trente-cinq journaux de terre en domaine et en trente-cinq tenus à cens ;

16° Arrière-fief à Oinval tenu par cinq sols de relief, autant d'aides et le service de plaids trois fois l'an ;

17° Arrière-fief consistant en la Prévôté du Mazis, en un manoir, quinze journaux de terre et quelques cens ; le tout tenu par cinq sols de relief et autant d'aides ; le prévôt devait ajourner aux plaids, sommer de faire les corvées, les aveux et de fournir les queutes à court ; il recevait les saisines du Mazis et avait vingt-quatre gerbes de don ;

18° Arrière-fief paraissant être un démembrement du précédent, tenu par cinq sous de service, autant d'aides et le service de plaids trois fois l'an ;

19° Arrière-fief à Andainville-au-Bois, comprenant deux journaux de bois, dix-sept de terre et cinq livres parisis de cens ;

20° Arrière-fief consistant en cinq hostises à Saint-Aubin tenues à cens, trois corvées par an pour chaque masure, ventes, reliefs, saisines, etc. ;

21° Arrière-fief en la main du seigneur, consistant à prendre la moitié de la mouture sur un moulin appelé Neuf-Moulin ;

22° Arrière-fief séant à Birecourt, consistant en un manoir, vingt-neuf journaux et demi de terre, vingt-sept et demi de bois, le quart de la mouture du moulin de Birecourt, le quart du terrage, quelques cens en argent, chapons, etc., le tout tenu par hommage de bouche et de mains et par les services et devoirs ordinaires [1].

En 1575, Nicolas Dampierre possédait un fief au Mazis appartenant en 1700 à Jean Beuvin.

Au siècle dernier, Antoine Dufour et Nicolas Péquet avaient chacun un fief au Mazis.

Les maires de cette commune depuis le commencement de ce siècle ont été : I. Maillard Nicolas, 1800 à 1801. — II. Lefebvre François, 1801 à 1803. — III. Daillier Alexandre, 1803 à 1817. — IV. Lefebvre Fran-

[1] D. Grenier. Topogr., t. 210, fol. 238-240.

çois-Alexis, 1817 à 1831. — V. Delcourt Antoine, 1831 à 1836. — VI. Lefebvre Augustin, 1836 à 1851. — VII. Maillard Nicolas, 1851 à 1870. — VIII. Brajeux Émile, 1870 à 1874. — IX. Lefebvre Isaïc, 1874 à 1878. — X. Maillard Florentin, aujourd'hui en exercice.

Principaux lieuxdits : Enclos blanche-maison, les terres Marin, bosquet à fraises, le bois de l'hôpital d'Airaines, la cotière, le fond des grés, les dix au chêne fourchu, la croix au cul-de-foi, l'Espinoy, la vallée Greu, mazurette, etc.

Dans la prairie entre le Mazis et Saint-Aubin prennent naissance plusieurs sources, notamment celle que les habitants appellent *le Puits tournoër*, qui apporte une assez grande quantité d'eau au Liger. Plus loin, dans la même prairie, en face du Mazis, se trouve la *Fontaine-Marie*, dont l'eau pure et limpide a déjà rendu et est appelée à rendre de nombreux services dans les maladies internes ; quatre cents mètres au delà de sa source, elle forme un affluent du Liger. Il serait à désirer que l'administration municipale entretint cette fontaine avec le plus grand soin, car l'état d'abandon dans lequel elle se trouve fait éprouver une certaine répugnance pour cette eau bienfaisante.

Notons, pour terminer, qu'il y a quelques années, en creusant le sol sur la côte, on a mis, paraît-il, à découvert, plusieurs tombeaux gallo-romains.

INVAL-BOIRON

Ayenval, 1301 ; Inval, 1579 ; Ainval, 1647.

Ce village, dont le nom paraît dû à sa situation dans la vallée, est, de même que les deux précédents, construit sur la rive gauche du Liger. Sa distance d'Oisemont est de dix kilomètres ; celle d'Amiens, de quarante-quatre kilomètres.

Il y avait 279 habitants en 1806 ; 304 en 1827 ; 319 en 1837 ; 324 en 1872 ; 260 en 1881. La population n'est plus aujourd'hui que de 226 habitants, dont 196 pour Inval et 30 pour Boiron ; on y compte 61 ménages logés dans 57 maisons. Les habitants sont surtout adonnés à l'agriculture, qui en fait vivre 151 ; le commerce en nourrit 24, et l'industrie, 23.

Description en 1763 : « Inval, paroisse ; le seigneur est M. de Louvencourt ; dix feux. Ni ferme ni hameau qui en dépende. Cette paroisse est située dans la vallée de Liomer qui est arrosée d'une petite rivière qui prend sa source à Brocourt ; le terroir est en pente ; terres médiocres ; productions ordinaires. Les prés qui en dépendent sont très bons. Mi-partie Ponthieu et mi-partie Amiens ; dix-huit journaux de bois ; un laboureur ; les autres habitants sont peigneurs de laine et journaliers. Ce village est situé à un quart de lieue du

Mazis et n'est avoisiné d'aucune grande route. Ni bureau de marque, ni foire, ni marché, ni biens communaux. Le pied de taille avec le Mazis est de 685 livres ».
— Montant des quatre contributions, 2,389 fr.

L'église, sous le vocable de saint Martin, mesure vingt-deux mètres de longueur sur sept de largeur. Voici ce que nous en avons déjà dit [1].

Il ne nous sera ni long ni difficile de faire la description de cette église, dont les caractères architectoniques n'offrent aucun intérêt.

Cet édifice, comme beaucoup d'autres, a subi de nombreuses restaurations, qui ne lui ont presque plus rien laissé de sa construction primitive ; le mur situé au sud fut entièrement restauré en pierres depuis peu d'années ; le mur faisant face au nord est en briques et en pierres. Le clocher, placé au-dessus du portail, est assez élevé ; il se compose d'une flèche en charpente fort aiguë, renfermant une cloche portant le millésime de 1514 : elle eut pour parrain et pour marraine Adrien et Marie d'Humières, enfants d'Adrien d'Humières, seigneur d'Inval.

Pénétrons dans l'intérieur de l'église, dont nous admirerons tout d'abord la riche décoration.

A gauche du maitre-autel, on remarque une croisée datant du XIVe siècle, mais le meneau et le trèfle ont disparu: c'est la partie la plus ancienne de l'église. La croisée du sanctuaire, qui contient un beau vitrail, est faite dans le style du commencement du XVIe siècle ; elle fut restaurée en 1855.

[1] *Bulletin de la Société des Antiquaires de Picardie*, t. XIII, pp. 50 et suiv.

On remarque aussi une vieille cuve baptismale ayant assez de ressemblance avec celle de Senarpont, et pouvant dater du xie ou du xiie siècle. Elle est formée d'une énorme pierre grise, ayant une colonne à chacun des angles, mais dépourvue de toute sculpture ; au fond se trouve une piscine.

Mais ce qui, dans cette église, attire l'attention de l'archéologue, c'est un bas-relief représentant l'ensevelissement du Christ.

Hélas ! il est dit que la joie de l'antiquaire n'est jamais complète. Tantôt la main du temps a détruit telle ou telle partie de l'objet découvert ; tantôt, comme ici, c'est la main des hommes qui a mutilé tel autre objet d'art.

Le curieux bas-relief de l'église d'Inval, qui date de la Renaissance, se trouve dans le mur de gauche de la nef, faisant presque face à la chaire. Il mesure 1^m,20 de haut sur 1 mètre de large.

« Un des sujets les plus importants au xvie siècle, dit M. de Caumont, est l'ensevelissement de N.-S. J.-C. avec personnages de grandeur naturelle ; on le trouve dans un grand nombre d'églises à la fin du xvie siècle. Les artistes de la Renaissance reproduisirent cette scène touchante d'après les types convenus, et partout on trouve les mêmes personnages dans les mêmes attitudes, avec les mêmes costumes ».

Dans l'église d'Inval, les personnages de ce sujet ne sont pas en grandeur naturelle comme dans les grandes églises, telles que celles de Doullens et de Montdidier. Sur une pierre se trouve le corps du Sauveur soutenu du côté de la tête par Nicodème ; du côté des pieds, on voit Joseph d'Arimathie apportant le linceul. Derrière, sur le même plan, on remarque, dans diverses attitudes, sainte Véronique, saint Jean, la Vierge, Marie-Madeleine, sœur de Marthe ; au fond, sur un second plan, on voit le mont des Oliviers, la croix de J.-C. ; et, de chaque côté, les croix des deux larrons, presque totalement brisées ; les têtes de tous les personnages, à l'exception d'une seule, ont été enlevées ; la tête et les jambes du Christ ont aussi été gravement mutilées.

Autour de ce curieux bas-relief, dans les deux moulures du cadre, sont représentés tous les instruments de la Passion : une échelle, un marteau, des tenailles, des clous, une éponge, une lance, etc. ; on voit aussi une oreille coupée, trois sabliers, une bourse contenant les trente pièces d'argent de Judas Iscariote, etc.

Au-dessous de ce bas-relief se lit l'inscription suivante :

Cy-gist Mess. Adrien Mutel   Pb^{re} demourant à Inval
Leq^l paia deubt naturel   Par le dard de mort anormal.
Il laissa le terrestre val   L'an mil v^e xxviij dernier
De may ; au ciel impérial   Le vœuille Jhs Crist logier.

Au sommet du bas-relief, mais sur le mur de la nef, on voit le Fils de Dieu sortant du tombeau ; un peu plus bas, à droite, est un ange annonçant à une sainte femme, placée à gauche, la résurrection de J.-C. ; ces trois personnages ont été respectés par le marteau des iconoclastes.

Qui a fait sculpter cet intéressant bas-relief ? Est-ce à dater de cette époque que la Passion fut prêchée annuellement à Inval le dimanche des Rameaux ? Nous l'ignorons.

Dans un acte à la date du 10 mars 1653, par lequel Antoine de Brossard et consorts vendent ce qu'ils possèdent du domaine d'Inval à Jacques de Louvencourt,

BAS-RELIEF DANS L'ÉGLISE D'INVAL-BOIRON

seigneur d'Inval en partie, il est stipulé que l'acquéreur devra payer « par chascun an le jour des Rameaux au prédicateur qui preschera la Passion le dict jour au dict Inval, soixante-dix sols ».

Dans un autre acte à la date du 12 juin 1710, l'abbé Spiridion de Louvencourt, « dit l'abbé du Chaussoy », reconnait avec son frère et ses sœurs « la fondation faite par M. de Montorgueil pour le service de la Passion ».

Que pourrait-on induire de là ? C'est que le bas-relief fut d'abord sculpté par les soins du curé Mutel, et que M. de Montorgueil, seigneur d'Inval en partie, établit une rente sur sa terre afin de payer le prédicateur chargé de faire un sermon sur la Passion. On pourrait aussi admettre que le legs dont il est ici question, et qui a toujours été servi par la famille de Louvencourt jusqu'à la Révolution, fut d'abord fondé par M. de Montorgueil, et qu'ensuite le curé Mutel, par reconnaissance pour le donateur, et pour perpétuer le souvenir de cette donation, fit représenter l'ensevelissement du Christ avec tous les objets relatifs à sa Passion. Cette rente, qui fut toujours acquittée jusqu'à la tourmente révolutionnaire, a été depuis ce temps soustraite aux recherches du domaine public ; mais cette coutume de prêcher la Passion annuellement à Inval n'en a pas moins subsisté jusqu'aujourd'hui.

La cure d'Inval était à la présentation du chapitre de Saint-Nicolas d'Amiens. Le 12 juin 1728, Jean Devellenne, titulaire, fournit la déclaration des biens de la cure, dont le revenu net était de 413 livres ; il s'éleva plus tard à cinq cents livres.

La dîme n'appartenait pas toute entière au curé du

lieu ; les religieux de Dommartin, le prieur de Senarpont, le commandeur de Saint-Maulvis et l'un des chapelains de Saint-Firmin-le-Confesseur avaient chacun un droit de dîme [1].

Les curés d'Inval furent : I. Palyart N.,. 1649. — II. Viot Jean, 1663 à 1697. Par son testament, en date du 14 octobre 1691, il lègue à cette paroisse « une petite place pour bastir une école et y loger un maître ». — III. Devellenne Jean, 1697 à 1737, mort le 26 juillet de cette année âgé de quatre-vingts ans ; il reçut sa sépulture dans l'église d'Inval. — IV. Moinet Pierre, 1737 à 1738. — V. Debrecq Jean-Baptiste, 1738 à 1739 ; il mourut le 20 octobre de cette année, âgé seulement de vingt-huit ans, et fut inhumé dans le chœur de l'église. — VI. Delcourt Jacques, 1739 à 1768 ; décédé le 26 mars à l'âge de cinquante-sept ans, et enterré dans le cimetière ; il était natif d'Amiens. — VII. Billet François-Éléonore, 1768 à 1780, mort le 29 mai, âgé de cinquante-neuf ans ; il reçut sa sépulture dans le cimetière. Il obtint de Mgr de Machault, évêque d'Amiens, la translation de la fête de S. Martin du 11 novembre au 4 juillet, à cause de la foire d'Aumale. Il était natif d'Hornoy. — VIII. Desgardins N..., 1780 à 1790. Il émigra pendant la Révolution et mourut à Amiens le 10 janvier 1820 à l'âge de quatre-vingt-dix ans. — IX. Caron Lubin, 1790 à 1794, né à Lafresnoy, mort en 1794. — Morvillers, Franbourg et Braure, curés constitutionnels, de 1794 à 1799.

Depuis la Révolution, Inval fut desservi par MM. Neveu Claude, de Leuilly ; Cocu Jonas, de Beaucamps-le-Vieux ; Magnier Jean-Baptiste-Martin, d'Oisemont,

---

[1] M. Darsy, *loc. citt.*

(1817-1849) ; Desmarest (1849-1860), et Godfroy, actuellement en exercice depuis 1860.

Le culte protestant était pratiqué depuis très longtemps à Inval, puisque, d'après le pasteur Rossier, on y comptait déjà des calvinistes au XVI° siècle. Les protestants d'Inval, ceux d'Andainville et de quelques localités environnantes étaient alors rattachés à l'église d Oisemont ; mais aujourd'hui il ne se trouve plus un seul protestant à Inval, aussi le temple qui y fut élevé en 1844 tombe-t-il en ruines. D'après Rivoire, il y avait encore dix-neuf protestants dans cette commune en 1806. M. Née, d'Inval, était membre du Consistoire en 1853.

La seigneurie d'Inval, membre de la commanderie de Saint-Maulvis, était tenue de la châtellenie du Mazis; mais elle paraît n'avoir eu que fort peu d'importance. Nous voyons dans D. Grenier qu'elle consistait « en chef-lieu et hôtel seigneurial, deux journaux de bois à coupe, quatre-vingt-dix-huit de terre en domaine non fieffé et en censives sur quelques maisons d'Inval ». Elle s'augmenta par la suite, puisqu'au siècle dernier elle comprenait « une maison seigneuriale, beaux jardins, dix-huit journaux de terre et deux cent soixante-treize livres de censives [1] ».

Comme il apparaît par l'inscription de la cloche, Adrien d'Humières [2] était seigneur d'Inval en 1514. Son fils, aussi nommé Adrien, posséda ce domaine après lui.

[1] M. E. Prarond. — *De quelques lieux du Ponth...*
[2] Armes : *D'argent, fretté de sable.*

Les généalogies de cette maison publiées par la Morlière, la Chesnaye des Bois, le P. Anselme, etc., ne parlent pas de ces deux Adrien ; nous ne trouvons rien non plus dans les manuscrits que nous avons sous les yeux.

Jacques-Eustache de Louvencourt [1], premier du nom, chevalier, seigneur de Pissy, Pierrecluet, Gournay, Saulchoy, Bréthencourt et Ville, s'intitulait seigneur d'Inval-Boiron au milieu du xviie siècle. Il servit dans les guerres de cette époque et fut choisi par la noblesse de Picardie le 24 juillet 1651 pour assister aux États. Plus tard, le 12 août 1655, il fut exempté, comme noble, des droits de francs-fiefs. Par un jugement rendu le 9 août 1666, M. Colbert, intendant de Picardie, lui accorda maintenue de noblesse sur preuves remontant à 1525. Jacques-Eustache était fils aîné de Charles, écuyer, seigneur de Pierrecluet et de Pissy, gentilhomme ordinaire de la chambre du roi, et de Marguerite Picquet de Dourier. Le 10 mars 1653, Jacques-Eustache acheta pour sept mille cinq cents livres à Antoine de Brossard, écuyer, à François de la Tourelle, demeurant à Sailly, paroisse de Bouafles, et à Charlotte du Fay, femme de ce dernier et par lui autorisée, les fiefs de Gambart, de Boullart et d'Inval en partie, terre et seigneurie, censives, bois, champart et domaine, fiefs et non fiefs, maisons amasées, jardins, pourpris, etc. Par l'une des clauses de cet acte d'achat, M. de Louvencourt devait payer « par chascun an le jour des Rameaux au prédicateur qui preschera la Passion ledict jour audict Inval la

[1] Armes déjà citées.

somme de soixante-dix sols [1] », afin de continuer la fondation faite par M. de Montorgueil. Jacques-Eustache, mort en 1671, avait épousé le 7 août 1638 Marie-Marguerite de Conty, dame de Clairy, du Saulchoy, etc., fille cadette d'Antoine, chevalier, seigneur de Roquemont, et d'Anne de Lameth. De ce mariage sont nés : 1° François, qui suit ; 2° Louis, chevalier, seigneur de Pierrecluet et de Gournay, capitaine au régiment de Picardie, puis major du régiment de Cavoye en 1689 ; 3° Charles, chevalier, seigneur de Ville et de Gournay en partie, capitaine au régiment de la Roque-cavalerie, allié à Anne Vrayet ; 4° Jean, chevalier, capitaine au régiment de Rambures, tué devant Rocroy ; 5° Anne, mariée à Claude de Cacheleu, chevalier, seigneur de Thoiras, Saint-Léger et autres lieux, capitaine au régiment de Picardie-infanterie ; 6° Marthe-Ursule, qui épousa, avec dispense du pape, François des Forges, chevalier, seigneur vicomte de Chateaufort et de Caullières ; 7° Marie-Marguerite, mariée le 6 mai 1676 à Charles le Normant de Tronville, chevalier, seigneur d'Aumâtre, la Motte, etc., lieutenant d'une compagnie de chevau-légers au régiment du marquis de Lambert ; 8°, 9°, 10° et 11° Marie, Catherine, Angélique et Charlotte, religieuses, la première à Cléruissel, et les trois autres à Clermont, en 1669.

François de Louvencourt, chevalier, seigneur de Pissy, Clairy, Saulchoy, Gournay, Inval, Boiron, Pierrecluet et autres lieux, servit dans le régiment de Picardie. Il fut maintenu dans sa noblesse avec ses frères par arrêt des commissaires généraux le 30 juin

[1] Archives de la fabrique d'Inval.

1701. Il avait épousé à Amiens le 4 janvier 1669 Jeanne le Roy, demoiselle de Romont, fille de Jean, chevalier, seigneur de Jumelles, le Forestel, Coquelerre et autres lieux, conseiller et maître d'hôtel ordinaire du roi, lieutenant général d'Amiens, etc. De son mariage, il eut: 1° François-Spiridion, qui suit ; 2° Jacques-Eustache, chevalier, seigneur du Saulchoy, Clairy, Pissy, Pierrecluet, capitaine au régiment de Boufflers-Remiencourt en 1704, marié en 1711 à Anne de Romanet, nièce du poëte Racine, et fille de Jean-Baptiste, écuyer, trésorier de France en la généralité de Picardie, et d'Anne Buquet; de ce mariage sont nés : a) Jacques, qui suivra ; b) Claude-Henri, chevalier, seigneur de Warlusel, Guillaucourt, Crouy, etc., capitaine au régiment de Bourbonnais, marié à Marie-Louise-Gabrielle de Runes par contrat du 25 mars 1747 ; c) François-Eustache, chevalier, seigneur de Domfront et autres lieux, aussi capitaine au régiment de Bourbonnais, marié à Françoise de Villiers ; il fut maïeur de Montdidier de 1768 à 1771 ; d) Jean-Baptiste, chevalier, lieutenant au régiment de la Marche, mort prisonnier des Russes pendant la campagne de Pologne, où son régiment fut aussi fait prisonnier et envoyé en Russie et en Sibérie ; il n'avait que quinze ans ; 3° Jeanne-Henriette-Agathe, mariée par contrat du 4 avril 1711 à Charles de Cacheleu, chevalier, seigneur de Bouillancourt-sur-Miannay, Monflières, etc. ; 4° Françoise, dite *Mademoiselle d'Inval*, mariée: 1° en 1711 à François de Dampierre, chevalier, seigneur de Millencourt, Ysengremer, et autres lieux ; 2° à Charles-Jacques de Villepoix, chevalier, seigneur de Seronville, Seigneurville, Hanchy, garde du corps du roi ; elle mourut au château d'Yzengremer en 1757.

François-Spiridion de Louvencourt, dit l'*abbé du Chaussoy*, prêtre, seigneur d'Inval, où il fut longtemps curé, recueillit en 1709 dans le partage de la succession de ses père et mère les parts et les avantages d'aîné, qui se montaient à cent mille livres et renfermaient plusieurs terres : le Saulchoy, Clairy, Inval et autres. Le 30 janvier 1710, par acte entre vifs, il donna tous ses biens à son frère Jacques-Eustache, et ne se réserva que la terre d'Inval, d'environ deux mille quatre cents livres de revenu. Par testament olographe du 2 septembre 1730, l'abbé du Saulchoy laisse à son neveu Jacques, fils aîné de Jacques-Eustache, la terre d'Inval à la charge de payer le quint à ses frères puînés. Cette terre, qui n'avait été estimée que quarante-deux mille livres lors du partage de 1709, valait en réalité de soixante-dix à quatre-vingt mille livres ; la portion située en Ponthieu et relevant du Mazis, se composait de cent trois journaux de terre labourable, vingt-neuf de bois et la maison seigneuriale avec ses dépendances ; la portion située sous Amiens était de quatre-vingts journaux de terre et quatorze de bois [1]. L'abbé du Chaussoy mourut en 1740.

Jacques de Louvencourt, chevalier, seigneur du Saulchoy, Clairy, Inval, Boiron, Gournay, Allegrain et autres lieux, était mousquetaire de la garde à cheval du roi en 1733. Il signa le premier, comme doyen d'âge, le procès-verbal de la noblesse du bailliage d'Amiens le 30 mars 1789. Le 18 janvier 1741, il avait fondé une messe dans l'église d'Inval. De son union, contractée le 9 janvier 1740 avec Marie-Jeanne-Fran-

---

[1] Nous trouvons ces renseignements dans un mémoire judiciaire conservé à la bibliothèque d'Abbeville.

çoise-Louise de Saisseval, dame des Barres, Beaucourt, Begaudet et autres lieux, fille de Jean, chevalier, seigneur de Méréaucourt, lieutenant des maréchaux de France, juge du point d'honneur, et de Marie-Françoise de Fouquesolles, dame des Barres, sont venus : 1° Jacques-Eustache, qui suit ; 2° Anne-Louise, née le 28 octobre 1741 ; 3° Geneviève-Henriette, née le 19 juillet 1749, mariée à Charles-Félix, vicomte d'Ainval, chevalier, seigneur du Frétoy, chevalier de Saint-Louis et de la Légion d'honneur, officier des gendarmes à cheval du roi, colonel de cavalerie.

Jacques-Eustache II de Louvencourt, chevalier, seigneur du Saulchoy, Clairy, Inval, Boiron, Allegrain, Gournay et autres lieux, officier au troisième régiment de chevau-légers en 1782, né le 15 octobre 1745, fut présent avec son père à l'Assemblée de la noblesse du bailliage d'Amiens le 30 mars 1789. Il avait épousé par contrat du 30 juillet 1782 Antoinette-Élisabeth de Campagne, fille de François-Anne, chevalier, baron de Plancy, seigneur de Cottebrune, Avricourt, Roye en partie, la Salle en Ponthieu, etc., et de N... Huault de Bernay ; de ce mariage sont venus : 1° Jacques-Jules-Auguste, né le 3 juillet 1783, capitaine au régiment des hussards de Monsieur, frère du roi, en 1816 ; 2° Anne-François-Eugène, né le 20 mars 1787, chef d'escadron dans le régiment de cuirassiers d'Angoulème, officier de la Légion d'honneur ; 3° Athalie-Anne-Marie, née en 1785, marié en 1813 à Édouard de Briois [1]. Jacques-Eustache de Louvencourt avait vendu

---

[1] Sa postérité existe encore à Paris, en Bourgogne et en Bourbonnais. (Communication de M. le comte Adrien de Louvencourt.)

la terre d'Inval vers 1790 à Émile Beauvarlet ; ce dernier étant mort sans postérité, ses biens revinrent à M. Damerval, qui laissa le domaine d'Inval à ses quatre filles : Mesdames de Saint-Éloi, de Planty, le Danoys de Tourville et N...

Liste des maires : I. Liégaux Jean-Baptiste, 1792. — II. Leclercq Jean-Louis, 1800. — III Fromantin, 1803 à 1805. — IV. Née Étienne, 1805 à 1806. — V. Masson Jérôme, 1806 à 1808. — VI. Lefebvre Médard, 1808 à 1831. — VII. Née Étienne, 1831 à 1848. — VIII. Duval Jean-François-Nicolas. 1848 à 1872. — IX. Legay Josué, en exercice depuis 1872.

BOIRON

Boiron est un hameau de 30 habitants, situé à droite de la route de Senarpont à Amiens ; il ne compte plus que 8 maisons.

Au siècle dernier, la seigneurie consistait en censives sur cinq maisons et sur quarante journaux de terre environ.

Un fief séant à Inval consistait en dix-sept livres de censives et en quatorze journaux de terre labourable [1].

[1] M. E. Praroud. *De quelques lieux du Ponth...*

SENARPONT [*]

RÉDERIE. — ROTTELEUX. — RAIMECOURT

Somardus Pons, 734 ; Sinardi pons, 1115 ; Senerpont, 1121 ; Senarpont, 1147 ; Senardi pons, 1152 ; Senart pont, 1201.

La monographie de Senarpont a déjà été publiée ; elle est due à M. l'abbé Th. Lefèvre. Nous nous faisons un devoir de déclarer que cette brochure nous a été d'un utile secours, mais nous ne l'avons point servilement copiée ; nous l'avons complétée en donnant des détails nouveaux assez importants et nous l'avons aussi bien des fois rectifiée, car nous ne sommes point toujours d'accord avec notre devancier. Il nous est passé sous les yeux des documents que l'auteur n'a point connus ; nous ne lui en faisons point un reproche ; nous nous plaisons au contraire à rendre hommage à sa bonne foi.

Construit en amphithéâtre sur le coteau qui sépare la Bresle du Liger, Senarpont, est un charmant petit

---

[*] Nous devons à l'obligeance de M. G. Feuilloy, maire, la communication de tous les documents qu'il a recueillis sur cette commune.

bourg qui offre le site le plus agréable qu'il soit possible de voir dans cette contrée, surtout pendant la belle saison ; quelques maisons sont élevées sur le bord du Liger ; d'autres baignent leur pied dans la Meline, petite rivière d'un kilomètre, qui, après avoir reçu le Liger, se jette dans la Bresle.

Nous ne nous arrêterons pas à rechercher l'étymologie de Sénarpont, que l'auteur anonyme de la vie de saint Germain fait venir de *Senex pons*, pont du Vieux, pont du Maître, car, comme semble l'insinuer M. l'abbé Lefèvre, « la villa de Senard était probablement une de ces métairies que nous voyons à cette époque occupées par les principaux de la nation, espèce d'habitation seigneuriale où résidait le Maître, et autour de laquelle venaient se grouper les demeures moins importantes des colons et des esclaves employés à l'exploitation [1] ».

Ce qui pourrait faire croire que Senarpont existait à l'époque gallo-romaine, ce seraient les antiquités qu'on y a découvertes. M. Feuilloy père, en faisant creuser un étang au bout de son jardin, découvrit une médaille et une hache romaines, conservées par M. Gédéon Feuilloy.

La fondation de ce lieu pourrait être due à l'établissement d'un fort élevé pendant la domination romaine pour défendre le passage de la Bresle ; en outre, une voie romaine allant de Saint-Riquier vers Beauvais passait à Senarpont. Quoi qu'il en soit, ce n'est qu'en 480, à l'occasion de la mort de saint Germain l'Écossais, qu'il est fait mention de Senarpont pour la première fois.

---

[1] *Senarpont et ses Seigneurs*, p. 6.

La population de ce bourg s'est toujours accrue depuis la Révolution, mais le dernier recensement accuse une notable diminution. En 1806, on y comptait 493 habitants ; en 1827, 525 ; en 1837, 544 ; en 1872, 574 ; en 1876, 596 ; en 1881, 604 ; en 1886, 549. Ce dernier chiffre se décompose ainsi : 432 habitants pour la population agglomérée, 87 pour Réderie, 10 pour Rotteleux, 7 pour Raimecourt, 4 pour la Panneterie Calippe et 9 pour la Briqueterie.

Le nombre des feux pour Senarpont et le Mesnil-Eudin était de 157 en 1714 ; il se trouve aujourd'hui 164 ménages logés dans 136 maisons, pour Senarpont et ses annexes.

La superficie territoriale est de 700 hectares, dont 357 sont mis en culture, 187 en prairies naturelles, vergers, marais ou pâtures, etc.

Senarpont est distant de neuf kilomètres d'Oisemont, son chef-lieu de canton, et de quarante-sept d'Amiens, son chef-lieu d'arrondissement. Il s'y tient une foire tous les ans, le 25 septembre, avec marché le mardi de chaque semaine et franc-marché le deuxième jeudi du mois. Il y a une station de chemin de fer sur la ligne du Tréport à Abancourt, une perception et un bureau des postes et télégraphes. C'est la commune de la vallée du Liger où il se récolte le plus de pommes à cidre, puisque le rendement moyen et annuel est d'environ treize cents hectolitres.

Description en 1763 : « Senarpont, bourg, paroisse ; le seigneur, M. le prince de Nassau. Réderie est un hameau de la même paroisse et en dépendant ; même seigneur ; distant d'un quart de lieue de Senarpont. Le Mesnil-Eudin est une paroisse ; même seigneur pour le Ponthieu ; ni ferme ni autre hameau qui en dépende. 109 feux à Senarpont, 8 à Réderie et 10 au Mesnil-Eudin. Senarpont est situé dans une vallée arrosée par la Bresle et par la petite rivière de Liomer, au confluent de ces deux rivières. Le terroir consiste dans de très mauvaises côtes qui ne produisent que du seigle et de l'avoine ; mais il y a de très bons prés à foin. Réderie est situé sur le haut de la côte ; mauvais terroir. Le Mesnil-Eudin est en plaine, ainsi que son terroir ; à un quart de lieue de Senarpont ; fort bonnes terres. En tout, 4 laboureurs ; les autres habitants sont de petits marchands, des bouchers, hôteliers, artisans et manouvriers. Senarpont, Réderie et le Mesnil sont mi-partie avec l'élection d'Amiens. La route de la ville d'Eu à Paris traverse Senarpont. Trois moulins à eau : un au blé, un autre à foulon et le troisième à l'huile. 60 journaux de bois sur le terroir de Senarpont. Le seigneur, en vertu d'anciennes concessions, y a droit de halle et de mesure pour les grains, droit qu'il afferme. Il y a un marché le premier jeudi de chaque mois et deux marchés ordinaires : le mardi et le vendredi de chaque semaine. Il n'y a ni bureau de marque, ni foire, ni revenus. Le pied de taille est de 1195 livres ». — Le montant des quatre contributions directes est de 6,367 francs.

L'église, sous le vocable de saint Denis, est une construction de la fin du xve siècle ; mais le chœur est postérieur à la nef. En effet, on voit encore dans le mur de droite de la nef une espèce de piscine, vis-à-vis du tombeau dont nous parlerons plus loin, ce qui prouverait que le maître-autel était en face de la piscine et que l'église devait s'arrêter en cet endroit.

Cet édifice, construit dans de larges proportions, a

la forme d'une croix latine, ainsi qu'il en était du reste pour la plupart des églises élevées à cette époque. Deux portails fort endommagés ouvrent l'un à l'ouest, l'autre au sud. Les deux portes latérales du transept sont en arc Tudor ou surbaissé; les contreforts font face aux angles des murs ; tout autour de l'édifice règne un cordon de peinture noire, restes d'une litre peinte à la mort d'un seigneur de Senarpont.

Le clocher, qui se compose d'une grosse tour quadrangulaire en pierres, se trouve en tête de la nef. Jusqu'à la Révolution, il renferma le gros bourdon de Calais, donné à Jean III de Monchy ; on l'entendait, dit-on, des monts Caubert, distants d'environ vingt kilomètres à vol d'oiseau. Il fut brisé en 1793, car on n'avait pas pu le descendre du clocher. Les morceaux furent refondus en 1807 dans l'église même, et c'est de cette refonte que proviennent les trois cloches actuelles. La première a eu pour parrain M. François Langlois d'Escalles, propriétaire à Senarpont, et pour marraine Zélie-Joséphine de Quérecques ; — parrain de la seconde : Joseph-Louis de Quérecques, propriétaire à Bernapré ; marraine : Caroline-Valentine de Quérecques ; — parrain de la troisième : Alexandre-Pierre Dary de Senarpont ; marraine : Marie-Françoise de Fautereau.

La longueur intérieure de cette église est de quarante-deux mètres, dont onze pour le chœur et l'abside ; la largeur de la nef est de dix mètres.

La voûte du chœur, qui est en pierres, offre des nervures prismatiques du plus joli effet, et, aux clefs de voûte, d'agréables pendentifs dont quelques-uns présentent des écussons à leur extrémité. Des sept fenêtres qui éclairent le chœur, — nombre symbolique

— trois seulement ont conservé des restes des anciens vitraux, maladroitement restaurés il y a quelques années.

Le transept, éclairé par deux fenêtres, est séparé du chœur par une haute grille en fer.

La voûte de la nef, qui date comme cette dernière du xv° siècle, est en bois ; l'extrémité des poutres formant saillie présente des têtes de saints sculptées ; l'extrémité de la voûte est aussi sculptée, dit-on, mais, comme cette partie est recouverte d'un plafond, nous n'avons pu vérifier l'exactitude de cette assertion.

Des vingt et une statues qui ornent cette église, aucune ne mérite de mention spéciale. Il n'en est point de même des tableaux dont deux sont assez bien exécutés. L'un, qui fut donné par Louis-Philippe en 1843, représente la *Vierge au Rosaire*, copie de la *Vierge brune* de Murillo ; l'autre, qui lui fait pendant, est un don de l'auteur, M. le marquis de Senarpont ; ce tableau représente l'*Assomption*, copie de la *Vierge blonde* de Vanloo ; l'auteur y a ajouté, au second plan, un paysage de fantaisie, représentant le pigeonnier du château et l'église, couverte en tuiles.

Ce qui, à l'intérieur, mérite surtout d'attirer les regards sont, d'abord, les fonts baptismaux en forme de cuve, destinés à servir au baptême par immersion ; ils se composent d'un monolithe ovale, datant du xii° siècle, ayant beaucoup de ressemblance avec les fonts baptismaux de Guibermesnil et d'Inval.

Ce que l'on remarque en second lieu est une tombe du xv° siècle, comme la nef, sur le côté gauche de laquelle elle se trouve.

Voici ce qu'en a dit M. P. Roger : « On voit dans l'église de Senarpont un tombeau en pierre représen-

tant un chevalier sculpté en demi-relief, couché, la tête nue et appuyée sur un coussin, portant une cotte d'armes et une jaquette, parsemée de roses et de maillets, avec une croix ancrée sur la partie supérieure. Son épée est dans le fourreau ; il a les mains jointes. Point d'épitaphe ni d'inscription. On croit qu'une bande de cuivre était autrefois fixée sur ce tombeau et donnait quelques détails sur le chevalier représenté. Les maillets placés sur sa jaquette, et la possession par la maison de Monchy de la seigneurie de Senarpont ont accrédité avec quelque vraisemblance la tradition que le chevalier était un Monchy-Senarpont ; mais la date de sa mort est ignorée, et aucun document n'est encore venu appuyer l'antique tradition que nous rapportons ici [1] ».

Dans une note insérée au *Bulletin* de la Société des Antiquaires de Picardie [2], M. A. de Calonne pense que ce tombeau est celui d'Edmond de Monchy, fils de Jean et de Jeanne de Cayeux, car « Edmond vivait dans la première moitié du xve siècle ; il portait : *de gueules, à trois maillets d'or*. Sa femme, héritière de l'ancienne famille de Montcavrel, l'une des plus nobles du Boulonnais, avait un écu *de gueules, à trois quintefeuilles d'or, au chef d'argent*. Et le blason de Jeanne de Cayeux, sa mère, était *parti d'or et d'azur, à la croix ancrée de gueules* ».

M. l'abbé Lefèvre, qui avait reproduit dans sa monographie le texte de Roger que nous avons rapporté plus haut, répondit à la note de M. le baron de Ca-

---

[1] *Noblesse et chevalerie du comté de Flandre, d'Artois et de Picardie*, p. 197.
[2] Tome XII, pp. 369-370.

lonne [1]. Il reconnaît que ce ne sont point des roses mais des quintefeuilles que l'on voit sur le tombeau ; seulement il n'admet pas que ce tombeau soit celui d'Edmond de Monchy, marié à Jeanne de Montcavrel, attendu que dans son testament il demanda à être enterré dans la chapelle des religieux de Sery, auprès de son oncle, Mathieu de Cayeux.

L'étude attentive que nous avons faite de cette pierre tombale nous permet d'affirmer qu'elle a été sculptée pour Edmond II de Monchy. (V. pour plus de détails le *Cabinet historique de l'Artois et de la Picardie*, 1re année).

La cure était à la présentation du prieur de Saint-Denis de Senarpont; le revenu s'élevait à cinq cents livres. « La paroisse était dans l'église du prieuré [2] ».

Suivant M. l'abbé Lefèvre, le prieuré de Saint-Denis de Senarpont remonterait aux premières années du xiie siècle, et devrait « son origine à une colonie de religieux envoyée par l'abbé Girold (1100-1128), pour y cultiver les terres que l'abbaye de Saint-Lucien possédait dans cette contrée [3] ».

Le prieuré de Saint-Denis, de l'ordre de saint Benoît, était à la collation de l'abbé de Saint-Lucien de Beauvais ; il présentait aux cures de Senarpont et du Mesnil-Eudin.

Les principaux bienfaiteurs de ce prieuré, d'après D. Porcheron, ont été les seigneurs de Bernapré, de Senarpont et du Mesnil-Eudin.

M. l'abbé Lefèvre reproduit un curieux dénombre-

[1] Tome xii, pp. 398-399.
[2] M. F.-I. Darsy. — *Bénéf. de l'Égl. d'Am.*, t. xii, p. 212.
[3] *Senarpont et ses Seigneurs*, p. 39.

ment du prieuré de Senarpont présenté au roi en 1521 ; nous y renverrons le lecteur.

C'est à l'aide des registres de l'état civil, remontant à 1655, mais malheureusement incomplets, que nous avons pu reconstituer en partie la liste suivante des curés : I. Platel Jean, 1469. — II. Godequin Pascal, 1677. — III. Nyon, 1696. — IV. Guedé Nicolas, 1718. V. Beauchen, 1733 à 1792. — VI. Boyeldieu, 1806 à 1815. — VII. Routier, 1815 à 1819. — VIII. Nyon, 1819 à 1823. — IX. Hourdequin, 1823 à 1826. — X. Sannier, 1826 à 1841. — XI. Prouzel, 1841 à 1863. — XII. Sanzel, en exercice depuis 1863.

A l'époque où la féodalité était dans toute sa splendeur, un des possesseurs de la seigneurie de Senarpont y fit sans doute élever une forteresse qui eut beaucoup à souffrir pendant la guerre de Cent ans et qui finit enfin par être démolie. Nous en avons la preuve par une ordonnance royale de 1463, dont nous parlerons plus loin. En effet, nous lisons qu'Edmond de Monchy, seigneur de Senarpont, s'efforçait « chascun jour selon sa faculté et puissance, de augmenter ledit lieu et le faire habiter pour le bien dudit pays et du passage, et à ceste fin, pour ce que la forteresse dudit lieu a esté, à cause des guerres et divisions abatue et démolye, ledit suppliant y fait reddyfier et construyre une petite place forte tant pour sa seureté que pour la seureté des habitans dudit lieu ; mais obstant ce que ledit lieu et village de Senarpont a esté fort détruit par les guerres qui ont cours en nostre royaume, et consumé par feu tant du temps des dictes guerres que depuis, par fortune, il ne se peut reddurie et remectre en tel estat et valleur que il a esté le temps passé, et vivent et se entretiennent à grant peine les habitans dudit lieu... »

Le château actuel, construit par Edmond de Monchy, date donc du xve siècle pour la partie la plus ancienne ; il fut élevé sur l'emplacement de la forteresse qui l'avait précédé.

Il y a tout lieu de supposer que c'est dans ce château que François Ier passa la nuit vers la fin du mois d'août 1545 lorsqu'il se rendit d'Arques à Boulogne ; après avoir quitté Senarpont, il se rendit à Forest-montiers [1].

Bâti sur une colline avoisinant la Bresle, le château de Senarpont domine le village et offre un aspect imposant. Il se compose d'un corps de logis à un étage surmonté d'un toit dit en batière ; cette construction est tout en pierres, et les murs en sont fort épais.

De larges fossés remplis d'eau entouraient autrefois ce château ; un pont-levis donnait accès à la porte principale, défendue par une lourde grille en fer. Quatre énormes tours flanquaient cette forteresse, qui pouvait ainsi subir un siège de quelque importance. Mais aujourd'hui l'on ne voit plus qu'une tour en briques, au sud, pourvue de machicoulis fort saillants au sommet du premier étage, qui forme retrait sur la partie inférieure ; le toit de cette tour est très élevé et dépasse en hauteur celui du château ; le pont-levis est remplacé par un pont en pierre et les fossés sont à sec.

Deux petites tourelles en encorbellement, pourvues chacune d'une frise en pierre sculptée, se dressent de chaque côté de la porte principale ; on traverse alors une voûte et l'on se trouve dans la cour du château,

---

[1] *Mémoires* de Martin du Bellay, liv. x.

où il est facile de s'apercevoir qu'il manque une partie de cet édifice.

D'après M. de Belleval, la grosse tour et la façade principale dateraient du XVIe siècle ; elles auraient été construites entre 1531 et 1563 par Jean de Monchy, dont l'écusson est gravé au-dessus de la porte d'entrée [1].

Nous avons dit que le château de Senarpont n'existe plus en entier ; en effet, son dernier possesseur avant la Révolution, le prince de Nassau, ayant réuni un certain nombre de seigneurs voulut, dans un moment d'extravagance, leur donner un spectacle peu commun ; à cet effet, il fit abattre à coups de canon toute une aile et trois tours de son château pour leur faire voir ce qu'était un siège. On remarque encore les substructions, et les débris des murs et des tours ont comblé en partie les fossés.

M. l'abbé Lefévre dit à ce sujet : « Les vastes proportions de cet antique manoir, la beauté de ses ruines, ainsi que le site enchanteur qui l'environne, nous font regretter amèrement que cette magnifique résidence ait appartenu quelque temps au prince de Nassau ».

A la première grille d'entrée du château, on voit actuellement deux canons placés en guise de heurtoirs ; on peut s'apercevoir que l'un d'eux est crevé près de la bouche ; ils ont servi, parait-il, au siège dont nous venons de parler.

La seigneurie de Senarpont était tenue en fief noble du comté de Ponthieu, à cause du château d'Arguel. Elle consistait, d'après un aveu de 1584, en « ung

[1] *Les fiefs et les seigneuries du Pont. et du Vim...*

chasteau, court et donjon, avec un colombier, basse-court et jardins de plaisance où il y a plusieurs édifices y adjacens ; plus, il y a ung parc appendant audict chasteau, enclos de toutes partz de grandes murailles de pierres blanches, auquel sont enfermez 60 à 70 journaux de prez [1] ».

A cette date, les deux seigneuries de Senarpont étaient réunies, car précédemment le domaine de ce lieu se composait de deux seigneuries bien distinctes, ce que M. l'abbé Lefèvre n'a pas pu découvrir, d'où vient la confusion qu'il a faite dans la succession des seigneurs. La première seigneurie se composait du quint de Senarpont, et la seconde, des quatre quints.

A l'époque où écrivait D. Grenier, le domaine de Senarpont consistait en un château de trente journaux d'enclos, deux moulins à drap, en soixante journaux de terre labourable, en quatre-vingt-dix journaux de pré, cent soixante-dix de bois, en censives et en droit de halle.

Cependant D. Grenier dit ailleurs que la seigneurie de Senarpont consistait en un château et manoir avec un jardin attenant audit manoir, un moulin au blé sur la rivière d'Aumale, chargé d'un quint, le froc et le marché de Senarpont, aussi chargé d'un quint, le vivier du Quesnoy, celui de Cayeux, la pêche de toutes les eaux entre Raimecourt et Saint-Léger, aussi chargée du quint, vingt-cinq journaux soixante-dix verges de pré, deux pâturages, quarante-deux journaux soixante verges d'aulnois, cent trente-quatre journaux de bois nommés du Quesnoy, cinquante-deux journaux de bois à l'égouttée d'Oisemont, cent soixante-sept jour-

[1] M. R. de Belleval. — *Les fiefs et les seig. du Ponth...*

naux de terre en plusieurs pièces ; différentes masures réunies au domaine faute d'hommes, un vivier atterré, le pâturage de Caubollon jusqu'aux fourches, deux cressonnières et plusieurs hommes liges.

D'après un manuscrit des Archives d'Abbeville, « la terre, seigneurie et châtellenie de Senarpont, tenue du roi en baronnie, puis, dit-on, en comté », consistait au XVIIIe siècle « en un château de cinquante journaux tant bâtiments que jardins, herbages et plans, deux mille livres de censives en ce bourg et dépendances, deux moulins à l'eau pour bled, deux moulins à drap, soixante journaux de bois, deux cents journaux de terres labourables, une ferme de dix journaux, trente-six journaux de prés, droits de halle et de pêche avec la haute justice [1] ».

Nous lisons dans le dénombrement de la demi-pairie de Nesle-l'Hôpital fourni au roi de France en 1379 par Jean de Tonneville : « Le seigneur de Senarpont prent iij corvées de carue chacun an sur chacun de chiaux de ledite ville de Nelle qui ont carue et quevaux. Et par ce tous les habitans de ledite ville de Nelle lospital ont leurs pasturages pour aux et leurs bestaux ès pasturaiges de Senarpont d'entre Nelle et Senarpont [2] ».

Au XVIIIe siècle, un certain nombre de fiefs et de seigneuries relevaient de la terre de Senarpont ; nous citerons entre autres :

1° La seigneurie de Neslette ;
2° Un fief à Neslette ;
3° La terre et seigneurie du Mesnil-Eudin ;

---

[1] V. aussi M. E. Prarond : *De quelques lieux du Ponth.*, et M. le comte Ad. de Louvencourt : *État des fiefs...*
[2] Arch. d'Abbev.

4° Le fief des Cauquères, situé à Bernapré, appartenant en 1703 à N. Briet de Rainvillers ;

5° Le fief de la Réderie, à Saint-Léger ;

6° La seigneurie de Saint-Léger en partie, etc. [1].

Le premier seigneur connu de Senarpont est le prince Senard, contemporain de saint Germain l'Écossais, de qui il était l'ami. Les funérailles de ce martyr, décapité par Hubolt, « grand fauteur de la religion que Germain attaquait [2] », furent faites par le prince Senard, qui lui fit en outre élever un tombeau.

L'abbaye de Fontenelle posséda ensuite le domaine de Senarpont, qu'elle céda « à titre de précaire au comte Ratharius » en 734.

Se fondant sur « un mémoire, rédigé au siècle dernier, en faveur du prince de Nassau », M. l'abbé Lefèvre croit devoir affirmer que la terre de Senarpont appartenait dès le XI° siècle à la famille de Cayeux ; il cite successivement Robert, Eustache et Waltier de Cayeux, seigneurs de Senarpont.

Ce n'est qu'à partir des premières années du XIII° siècle que l'on peut donner en toute sûreté la suite des seigneurs de Senarpont. Nous allons suivre, pour la famille de Cayeux, la généalogie donnée par M. de Belleval en son *Nobiliaire de Ponthieu et de Vimeu*, bien qu'on « trouve d'autres généalogies de la maison de Cayeux qui présentent, dit-il, de grandes différences » avec celles qu'il établit.

Si nous avons adopté cette généalogie, c'est parce que l'auteur s'est servi « pour dresser ce travail d'un

---

[1] M. E. Prarond : *De quelques lieux du Ponth...*

[2] D. Grenier : *Introduction à l'Hist. de Pic...*, p. 292.

PIERRE TOMBALE DANS L'ÉGLISE DE SENARPONT

dossier très considérable de toutes les chartes des membres de cette famille, si considérable qu'il était impossible de citer ici toutes les pièces qui la composent et qui intéressent le Ponthieu au plus haut degré ». (2ᵉ éd., pp. 315 et suiv.)

Guillaume III de Cayeux [1], chevalier, seigneur dudit lieu, Bouillancourt et Carency, était seigneur de Senarpont dès 1202. En 1209, il donna quarante journaux de terre à l'abbaye de Sery. Il épousa : 1° Élisabeth de Béthune, dame de Carency, fille d'Albert III de Béthune, seigneur de Carency ; 2° Catherine de Bouillancourt. Il fut père de : 1° Eustache ; 2° Guillaume, qui suit ; 3° Jean, mort en 1226 ; 4° Aénor ; 5° Wibert, seigneur de Broutelles ; 6° Béatrix.

Guillaume IV de Cayeux, dit de Carency, chevalier, seigneur de Carency, Senarpont et Bouillancourt, s'engagea, par une charte du mois de mai 1223 [2], à ne pas fortifier son château de Senarpont sans le consentement du roi Philippe-Auguste ; de plus, il promettait de le lui remettre à son commandement. Au mois de mai 1226, il donna trente journaux de terre et de bois à l'abbaye de Sery. Il épousa Catherine N..., et, suivant M. de Rosny, Mathilde de Poix, dame de Villers-Faucon ; de son mariage, il eut : 1° Aélis, dame de Cayeux, alliée à Guillaume de Montigny, auquel elle apporta en dot la terre de Cayeux ; 2° Guillaume, qui suit ; 3° Catherine, dame de Carency, femme de Nicolas de Condé, dit de Bailleul.

Guillaume V de Cayeux, chevalier, sire de Senar-

---

[1] Armes : *D'or, à la croix ancrée de gueules.*
[2] Arch. nat. J, 399, n° 22.

pont, fut, on ne sait pourquoi, privé de la terre patronymique de ses aïeux. De son mariage avec Jeanne, dame de Vismes, avec laquelle il vivait encore en 1296, il eut un fils, qui suit.

Jean Ier de Cayeux, sire de Senarpont, Bouillancourt et Vismes, sénéchal de Carcassonne et de Béziers en 1353, eut quatre enfants de N... N... : 1° Jean, qui suit ; 2° Anseau, chevalier, seigneur de Bouillancourt ; 3° Jeanne, alliée à Jean des Essarts, chevalier, seigneur d'Ambleville ; 4° Catherine, mariée à Guillaume VI Martel de Basqueville, qui suivra.

Jean II de Cayeux, chevalier, seigneur de Senarpont, Vismes, Dominois et Bouillancourt, grand-maître des Eaux et Forêts de Ponthieu en 1399, fit aveu en 1377 de sa seigneurie de Senarpont ; dans cet aveu, fourni au roi, il déclare tenir le quint de Senarpont dont étaient tenus plusieurs fiefs (*D. Grenier*) ; il vivait encore en 1409, date à laquelle il était aveugle. De son union avec Jacqueline, *aliàs* Isabeau d'Ailly, il eut : 1° Jean, dit *le Bègue*, chevalier, seigneur de Vismes, Massy, Senarpont, Dominois et Bouillancourt, capitaine des ville et château de Bayeux, chambellan du roi en 1414, tué l'année suivante à Azincourt, sans alliance ; 2° Mathieu, qui suit ; 3° Hugues, évêque d'Arras [1], héritier de son frère ; 4° Jeanne, dame des quatre quints de Senarpont, mariée à Jean de Monchy, qui suivra ; 5° Agnès, dame de Méneslies et de Bouvincourt, vers 1380, alliée à Hugues de Soyécourt.

---

[1] V. son épitaphe dans l'*Histoire de Cambrai* par le Carpentier, p. 347.

Seigneurs du quint de Senarpont.

Mathieu de Cayeux, dit *Payen*, chevalier, seigneur du quint de Senarpont, Bouillancourt, Massy et Vismes, fit son testament en 1418, et demanda à être inhumé dans l'église de Sery ; il mourut sans alliance. Le 27 janvier 1412, il avait fourni au roi l'hommage du quint de Senarpont, de la pairie de Visme et du fief nommé le bois d'Hallencourt.

Jean de Monchy [1], chevalier, seigneur dudit lieu et de Planques, fils aîné de Jean Ier et de N... de Planques, devint seigneur du quint de Senarpont par suite de son mariage avec Jeanne de Cayeux, laquelle avait hérité cette seigneurie de Mathieu de Cayeux, son frère. En 1386, Jean de Monchy servait en qualité de chevalier-bachelier avec huit hommes de sa compagnie sur les frontières de Picardie, d'Artois et de Flandre ; il servait encore en la même qualité en 1404. Plus tard, en 1411, il fut retenu auprès du roi, de la reine et du dauphin ; au mois de novembre de la même année, il fut nommé capitaine de Falaise. De son mariage sont issus : 1° Pierre dit *le Bègue*, seigneur de Monchy, gouverneur de Saint-Omer, marié à Jeanne de Ghistelles, dont il n'eut qu'une fille, Julienne de Monchy, alliée à Jean Bournel ; 2° Jean, mort en Turquie, âgé de vingt-huit ans ; 3° Edmond, qui suit.

Edmond Ier de Monchy, chevalier, seigneur de Senarpont, devint seigneur de Massy par donation de

---

[1] Armes : *De gueules, à 3 maillets d'or.*

Hugues de Cayeux, évêque d'Arras, son oncle. A l'occasion de son mariage, il reçut de son père la terre des Planques, et de sa mère, celle de Bellancourt, près d'Arras. Sa cousine, Catherine de Mametz, lui donna plus tard, en 1442, celle de Broutelle, ce qui lui occasionna dans la suite un procès contre Raoul d'Ailly et son fils. D'après Monstrelet, il fut créé chevalier à la prise du Crotoy en 1437 ; il obtint du roi Louis XI, au mois d'octobre 1463, l'établissement de deux foires franches à Senarpont. C'est Edmond de Monchy qui déposa de ces patriotiques paroles de Jeanne d'Arc, que Stafford voulut punir d'un coup de dague : « Je sçay bien que ces Anglois me feront mourir, croyant qu'après ma mort ils gagneront le royaume de France, mais fussent-ils cent mille *godons* de plus qu'ils ne sont à présent, ils ne l'auront pas [1] » ! Par son testament daté de 1470, il demanda à être inhumé dans l'église de Sery, auprès de son oncle, Mathieu de Cayeux ; mais nous avons vu qu'il fut enterré dans l'église de Senarpont, comme le prouverait sa pierre tombale. Edmond de Monchy fut marié deux fois : 1° le 31 janvier 1431, à Jeanne, dame de Montcavrel, fille de Jean, tué à Azincourt, et d'Isabeau de Preure ; 2° à Madeleine de Montalembert, dont il n'eut point d'enfants. De son premier mariage, il avait eu : 1° Pierre, seigneur de Montcavrel, lieutenant du roi en Picardie sous le maréchal d'Esquerdes en 1486, auteur de la branche des *Monchy-Montcavrel* ; 2° Hugues, chanoine de Saint-Omer ; 3° Jean, échanson du duc de

[1] Quicherat. *Procès de condamnation et de réhabilitation de Jeanne d'Arc*, t. III, p. 120. Dans ce *Procès*, le seigneur de Senarpont est désigné ainsi : *Dominus Haimondus, dominus Macy, miles*.

Bourgogne, tué à Montlhéry en 1465 ; 4° Edmond, qui suit, auteur de la branche des seigneurs de *Senarpont* ; 5° Catherine, mariée à Wauthier, seigneur de Heules, près de Saint-Omer ; 6° Jeanne, femme d'Antoine de Rubempré, seigneur d'Authies.

Edmond II de Monchy, chevalier, conseiller et chambellan du roi, était seigneur de Senarpont et de Vismes en 1470. Le P. Anselme dit à tort que le roi lui accorda l'établissement de deux foires par an. Le roi Charles VIII le gratifia d'une pension de cinq cents livres sur la recette générale de Picardie. Par contrat en date du 16 avril 1481, il avait épousé Isabeau de Ligne, veuve de Jean d'Oecoches, dit *de Neufville*, fille de Michel, chevalier de la Toison d'or, seigneur et baron de Barbançon, et de Bonne d'Abbeville — ou Bonne de la Viefville, d'après la Morlière. De son mariage il eut : 1° Jean, qui suit ; 2° Jeanne, alliée à Jacques, seigneur de Fouquesolles et d'Andrehan. Le seigneur de Senarpont eut en outre un fils naturel de Perrette de Nesle, Edmond dit *Mondin*, légitimé au mois d'octobre 1511 ; il fut la tige des seigneurs de Campneusville.

Seigneurs des quatre quints de Senarpont.

Guillaume VI Martel [1], chevalier, seigneur de Basqueville-en-Caux, fils de Guillaume V et de Jeanne Malet de Graville, devint seigneur des quatre quints de Senarpont par suite de son mariage avec Catherine

---

[1] Armes : *D'or, à 3 marteaux de gueules.*

de Cayeux, fille de Jean Iᵉʳ. Guillaume Martel, qui embrassa le parti de Charles le Mauvais, joua un certain rôle dans les guerres de son temps [1]. Le 8 août 1373, il fit au roi l'aveu des quatre quints de Senarpont au nom de son fils, dont il était le tuteur. Ce dénombrement fut rebaillé le 27 novembre 1377 par Ricart A la Teste, conseiller de Guillaume Martel; ce dernier aveu se trouve aux Archives d'Abbeville; il est malheureusement incomplet et dans un mauvais état de conservation. Toutefois, nous y lisons entre autres choses : « Messire Jehan de Bourbel, chevalier, dit Tritien, tient de my ce qui ensuit : Primes, Jacquete Cadoce tient de lui un manoir... Item, Jehan Cardon tient de lui un manoir... Item, le prieur de Senarpont tient de lui iij alonges de masure.... Et a sur ce ledit messire Jehan de Bourbel justice et amende de vij s. vj d.. Et ce tient-il de my par houmage de boucque et de mains et venir iij fois à mes plaiz lan à souffisante cemonse et par v s. de relief et v s. de droites aides quant elles y esquerrent et doit garder le porte de Senarpont touteffois que je suis en guerre ». Demoiselle Béatrix, veuve d'Aliaume de Saint-Germain, à cause du « bail de Jehan de Saint-Germain », son fils dit Lionnel, « mendre d'ans », tenait un fief noble à Senarpont, consistant en trente-deux journaux de terre, pour lequel fief elle devait l'hommage de bouche et de mains, deux sols de reconnaissance, trente sols de relief, autant d'aides, service de plaids trois fois l'an et toute justice et seigneurie, excepté la haute justice et la vicomté. Elle tenait encore, pour la même

---

[1] V. pour plus de détails sur ce personnage : *Essai historique sur les Martel de Basqueville*, par A. Hellot, pp. 41-47.

cause, un autre fief à Senarpont consistant en douze journaux de terre pour lequel elle devait les services ordinaires et « uns blans wans du pris de v d. parisis ». Jehan Yon et Jehan Guiffroy Morel dit le Fevre tenaient chacun un fief noble à Senarpont ; le fief de ce dernier consistait en une masure et trente-quatre journaux de terre et de bois à Houssiermont. Nous trouvons dans D. Grenier, qui a dû voir cet aveu ou une copie, que, de la seigneurie de Senarpont, étaient alors tenus plusieurs fiefs : 1º par Ancel d'Airaines, chevalier, seigneur de Follemprise ; 2º par Clément de Longroy, chevalier, seigneur de Fontaines, le fief de la Maison du Temple à Oisemont ; 3º par Jean d'Airaines, fief de cent dix journaux au Mesnil ; 4º par Jean de Saint-Aubin, fief de Senicourt ; 5º par Henri de Ruissel, fief et manoir à Senarpont, etc. Guillaume Martel mourut après sa femme, vers 1380, à l'âge d'environ quarante-quatre ans ; il laissa le suivant, âgé de huit ou neuf ans.

Guillaume VII Martel, chevalier, était seigneur des quatre quints de Senarpont en 1398. Il mourut sans enfants et un procès s'ensuivit pour sa succession entre ses deux cousins, Julien des Essarts et Jean de Visme ; par arrêt du Parlement en date du 17 juillet 1400, le premier fut mis en possession de la seigneurie de Senarpont.

Julien des Essarts, chevalier, seigneur de Senarpont, d'Ambleville et de Bouville, épousa Isabeau de Vendôme, dont il eut : 1º Jean ; 2º Guillaume, qui suit ; 3º Marie, femme en 1407 de Charles de Châtillon, chevalier, seigneur de Sourvilliers et de Marigny ; 4º Jeanne.

Guillaume des Essarts, chevalier, seigneur de Senarpont, épousa Jacqueline d'Angennes et mourut sans laisser de postérité ; ses biens furent recueillis par le suivant.

Charles Ier de Châtillon [1], dit *Gaucher*, chevalier, hérita de son beau-frère la seigneurie de Senarpont, qu'il posséda pendant quelque temps ; il fournit l'aveu de cette seigneurie le 18 mars 1408 « comme bail des enfans mineurs de sa femme ». C'est par erreur que M. l'abbé Lefèvre croit que ce fut le fils de Gaucher qui fournit cet aveu ; celui-ci ne naquit qu'en 1413. D. Grenier dit que cet aveu fut rendu par Charles II en 1448, mais dès 1412 la seigneurie des quatre quints de Senarpont appartenait au suivant.

Raoul d'Ailly [2], chevalier, seigneur et baron de Picquigny, était seigneur de Raineval, de Varennes et des quatre quints de Senarpont en 1412 ; le 2 février de cette année, il fournit au roi l'hommage d'une terre à la Broye mouvante du comté de Ponthieu.

Louis d'Abbeville [3], dit *d'Yvergny*, écuyer, seigneur de Moismont, Mons, Yvergny, Caubert, Ercourt et Bie..court, paraît avoir possédé les quatre quints de Senarpont. De son mariage avec Antoinette de Biencourt, il eut quatre enfants, dont Marguerite, alliée à Jean de Monchy. Il mourut vers 1516.

---

[1] Armes : *De gueules, à 3 pals de vair, au chef d'or, chargé d'un aigle de sable.*

[2] Armes : *De gueules, au chef échiqueté d'argent et d'azur de 3 traits.*

[3] Armes : *D'argent, à trois écussons de gueules.*

Réunion des deux seigneuries.

C'est par le mariage en 1500 de Jean de Monchy, écuyer, seigneur du quint de Senarpont, de Visme et de Guimerville avec Marguerite [1] d'Abbeville que les deux seigneuries de Senarpont ont été réunies. Le 15 mars 1512, dit M. l'abbé Lefèvre, Jean de Monchy donna vingt livres tournois de rente à l'église de Senarpont pour que trois messes basses fussent célébrées chaque semaine à l'autel de la sainte Vierge. Par acte du 15 février 1530, Jean de Monchy et sa femme vendirent plusieurs parties de cens en rentes qu'ils avaient à Abbeville à Jacques des Groseillers, écuyer, licencié ès-lois, lieutenant du sénéchal de Ponthieu. *(Arch. d'Abbev.).* De leur mariage ils eurent : 1° Louis, seigneur d'Ercourt, gentilhomme de la maison du roi en 1536, mort sans alliance ; 2° Jean, qui suit.

Jean de Monchy, chevalier, seigneur de Senarpont, baron de Visme, chevalier de l'ordre du roi, capitaine de Corbie puis de Boulogne et capitaine de cinquante hommes d'armes, lieutenant général de Picardie en 1559, joua un très grand rôle dans les guerres de cette époque. « Nous le voyons, en 1542, et pendant les années suivantes, assister au siège de Luxembourg, ravitailler Landrecies, prendre part à la défaite des Anglais devant Boulogne, et se couvrir de gloire au

---

[1] Ainsi que nous le voyons sur plusieurs actes, elle s'appelait Marguerite et non Jeanne ni Marie.

combat livré contre eux devant le fort d'Oultreau [1] ». (1544). Mais le fait le plus important de sa vie militaire est la part qu'il prit à la reprise de Calais au mois de janvier 1558 ; le 13 juillet suivant, il fut fait prisonnier à Gravelines avec le maréchal de Termes. Il se trouvait à Dieppe en 1559, où il abjura le catholicisme entre les mains de Jean Knox, pour embrasser la religion protestante ; c'est pourquoi il entra peu de de temps après dans un complot ayant pour but de soulever la Picardie, dont il avait été nommé lieutenant général pour le roi, afin de remettre cette province au prince de Condé et à Antoine de Navarre. Pendant son séjour à Amiens, il protégea sans cesse les protestants en leur accordant même de tenir un prêche dans le faubourg de Hem. Par un acte daté de Saint-Germain en Laye du 11 septembre 1560, il reconnaît avoir reçu le collier de l'ordre de Saint-Michel [2]. Par lettres données à Calais au mois de janvier 1557 (vieux style), le roi Henri II, « ayant égard et considérations aux bons, agréables et recommandables services » que le seigneur de Senarpont lui « a cy devant faits en laditte place, et au fait de nos guerres et même à la prise qui naguères a été faite de notre ville de Calais et autres lieux de notre nouvelle conqueste, désirant user envers luy de notre libéralité et aucunement le rénumérer et récompenser... lui délaissons par ces présentes les lieux, terres et censes de la Caillemotte et Rouge-Cambre... près Calais avec une maison assise en la dite ville de Calais... pour d'yceux lieux, terres, censes et maisons à quelques

---

[1] M. l'abbé Lefèvre. — *Senarpont et ses Seigneurs.*
[2] M. V. de Beauvillé. — *Rec. de doc. inéd...*, t. 1er, p. 252.

sommes, valeur et estimation que le tout se puisse monter et ainsy qu'ils se consistent et comportent tant en logis, granges, bergeries, étables, cour, jardins, terres labourables, prés, bois, pâturages et autres domaines, appartenances et dépendances quelquonques jouir et user par ledit sieur de Snarpont, ses hoirs, successeurs et ayans causes dorénavant pleinement et paisiblement et perpétuellement et à toujours tout ainsy que leur propre chose et vray héritage franc et quitte de toute charge quelconques et sans aucune chose en retenir ni réserver à nous et à nos successeurs hors les foy et hommages, ressort et souvrainneté [1] ». Jean de Monchy avait épousé par contrat du 18 mars 1531 Claude, dame héritière de Longueval, morte le 21 février 1556, fille de Pierre de Longueval et de Gabrielle de Rochebaron ; de leur union naquirent : 1° François, tué à Amiens, sortant de page, par un nommé Capendu, *alibi* Jehan Crampon ; 2° Antoine, qui suit ; 3° Jean, seigneur d'Ercourt ; 4° Sidrach, seigneur de Moismont ; 5° Gédéon, seigneur de Mons, Broutelles et la Chaussée ; 6° Suzanne, alliée : 1° à François Sureau, 2° à Adrien de Bréauté ; 7° Gabrielle, mariée d'abord à Claude de Hames, seigneur dudit lieu, d'Audinfer, de Bondus, etc., puis à Robert des Marest ; 8° Antoinette, femme de Gilles Carbonnel ; 9° Françoise, mariée en premières noces à Nicolas aux Épaules et en secondes noces à Jacques Thésart ; 10° Charlotte, qui devint la femme de François de Boulainvillers ; 11° Jeanne, mariée trois fois : 1° à Robert du Pont-Bellanger ; 2° à Fran-

---

[1] Copie collationnée en 1760 ; communication de M. Ch. de Rambures.

çois Thésart, seigneur des Essarts ; 3° à Paul de Briqueville, seigneur de Colombières. Jean de Monchy épousa en secondes noces au château de Warty, le 24 novembre 1563, Madeleine de Suze, veuve de Joachim de Warty ; elle était fille de Philippe, seigneur de la Versine, et de Claude de Villiers-l'Isle-Adam ; de cette seconde union naquit un fils : Louis, seigneur de Belle en Boulonnais, chambellan du roi, tué en 1572 à la prise de Mons, et non de Meaux.

Antoine de Monchy, chevalier, seigneur de Senarpont et de Longueval, baron de Visme, gentilhomme de la maison du roi et chevalier de son ordre, était gouverneur de Boulogne. En 1574, ses terres de Senarpont, de Visme et de Biencourt étaient estimées 4,500 livres tournois. Il mourut au château de Saintines le 18 novembre 1586 ; il avait été marié trois fois : 1° par contrat du 31 décembre 1559, à Jeanne Olivier de Leuville, fille de François, chancelier de France, et d'Antoinette de Cerisay ; 2° à Anne de Ligny, veuve de Laurent de Belloy, seigneur d'Amy, et fille d'Adrien et de Marie de Halluin ; 3° à Françoise de Vaux, veuve de Jean de Vieuxpont, fille de Hugues, grand bouteiller de France, seigneur de Saintines, et de Suzanne de Suzanne. De sa première union il eut : 1° Gédéon, qui suit ; 2° Benjamin, seigneur de Hodenc, mort sans alliance ; 3° Thomas ; 4° Antoinette, mariée d'abord à Henri de Capendu, puis à Philippe de Setonville, et enfin à Jean de Gaillard, seigneur de Raucourt ; de son second mariage, il n'eut point d'enfants, mais de sa troisième alliance naquirent : 5° François, auteur des seigneurs de Longueval ; 6° Anne, mariée le 25 janvier 1599 à François d'Hervilly, seigneur de Vize et de Deuze.

Gédéon de Monchy, chevalier, seigneur de Senarpont, baron de Visme, chevalier de l'ordre du roi, vendit, le 26 août 1599, l'hôtel et le fief des Marconnelles, sis à Amiens, qu'il tenait de son aïeul, Jean de Monchy, aux religieux de Saint-Jean d'Amiens, qui y transférèrent leur abbaye en 1611 ; ce fief appartenait en 1544 à François de Saisseval, d'Amiens, avocat et bailli de Saint-Riquier. Gédéon de Monchy vendit aussi, vers 1604, les terres et seigneuries de Sorel et de Wanel à Louis de Saint-Soupplis. Gédéon épousa par contrat du 9 octobre 1586 Christine de Vieuxpont, fille de Jacques, baron de Vieuxpont, et de Françoise de Vaux, mariée en secondes noces à Antoine de Monchy, de sorte que Gédéon devint, par son mariage, le beau-fils de son père et sa femme la belle-fille de sa mère ; ils eurent : 1° Anne, qui suit ; 2° Charles, auteur de la branche des barons de Visme.

Anne de Monchy, chevalier, seigneur de Senarpont, gentilhomme de la chambre du roi et chevalier de son ordre, partagea les biens de ses père et mère avec son frère par acte du 14 août 1617. Il épousa, par contrat du 2 février de l'année suivante, Angélique Rouxel de Médavy, fille de Charles, seigneur de Godarville, et de Madeleine de la Motte. Il mourut à Abbeville, paroisse Saint-André, le 9 mars 1652 ; son corps fut transporté le lendemain à Senarpont et inhumé sous le chœur de l'église de ce lieu. De son mariage étaient nés : 1° Charles, mort jeune ; 2° André, qui suit ; 3° et 4° Marguerite et Angélique, religieuses à l'Abbaye-aux-Bois ; 5° et 6° N... et N..., aussi religieuses, l'une à Abbeville et l'autre à Berteaucourt.

André de Monchy, chevalier, marquis de Senarpont, seigneur de Guimerville, Rédcrie, Neslette, etc., comte de la Rivicsse en Basse-Normandie, acheta la verrerie du Courval à Jean le Vaillant en 1662. Il mourut le 19 novembre 1702 et fut, comme son père, inhumé sous le chœur de l'église de Senarpont. Il avait épousé par contrat passé le 6 décembre 1655 Madeleine de Lannoy, fille de François, seigneur de Damereaucourt, sénéchal d'Eu, et de Louise de Torcy ; de ce mariage sont issus : 1° Charles, qui suit ; 2° André, comte de Senarpont, chevalier de Malte, inhumé dans l'église de Senarpont le 20 novembre 1702 ; 3° Louise-Charlotte-Angélique, sans alliance connue ; 4° Jeanne, dame de la Porte en la Chaussée de Picquigny, mariée par contrat passé à Abbeville le 10 novembre 1699 à Antoine Damiette, chevalier, seigneur de Bettencourt-Rivière, etc.

Charles de Monchy, chevalier, marquis de Senarpont, seigneur de Guimerville et de Réderie, page de la petite écurie du roi en 1685, puis capitaine de dragons, épousa par contrat du 9 avril 1690 Marie-Josèphe de Melun-Richebourg, fille de François-Philippe, marquis de Richebourg, chevalier de la Toison d'or, et de Thérèse Vilain, dite *de Gand* ; de ce mariage naquit une fille, mariée au suivant.

Nicolas de Monchy, chevalier, marquis de Senarpont, capitaine de cavalerie au régiment de Melun, puis maréchal de camp en 1738, était le cinquième fils de François, baron de Visme, et d'Isabelle de Saint-Blimond. Il devint seigneur de Senarpont par suite de son mariage avec sa cousine, Marie-Madeleine-Josèphe de Monchy, par contrat passé à Abbeville le 9 mars 1710 ; de leur mariage sont nés : 1° Maximilien, mort à l'âge de douze ans ; 2° Nicolas-Joseph-Louis-René, comte de Monchy, capitaine de dragons, mort âgé de vingt-quatre ans ; il fut inhumé le 1ᵉʳ mai 1751 dans l'église de Senarpont; 3° Andrée-Armande, chanoinesse à Maubeuge, puis femme de Philippe-Charles-Joseph, comte de Berghes, prince de Rache ; n'ayant point eu d'enfants, elle laissa Senarpont à sa sœur ; 4° Marie-Madeleine-Amicie, aussi chanoinesse à Maubeuge, alliée ensuite au suivant.

Maximilien-Guillaume-Adolphe, prince de Nassau-Siégen et d'Orange, fils de François-Hugues-Emmanuel et de Charlotte de Mailly-Nesle, devint marquis de Senarpont, seigneur de Réderie, de Neslette, de Guimerville, du Courval et de Bourbel par suite de son mariage le 1ᵉʳ décembre 1743 avec Marie-Madeleine-Amicie de Monchy, héritière de Senarpont, morte le 12 avril 1752. De ce mariage est né le suivant.

Charles-Henri-Nicolas-Othon, prince de Nassau-Siégen et d'Orange, marquis de Senarpont, seigneur dudit lieu, Réderie, Neslette, le Courval, Bourbel, Guimerville et autres lieux, naquit en 1745 à Paris, où il mourut en 1805, « après une vie pleine d'aventures et de malheurs ». (*M. l'abbé Lefèvre*). C'est ce personnage original — et non Jean de Monchy, comme il a été dit plusieurs fois, mais à tort, — qui, voulant donner à ses hôtes le spectacle d'un siège, fit démolir une aile du château de Senarpont à coups de canon [1].

Alexandre-Marie-Léon, comte Dary d'Ernemont, lieutenant colonel au régiment de Foix, chevalier de Saint-Louis, acheta la terre de Senarpont au précédent en 1785. Depuis cette époque, le château de Senarpont a toujours appartenu à la famille Dary, dont le

[1] V. le portrait qu'en a tracé le duc de Lévis dans ses *Souvenirs*, portrait reproduit par M. l'abbé Lefèvre, pp. 35 et suiv.

possesseur actuel est M. Léon, comte Dary, marquis de Senarpont depuis 1874, marié au mois de juin 1875 à Mademoiselle Léonie de Chevigné.

Fiefs assis à Senarpont.

1º Fief de Raimecourt. — Ce fief, mouvant de la seigneurie de Senarpont, consistait, au siècle dernier, en une maison, plan, herbage de douze journaux, dix de prés à foin, soixante-quinze de terre labourable, vingt-cinq de montagnes en pâture, quatre de bois et vingt-deux sous de censives.

Raimecourt est aujourd'hui une annexe de Senarpont ; il se compose d'une ferme comptant cinq habitants ; cette ferme appartient à M. Gédéon Feuilloy, maire de Senarpont.

Jean du Mesnil, dit *Martelet*, écuyer, était seigneur de Senarpont en 1377. Ainsi que nous le voyons dans le dénombrement de Martel de Basqueville, fourni cette année, le fief de Raimecourt consistait en « un manoir, ainsi qu'il se comporte en lonc et en lé, en gardins, en prés, en aunois, yauez et sen molin estant u dit lieu de Remecourt, acostant d'un côté à men vivier et aboutant ad prés dudit Martellet qu'il a u terroir d'Aïnval, qu'il tient de Jehan de Bretigel. Item, xxviij journelz de bos ou environ séans entre le Mesnil et Remecourt, aboutant à la goulée du Mesnil et les avesnes qui sont au desoubx dudit bos, acostant ad terres qu'il tient de my et aboutant au terroir d'Ainval... [1] »

[1] Arch. mun. d'Abbev.

SENARPONT

Colart du Mesnil, écuyer, était seigneur de Raimecourt en 1453.

Au siècle suivant, ce fief appartenait à la famille Vincent, originaire du comté d'Eu, et non pas des Pays-Bas ou de Flandre, comme le prétend une généalogie imprimée dans le Dictionnaire de la Chesnaye des Bois.

André Vincent [1], licencié ès-lois, seigneur de Raimecourt, conseiller à Abbeville en 1570, possédait ce fief dès 1550. Il était fils de Jean, seigneur du Quesnoy, et de Colette du Hamel. Il épousa : 1° Hélène de Huppy, et n'en eut point d'enfants ; 2° en 1574, Françoise Maillard de Demenchecourt, et en eut cinq enfants, entre autres : 1° Jean, qui suit ; 2° Pierre, sieur du Simpre, fief à Saigneville ; 3° Antoine, seigneur de Froise, avocat en Parlement, mariée en 1611 à Anne Tillette et en 1638 à Marguerite le Fèvre.

Jean Vincent, écuyer, seigneur de Raimecourt et d'Hantecourt, conseiller à Abbeville et capitaine du quartier Marcadé, fut échevin de cette ville en 1606, 1607 et 1631, et aussi maïeur en 1620, 1632 et 1633. « Le crédit et l'autorité que le sieur Vincent s'est acquis par l'exercice de sa charge de maïeur, dit le P. Ignace, l'ont fait estimer aussi habile dans la politique que dans la justice [2] ». Il épousa : 1° Marie Griffon, fille de Jean, seigneur d'un fief à Auxy, et d'Isabeau du Val, et n'en eut point d'enfants ; 2° par contrat du 21 septembre 1604, Jeanne Aliamet, dame d'Hantecourt, fille de Pierre, échevin d'Abbeville, et

---

[1] Armes : *D'azur, au chevron d'or, accompagné de 3 licornes d'argent saillantes.*

[2] *Histoire des Maïeurs d'Abbeville.*

d'Anne Waignart, dame d'Hantecourt ; de cette dernière alliance naquit entre autres le suivant. Jean Vincent et sa seconde femme furent inhumés tous deux à Abbeville devant l'autel de Saint-André, dans l'église de ce nom.

Nicolas Vincent, écuyer, seigneur d'Hantecourt, Raimecourt, Lannoy et autres lieux, conseiller d'État, maître des requêtes ordinaires de la reine, lieutenant général criminel à Abbeville, maïeur de cette ville en 1647 et 1648, prit des lettres de confirmation de noblesse en 1649. Le P. Ignace en son *Histoire chronologique des Maïeurs d'Abbeville*, p. 854, en fait un bel éloge. « Il monstroit en son visage, dit-il, une certaine majesté qui sembloit menacer le vice et les vicieux : visage fort propre pour donner de la terreur aux criminels et aux meschans, qu'il punissoit selon les loix. Cet extérieur n'empeschoit pas pourtant qu'il n'eust la parolle fort douce, et qu'il ne fust de facile accez, pour rendre service à ceux qui avoient besoin de son assistance ». Le même auteur nous apprend encore que Nicolas Vincent alla trouver Louis XIV et Anne d'Autriche à Saint-Germain en Laye, où ils s'étaient retirés pendant les troubles de la Fronde, pour les assurer de sa fidélité et de celle des habitants de la ville dont il était maïeur ; en récompense, le roi lui accorda « des témoignages de bienveillance et des lettres-patentes escrites en bonne forme, capables de le rendre illustre et toute sa postérité ». Le P. Ignace dit qu'il mourut le 4 mai 1650, bien qu'il fixe ailleurs l'époque de sa mort au mois de décembre de la même année ; de son côté, M. de Belleval nous apprend qu'il fut « inhumé le 20 octobre 1650, âgé de 43 ans, à côté de son père », dans l'église Saint-Vulfran, près de la chapelle de Saint-Jean. Il avait épousé, par contrat du 5 février 1631 Catherine le Roy de Saint-Lau, fille de Jacques, seigneur de Saint-Lau, et de Catherine Asselin ; de cette union sont nés : 1° Jean, qui suit ; 2° Anne, mariée le 11 février 1640 à Jacques Gaillard, écuyer, seigneur d'Aumâtre ; 3° Marie, femme en 1666 de Louis Tillette, écuyer, seigneur de Bus.

Jean Vincent, écuyer, seigneur d'Hantecourt, Raimecourt et autres lieux, était, comme son père, lieutenant général criminel à Abbeville. Il mourut au mois de septembre 1693 et reçut sa sépulture à côté de son père. Il avait épousé Barbe de Dourlens, dont : 1° André ; 2° Jean, qui suit ; 3° Pierre, écuyer, seigneur de Montigny, marié à Marie-Madeleine Firet ; 4° Charles, écuyer, seigneur de Mérival, mort sans enfants ; 5° Joseph-Nicolas, chevalier, baron de Saint-Dizier, marié à Marie-Maurice de Chervil ; 6° Philippe, prêtre ; 7° Anne, alliée à Édouard de Calonne, écuyer, seigneur de Barbasacq ; 8° Catherine, religieuse.

Jean Vincent, écuyer, seigneur de Raimecourt, capitaine au régiment de Fontenilles, mourut jeune et sans postérité, laissant Raimecourt à son frère aîné, qui suit.

André Vincent, écuyer, seigneur d'Hantecourt, Raimecourt, Mérival et Lannoy, lieutenant colonel au régiment de milices de Méricourt, fut maintenu dans sa noblesse le 6 novembre 1717. Il avait épousé par contrat du 17 février 1696 Marie-Madeleine Lesperon, fille de François, seigneur du Camp-Saint-Pierre, Franqueville, etc., et de Madeleine Moreau ; il eut de son mariage : 1° Pierre-André, qui suit ; 2° Charles, dit le *chevalier d'Hantecourt*, marié à Marie-Élisabeth Vaillant de Villers ; 3° Jean-Baptiste, prêtre, prieur de

Bouc ; 4° Marie-Madeleine, mariée le 29 août 1757 à Charles-Louis de Fontaines, chevalier, seigneur de Woincourt ; 5° Françoise-Gertrude, supérieure des dames de Saint-François, à Abbeville ; 6° Marie-Marguerite ; 7° Anne-Barbe-Marguerite ; 8° Thérèse-Élisabeth, alliée à son cousin, François Vincent de Tournon, chevalier, baron de Saint-Dizier ; 9° Geneviève, religieuse à l'hôtel-Dieu d'Abbeville ; 10° Marie-Françoise-Charlotte, morte sans alliance.

Pierre-André Vincent, chevalier, seigneur d'Hantecourt et Raimecourt, lieutenant au régiment d'Aunis, épousa par contrat passé le 11 janvier 1736 Marie-Louise-Marguerite Carpentier, et en eut : 1° Gabriel-Pierre-André-Christophe, qui suivra ; 2° Jean-Baptiste-Nicolas-Bénigne, qui suit ; 3° Marie-Catherine-Anne-Firmine, mariée à Joseph-Nicolas Artus, écuyer.

Jean-Baptiste-Nicolas-Bénigne Vincent, comte de Raimecourt, seigneur de Maison-Rouge et Antoubières, était capitaine au régiment de Chartres-infanterie. Il fut marié deux fois : 1° le 9 avril 1771 à Angélique-Madeleine-Françoise de la Rue du Cau ; 2° à Colette Vincent d'Hantecourt, sa nièce. Il mourut sans laisser de postérité ; son fief de Raimecourt passa à son frère aîné, qui suit.

Gabriel-Pierre-André-Christophe Vincent, chevalier, marquis d'Hantecourt, seigneur dudit lieu, de Raimecourt, Inval, le Mesnil, Longvillers, etc., capitaine de cavalerie, chevalier de Saint-Louis, mourut le 10 décembre 1808. Il avait épousé par contrat du 20 novembre 1772 Marie-Catherine-Élisabeth Tillette d'Offinicourt ; il eut : 1° Aloph-Yvonet ; 2° Charles-André-Dieudonné, mort le 4 août 1795 à l'âge de dix-huit ans ; 3° Gabriel-Abdon, mort le 29 octobre 1859 ;

4° Colette, mariée à son oncle, le comte de Raimecourt, qui précède, morte en 1850 ; 5° Aloïse, morte en 1864 ; 6° Apolline, mariée à N. Hecquet de Roquemont.

2° Fief Marest. — Clément de Longroy [1], dit *Désiré*, chevalier, sire de Fontaine-lès-Haudricourt, maître d'hôtel ordinaire du roi et de la reine Blanche, servait avec deux chevaliers et deux écuyers sous les ordres de Guy de Haucourt, gouverneur de Ponthieu en 1369. Le 27 novembre 1377, il fournit l'aveu de son fief de Marest à Guillaume Martel de Basqueville. Il avait épousé Béatrix de Pons, dame de Fontaine, qui lui apporta cette seigneurie. M. de Belleval a acheté la tombe de Clément de Longroy et de sa femme ; on peut en voir la reproduction dans la première édition de son *Nobiliaire*, tome II, p. 190.

3° Fief de Réderie. — Fief consistant en cinquante journaux de petit bois, et des censives sur quatre-vingts à quatre-vingt-dix journaux de terre ; il appartenait en 1575 à François Foucart ; il fut ensuite réuni à la seigneurie de Senarpont et était possédé en 1700 par Charles de Monchy, marquis de Senarpont.

Réderie est aujourd'hui une annexe de Senarpont, comprenant trois rues : la grand'rue, la rue Sueur et la rue neuve ; il s'y trouve 25 ménages logés dans 24 maisons.

4° Le fief du Mesnilet, consistant en vingt livres

---

[1] Armes : *De gueules, au chef d'or*. — Cette famille s'est éteinte entre 1550 et 1580.

de censives, fut aussi réuni à la seigneurie de Senarpont.

5° Le fief Jourdain, à François Jourdain en 1575.

Fiefs mouvants de la seigneurie de Senarpont situés en dehors du terroir.

1° Fief restreint, consistant en un jardin à Watiermolin, vingt-deux journaux de terre et basse justice, tenu par vingt-quatre sols parisis, service à roncin, service de plaids, soixante sols de relief et autant d'aides.

2° Fief consistant en neuf journaux de terre en la maison du Temple d'Oisemont, à cause du moulin d'Épinoy, sur lequel le possesseur de ce fief prenait quatre-vingts mesures de blé ; il était tenu par les devoirs et les services ordinaires.

3° Fief Hangest, consistant en censives, tenu par les services et les devoirs ordinaires ; il était possédé par Eustache de Buleux en 1377.

4° Fief à Neslette, consistant en un manoir d'environ cinq journaux, un moulin, un jet de moulin, trente-cinq journaux de terre, un four ; tenu par les services et les devoirs ordinaires.

5° Fief à Houssiermont, consistant en trente-quatre

— 215 —

journaux tant en terre qu'en bois, tenu par service à roncin, trente sols de relief et autant d'aides.

6° Fief Bourbel, consistant en plusieurs immeubles en roture, tenu par hommage de bouche e' de mains, par le service de plaids trois fois l'an, cinq sols de relief et autant d'aides. Le possesseur de ce fief devait garder la porte de Senarpont quand le seigneur de ce lieu était à la guerre.

7° Fief à Houssiermont et à Nesle-l'Hôpital, consistant en dix-huit journaux de bois et la basse justice, tenu par soixante sols parisis de relief et autant d'aides, et le service de plaids une fois l'an.

8° Fief au Maisnil, consistant en un manoir de quatre journaux, cent dix journaux de terre et quelques censives, tenu par soixante sols de relief et autant d'aides, et le service à roncin.

Fiefs mouvants du quint de Senarpont en 1377.

1° Fief restreint à Senarpont, consistant en une masure et quelques censives, tenu par dix sols de relief et le service de plaids trois fois l'an.

2° Fief au même lieu, consistant en une masure, huit journaux de terre, tenu par hommage, quatre sols de service, autant de relief et autant d'aides.

3° Fief au même lieu, consistant en censives, tenu par hommage, par trois sols de relief et le service de plaids trois fois l'an.

4° Fief consistant en quatre journaux quarante-quatre verges de terre, tenu par six deniers de relief et autant d'aides, et par le service de plaids trois fois l'an.

5° Fief du Carrel, consistant en un manoir, vingt-deux journaux de terre, censives, droit de basse justice, tenu par les services ordinaires.

6° Fief consistant en neuf journaux et demi de terre, censives, basse justice, tenu par les services ordinaires et quarante jours de stage par an à Senarpont.

7° Fief consistant en un manoir, tenu par les services ordinaires.

8° Fief consistant en sept journaux de terre et en censives, tenu par les services ordinaires.

Rotteleux est un moulin à l'eau dépendant de Senarpont ; il s'y trouve deux maisons et deux ménages composés de huit habitants.

Un grave incendie se produisit à Senarpont au siècle dernier, ainsi que nous le voyons dans un mémoire judiciaire rédigé à ce sujet. Nicolas Rumet, mercier et teinturier au bourg de Foucarmont, fut l'auteur involontaire d'un immense incendie qui réduisit ce bourg en cendres vers 1740. Chassé de Foucar-

SENARPONT

mont par les habitants, qui avaient à lui reprocher leur ruine, Rumet se réfugia avec sa famille à Senarpont, où il continua d'exercer sa profession de mercier et de teinturier.

Il se croyait à l'épreuve du feu parce qu'il habitait une maison en pierre. Il avait amassé, pour les besoins de son état, une certaine quantité de suie, recueillie dans les cheminées du village, et déjà le feu avait pris plusieurs fois à sa maison, lorsque le 25 mai 1746 un nouvel incendie se déclara dans son fournil ; il se communiqua rapidement aux habitations voisines, et, en fort peu de temps, cent vingt maisons devinrent la proie des flammes. Les habitants, qui travaillaient alors aux chemins, ne trouvèrent plus à leur retour qu'un amas de ruine, que la flamme achevait de dévorer.

Rumet, sa femme et sa fille se virent, comme à Foucarmont, l'objet de la colère générale ; les habitants de Senarpont demandèrent aussi l'expulsion de Rumet. Un gros procès s'ensuivit, qui fut porté devant le Parlement; nous ignorons quelle en fut l'issue.

Notons encore un second incendie presque aussi considérable, à une époque plus rapprochée de nous. Le 14 septembre 1827, à huit heures du soir, le feu prit dans une maison de la *Rue du Pont*, et dévora la moitié du village ; il s'arrêta dans la *Rue brûlée* après avoir réduit en cendres tout le quartier de l'église.

Jusque dans ces derniers temps, des halles féodales existaient sur la place publique de Senarpont ; elles appartenaient au marquis de Senarpont qui les louait à la commune moyennant une redevance annuelle de cent cinquante francs. Le conseil municipal ne voulant plus payer cette location, demanda à ce que la commune redevînt propriétaire du terrain sur lequel étaient élevées les halles ; c'est alors que M. de Senarpont les fit démolir en 1881. Sur leur emplacement, on a bâti un marché couvert et une mairie surmontée d'un donjon renfermant l'horloge communale.

D. Grenier fait mention d'une source minérale ; l'eau qui s'en échappait contenait une assez grande quantité de fer ; elle était située dans l'ancien chemin du Courval, près du mont de Guimerville. Cette source est aujourd'hui tarie et recouverte de terre, mais on y voit actuellement une autre source ferrugineuse, appelée la fontaine Letitre.

De temps immémorial, un homme payé par la fabrique parcourait les rues de la commune dans la nuit du 1er au 2 novembre en chantant lugubrement : « Réveillez-vous, gens qui dormez ! Dites cinq *pater* et cinq *ave* pour les âmes des trépassés. »
M. Gédéon Feuilloy a fait interdire cette coutume en 1871.

Maires de Senarpont : I. Testu Augustin, 1800 à 1813. — II. Gaudvin Bernard, 1813, pendant quelques mois. — III. Dary de Senarpont (le comte Pierre), chevalier de Saint-Louis, 1813 à 1818. — IV. Feuilloy Jean-Charles, 1828 à 1833. — V. Lecompte Jean-Baptiste, 1833 à 1840. — VI. Feuilloy Charles-Gédéon, 1840 à 1858. — VII. Calippe Casimir, 1858 à 1870. — VIII. Feuilloy Gédéon, en exercice depuis 1870.

L'établissement d'une école à Senarpont remonte

assez loin, puisque dans un dénombrement du prieuré servi en 1521, reproduit par M. l'abbé Lefèvre, on trouve : « Item, audit Senarpont a siége d'escolaige, qui se doit donner par ledit prieur et non autre, il y peust mettre ledit prieur clerc à tenir les escolles qui est clerc de l'église, sans luy donner aucune chose. Et a ledit clerc, par l'aveu dudit prieur, autorité que nul à une lieue alentour dudit Senarpont ne peut tenir siège d'escolaige sinon par l'authorité dudit prieur ou dudit clerc. Et sont les sièges prochains de tenir escoles dudit Senarpont : Oysemont, Cloquel, Saint-Germain, Aumalle, Foucarmont, Piercourt, Blangy, et alieurs ne se doivent tenir à l'environ d'une lieue dudit Senarpont ».

Liste des instituteurs : I. Garçon Jean-Baptiste 17.. à 1777. — II. Leclerc Louis-Marc, 1777 à 1792 ; natif de Laboissière près de Liomer. — III. Leclercq Louis-Marc, 1792 à 1799, aussi natif de Laboissière. — IV. Villerel Maurice, 1799 ; il n'exerça la profession d'instituteur que pendant fort peu de temps, et la commune fut durant deux ans privée d'instituteur. — V. Leclercq Nicolas, 1801 à 1804 ; il était natif de Cannessières ; il mourut en 1835 à Senarpont, où il exerçait la profession de géomètre. — VI. Amiot Jean-Antoine, 1804 à 1805. On lit dans une délibération du conseil municipal en date du 29 pluviôse an XII : « Il lui sera fourni un logement. Le nombre d'écoliers sera divisé en trois classes : le prix de la première sera de 75 centimes ; celui de la seconde, de 60 et celui de la troisième, de 40 ; et le conseil municipal exemptera de la rétribution ceux des parents qui seront hors d'état de payer, sans cependant que le nombre puisse excéder le cinquième des payants reçus dans l'école primaire...

Attendu que le traitement de cet instituteur serait trop faible, il pourra lui être attribué une somme fixe de cent cinquante francs prise sur les revenus communaux, à la charge par lui de tenir sous la surveillance du maire les registres aux actes civils, et de faire les expéditions nécessaires au service de la mairie ». — VII. Dupuis Jean-Baptiste, 1805 à 1812. — VIII. Carle Hippolyte, 1812 à 1821. — IX. Frion Antoine, 1821 à 1832 ; natif de Fricamps. Par délibération du conseil municipal, il fut chargé de « chanter aux offices, d'aider le desservant dans l'exercice de ses devoirs catholiques, de sonner midi tous les jours... » — X. Caty Jean-Baptiste-Fernand, 1832 à 1838. — XI. Calippe Jean-François-Casimir, 1838 à 1858 ; maire de Senarpont, où il demeure encore, de 1858 à 1870. — XII. Roy Henri-Clément, en exercice depuis 1858.

L'école des garçons appartient à la commune depuis 1848 ; antérieurement, les instituteurs étaient logés dans des locaux plus ou moins convenables loués par la commune.

La commune de Saint-Léger-le-Pauvre est réunie à Senarpont pour l'instruction primaire.

Nombre de garçons inscrits au registre matricule : 50.

Une maison évaluée trois mille francs et une rente annuelle de cinquante francs furent léguées à la commune en 1850 pour l'établissement d'une école communale de filles, à la condition expresse que cette école serait dirigée par une religieuse de la Providence de Rouen. La première institutrice entra en fonctions en 1855.

Quarante-deux élèves sont inscrites au registre matricule.

Madame veuve Sannier, née Sinoquet, décédée à Senarpont le 23 juin 1878, légua à la commune une maison évaluée six mille francs et d'autres immeubles d'un revenu annuel de huit cents francs pour la création d'une salle d'asile, qui fut ouverte le 22 avril 1880. Elle est fréquentée par 38 enfants, dont 22 garçons et 16 filles.

Neuf bois ou bosquets couvrent une superficie de 108 hectares ; les plus importants sont : le bois du parc, (41 hect.) ; le bois de Rotteleux, (25 hect.) ; le bois de Réderie, (20 hect.) ; le bois de Saint-Claude, (15 hect.).

Neuf rues sillonnent le village, qui est en outre traversé par plusieurs routes, notamment par celle de Paris à Eu.

Principaux lieuxdits : la herse, la vallée à moutons, le marteau, le chemin des chasse-marées, la voie du rez, les prés d'Hantecourt, la longue raye, l'épine du bois rond, les murets, etc.

DEUXIÈME PARTIE

VILLAGES AVOISINANT LA VALLÉE DU LIGER

I.

RIVE GAUCHE

CANTON D'HORNOY

LABOISSIÈRE

La Bossere, 1164 ; Buisseria, 1234 ; Buxeria, 1247 ; La Buxiere, 1247.

Ce village, d'une superficie territoriale de 321 hectares, se trouve à seize cents mètres de la source du Liger. Placé sur le versant méridional de ce cours d'eau, Laboissière ne s'aperçoit qu'à une très petite distance, caché qu'il est par les bois qui l'environnent presque de tous côtés ; ces bois occupent une surface de 46 hectares. On compte 80 hectares de terre labourable et 40 hectares d'herbages.

Le nom de ce village paraît appartenir aux derniers temps du moyen âge ; il est formé de *Buxus* combiné avec le suffixe *Aria*.

Description en 1763 : « La Boissière est une paroisse. M. de la Fontaine, lieutenant de roi de Dieppe, en est le seigneur. Cinquante-neuf feux. Ni ferme ni hameau qui en dépende. Village situé en partie dans une vallée sèche, partie en plaine, ainsi que le terroir ; les terres de la plaine sont assez bonnes ; celles des côtes sont en partie médiocres et en partie mauvaises. Productions ordinaires. Il y a environ cent arpents de bois sur ce terroir. Point de laboureurs ; tous les habitants sont houppiers, fileurs de laine et marchands de moutons. Entièrement de l'élection de Ponthieu. La grande route la plus voisine est celle de la ville d'Eu à Paris. Il y a un moulin à vent au blé. Ni bureau de marque, ni biens communaux, ni foire, ni marché. Le pied de taille est de 455 livres ». — Montant des quatre contributions : 1,995 fr.

On comptait 279 habitants à Laboissière en 1806 ; 253 en 1827 ; 208 en 1872, et 185 en 1881 ; il ne s'en trouve plus aujourd'hui que 170, formant 65 ménages logés dans 54 maisons ; 97 d'entre eux vivent de l'industrie et 70 de l'agriculture.

L'église, sous le vocable de saint Vincent, n'offre rien de remarquable ; elle paraît être une construction provisoire. Le chœur a dû appartenir à un édifice de proportions plus vastes, d'une belle architecture du xve siècle ; il y avait de larges fenêtres à moulures prismatiques dont on voit encore les traces en deux endroits. L'inclinaison des murs sur la voie publique semble indiquer que le poids des voûtes, joint à la friabilité de la pierre employée, a pu amener la ruine de l'édifice précédent.

Au-dessous de la grande fenêtre du chœur se trouve

une petite porte basse et étroite, qui devait être spéciale aux seigneurs ; ceux-ci n'avaient point de chapelle castrale ; ils se plaçaient dans le chœur.

On lit sur une plaque en marbre noir, encastrée dans le mur du chœur, cette longue inscription commémorative : « Mortel, si tu aymes la vertu, pleure icy la mort de celle qui les possédoit toutes. Les gens de qualité dont elle a esté l'exemple, les petits dont elle a esté l'azile te feront l'éloge de Madame Denise de la Fontaine Soliers, épouse de Mre Joseph de la Fontaine Soliers, ch^{er} s^{r} de la Boissière, etc., command^{t} pour le roy aux ville château et citadelle de Dieppe, 5e fils de Mre Philippe 2e de la Fontaine, ch^{er} sg^r de Bitri, fils aîné de Mre Philippe Ier de la Fontaine, ch^{er} sg^r de Malgenestres, 7e frère de haut et puissant sg^r Mre Artus de la Fontaine, sg^r d'Oignon, ch^{er} des ordres du roy et Ier M^{re} d'hostel de Sa M^{té}, son lieutenant gñal au gouvernement de Paris, Isle de France et autres grands emplois : ainsy que plusieurs célèbres ch^{ers} de cette maison ont eu dans l'ordre de St Jean de Jérusalem, entre lesquels estoit leur oncle l'illustre et révérend sg^r frère Pierre de la Fontaine, grand prieur de France. Mme Denise de la Fontaine avoit puisé son amour pour la religion dans le sang de ces héros chrestiens estant de la mesme tige de son époux, issue de la fameuse maison des Soliers anciennement souveraine d'Asté en Piémont. Sa mort arriva le 1er d'avril 1684, temps que l'Église célèbre les mistères de la mort du Sauveur. Celle qui durant sa vie n'avoit respiré que Jésus Christ devoist expirer avec luy, aagée de 69 ans, en ayant passé 41 avec son époux, lequel lui a érigé cette pierre en attendant le moment que la mesme sépulture le rejoindra pour l'éternité. Le décebs dudit sg^r est arrivé le 27 may 1698. Tous deux ont fondé dans cette église deux obits chacun un au jour de leurs décceds, le cierge de St Joseph et la messe au jour de sa feste, dont ils ont donné l'image, tous les lambris du chœur, le calice d'argent et autres ornements. Requiescant in pace. Erit in eo Fons aquæ salientis in vitam æternam.

> Le sang des Fontaine Soliers
> Décend d'une source immortelle
> Et s'élève par ses guerriers
> Comme une eau jaillissante à la gloire éternelle ».

Sur une pierre sépulcrale placée autrefois dans le chœur, à gauche, du côté de l'autel, et qui se trouve actuellement dans la nef, on lit : « Cy gissent les corps de hauts et puissants seigneurs Messire Joseph de la Fontaine Soliers, chevalier, seign^r de la Boissière, Frettecuisse et autres lieux, commandant pour le roy aux ville, château et citadelle de Dieppe, lequel est décédé le 27 may 1698, et Madame Denise de la Fontaine Soliers, son épouse, laquelle est décédée le 1er avril 1684, veille de Pâques. Priez Dieu qu'il leur... »

On voit encore dans l'église la statue de saint Joseph dont il est question dans l'inscription rapportée plus haut ; elle est en bois et d'un bon travail.

La cloche porte cette inscription : « L'an 1851, j'ai été bénite par Mr Souverain, doyen du canton d'Hornoy, accompagné de Mr L. C. Brandicourt, curé de Guibermesnil, d^t Laboissière, placée sous l'invocation de St Vincent, et nommée Henriette-Désirée par M. Louis-Adrien Coquerelle, propriétaire à Laboissière et maire de cette commune, et Mme Marie-Henriette-Clotilde-Désirée Lefebvre, son épouse ».

Avant la Révolution, Laboissière, de l'ordre de Malte, était du diocèse de Rouen, du doyenné d'Aumale et dépendait de la commanderie de Villedieu-la-Montagne. Depuis 1821, cette paroisse est réunie à Guibermesnil pour le spirituel.

Curés : I. Barattre, 1642. — II. Lefébure Antoine, 1675 à 1720 ; il reçut sa sépulture dans l'église de Laboissière le 20 février 1720. — III. Guénard Jacques, 1720 à 1744 ; il devint ensuite curé d'Aubercourt. Il inséra cette note dans les registres de l'église : « En 1739, à la fête de Pâques, il y avait à Laboissière deux bons pieds de neige dans les chemins les plus unis ». Suivant une transaction du 27 octobre 1721, il déchargea ses paroissiens des réparations qu'ils devaient faire au presbytère, moyennant 120 livres [1]. — IV. Devillepoix, 1745 à 1776. — V. Martin, 1776 à 1792. — VI. Cocu Jonas-Firmin, curé constitutionnel.

Près de l'église se voit une ferme entourée de murs, aux angles desquels s'élèvent de petites tourelles en briques, seuls restes de l'ancien château, démoli dans ces derniers temps. Il se composait d'un corps de bâtiments flanqué de quatre tours ; c'est avec les matériaux provenant de sa démolition que l'on a construit la ferme dont nous venons de parler.

La seigneurie de Laboissière, mouvant de la châtellenie du Quesne, consistait d'après D. Grenier en une « maison, moulin à vent, cent soixante-dix journaux de terre médiocre, quatre-vingts journaux de bois, dix journaux de plants et soixante livres de cen-

[1] Arch. dép. de la Somme. B, 1414.

sives ». Elle valait au moins deux mille livres de rente en 1703.

Giraut de la Boissière [1] est le premier seigneur connu de ce lieu ; il fit une donation à l'abbaye de Selincourt vers 1200.

Hugues de la Boissière, chevalier, paraît aussi dans une charte de l'abbaye de Selincourt en 1264.

Jean de la Boissière fournit au seigneur du Quesne, en 1377, l'aveu de la seigneurie de Laboissière, consistant « en un manoir appelé la Court de la Boissière, soixante-quatorze journaux de terre en domaine, plusieurs terres en la main du tenant faute d'hommes, sept journaux de bois appelés le Plouis, cent trente journaux de bois en deux pièces, dix ou douze journaux de bruyères ou pastures deffensables, onze journaux de bois et bruyères où les habitants de la Boissière ont droit de couper et faire pasturer leurs bestiaux ». (*D. Grenier*). Thibaut de Laboissière, chevalier, seigneur dudit lieu, était bailli d'Amiens en 1391.

La famille de la Boissière s'éteignit vers 1400.

Les de la Marre possédèrent ensuite la seigneurie de Laboissière jusque vers 1575. Jean de la Marre, écuyer, fournit l'aveu de sa terre de Laboissière le 3 avril 1539 à Jean de Rambures, seigneur du Quesne.

Jean d'Amiens [2], écuyer, seigneur de Bachimont,

---

[1] Armes : *Écartelé aux 1 et 4 d'or, au chevron de sable, accompagné de 3 merlettes de même ; aux 2 et 3 d'or, à 3 fasces de gueules.*

[2] Armes : *De gueules, à 3 chevrons de vair.*

devint seigneur de Laboissière après Jean de la Marre ; il laissa une fille, mariée au suivant.

Gérard de Bonmercat, écuyer, maitre d'hôtel du duc de Nemours, épousa Antoinette d'Amiens, dite de Bachimont ; ils eurent une fille, qui épousa le suivant.

Philippe de la Fontaine-Bitry [1], né le 4 janvier 1572, fils de Philippe et de Marie de Conty, capitaine de cent chevau-légers, gouverneur du prince de Génevois, mourut le 7 février 1637. Il avait épousé par contrat passé à Paris le 14 mai 1601 Anne de Bonmercat, fille unique du précédent ; elle apporta en dot à son mari les seigneuries de Bitry, près Soissons, d'Yzeux et de Laboissière. Après la mort de Philippe, elle partagea ses biens entre ses enfants le 1er avril 1637 et se retira dans le couvent des Ursulines de Crespy, où elle se fit religieuse ; elle y mourut en odeur de sainteté le 8 mai 1642, âgée de 65 ans. Leurs enfants furent : 1° Henri, seigneur de Bitry, gouverneur de Noyon en 1666 ; 2° Pierre, seigneur de Laboissière, page de Louis XIII, tué en Guyenne en 1640 ; 3° Louis, seigneur de Montant, tué au siège d'Aire en 1641 ; 4° Antoine, seigneur de Saint-Pierre, tué au siège de Saint-Omer en 1638 ; 5° Joseph, qui suit ; 6° Léocade, morte jeune en 1620.

Joseph de la Fontaine-Solare ou Soliers, chevalier, seigneur de Laboissière, Frettecuisse et autres lieux, capitaine au régiment de Picardie, gentilhomme du

---

[1] Armes : *Bandé d'or et d'azur de 6 pièces ; les bandes d'or échiquetées de gueules de 3 traits.*

duc de Longueville qui le nomma major de Dieppe en 1650, naquit le 4 août 1617 ; il épousa par contrat passé à Paris le 19 mai 1643 Denise de la Fontaine, sa cousine au cinquième degré, fille de Pierre et de Madeleine de Donon ; de cette union : 1° Jean-Charles, qui suit ; 2° Joseph, prêtre de l'Oratoire, né au château de Laboissière en 1649, mort à Paris le 18 août 1732 ; on a de lui des sermons où l'on trouve une éloquence agréable et quelquefois trop fleurie ; ils furent imprimés à Paris en 1731 et forment 6 vol. in-12 ; 3° Marie, religieuse ; 4° Jeanne-Angélique, aussi religieuse ; 5° Catherine-Louise, fille d'honneur de la duchesse de Nemours, mariée à Guillaume de la Boissière. Joseph de la Fontaine passait pour un savant. Il fut inhumé dans le chœur de l'église de Laboissière le 27 mai 1698.

Jean-Charles de la Fontaine-Solare, chevalier, seigneur de Laboissière, Frettecuisse et autres lieux, chevalier de Saint-Louis, lieutenant du roi à Dieppe, né le 5 mai 1645, fut maintenu dans sa noblesse le 8 avril 1716. Il épousa par contrat passé à Abbeville le 24 septembre 1682 Marie-Anne Bail, veuve de Charles-François de Mannay, et fille d'Antoine, seigneur d'Orcamps ; elle mourut en 1732 âgée de quatre-vingt-un ans. De ce mariage sont nés : 1° Jean-Charles-Joseph-Quentin, mousquetaire du roi, tué en 1709 à la bataille de Malplaquet ; 2° François, qui suit ; 3° Élisabeth-Denise-Guillemette, mariée à Henry de Mornay, seigneur de Ponchon ; 4° Marie-Anne-Angélique, alliée le 15 juin 1717 à son cousin-germain, Joseph-Jean-Baptiste de la Boissière-Chambors.

François de la Fontaine-Solare, dit le comte de Laboissière, page de la petite écurie du roi en 1703, mousquetaire en 1706, enseigne-colonel du régiment de Bretagne, chevalier de Saint-Louis, naquit le 27 septembre 1688. Il fut fait prisonnier à Malplaquet et ne fut échangé qu'en 1711. Il continua de servir et se trouvait en Espagne en 1719. Deux ans plus tard, il était nommé lieutenant du roi à Dieppe sur la démission faite par son père. Il épousa par contrat passé à Paris le 14 septembre 1721 Marie-Anne-Henriette de Boulainvillers, née le 1er novembre 1693 ; de ce mariage sont nées : 1° Marie-Louise-Gabrielle, dame de Saint-Saire, mariée par contrat du 11 mars 1743 à Claude-François, marquis de Sesmaisons, lieutenant-général des armées ; 2° Louise-Sidonie-Victoire, qui épousa le 21 octobre 1745 François-Joseph-Josserand Malet, comte de Vandègre.

Fiefs.

1° Un fief situé à Laboissière, au sieur Prévot, valet de la garde-robe du roi ;

2° Un fief à l'abbaye de Sainte-Larme ;

3° Un autre fief au commandeur de Saint-Maulvis, amortis [1].

L'école mixte reçoit 24 garçons et 9 filles.

Instituteurs : I. Candellier Alexis-François, 1750. — II. Candellier François-Chrysostôme, 1786. — III. Ducrocq, 1797. — IV. Grossier Nicolas, 1817 à 1827.

---

[1] M. E. Prarond : *De quelques lieux du Ponth...* — M. le Cte de Louvencourt : *État des terres, fiefs et seig...* — Archives municipales d'Abbeville.

— V. Carpentier Maximilien, 1827 à 1833. — VI. Quevauvillers Pierre-François, 1833 à 1836. — VII. Simon. — VIII. Martin. — IX. Fertel Charles-Borromée. — X. Daragon, 1856 à 1858. — XI. Legrand Xavier, 1858 à 1880. — XII. Legrand Arthur, fils du précédent, en exercice depuis 1880.

Maires : I. Houpin Honoré, 1793 à 1797. — II. Mauger, 1797 à 1817. — III. Calippe Joseph, 1817 à 1834. — IV. Frion Jean-Baptiste-Antoine, 1834 à 1840. — V. Coquerelle Louis-Adrien, 1840 à 1857. — VI. Calippe Prudent-Isidore, 1857 à 1862. — VII. Digeon Côme-Prudent, 1862 à 1870. — VIII. Danten Émile, en exercice depuis 1870.

Les rues sont : rue de la haute-Boissière, rue de la basse-Boissière et rue des Juifs.

Principaux lieuxdits : le fond Saint-Pierre, terre de Saint-Martin, le fond Cornu, les communes, etc.

BEAUCAMPS-LE-VIEUX

Bellus campus, 1238; Beaucamp, 1387.

A cent quatre-vingt-dix mètres d'altitude, au sud et en face du Quesne, s'élève l'important village de Beaucamps-le-Vieux, qui paraît devoir son nom à la beauté de son site et à la fertilité de son sol.

Sa superficie territoriale n'est que de 502 hectares, dont 375 en culture. En 1806, la population était de 1,315 habitants, en 1827 de 1,428 et en 1872 de 1,821 ; cette augmentation était due surtout à l'établissement de fabriques de tiretaines et de passementerie ; les tiretaines, appelées *tibaude* dans le pays, sont de gros tissus fabriqués avec des poils de vache, de chèvre, etc., et dont la chaîne est du lin. En 1881, le nombre des habitants était de 1,808, dont 600 vivaient de l'industrie et 800 de l'agriculture. Le recensement de 1886 accuse une nouvelle diminution dans la population, qui est de 1,766 habitants, dont 367 vivent de l'industrie, 77 du commerce local et 1,204 de l'agriculture ; ils forment 589 ménages logés dans 508 maisons.

Beaucamps est situé à dix kilomètres d'Hornoy, son chef-lieu de canton, et à quarante-deux d'Amiens.

La fondation de ce village, suivant M. J. Sannier, remonterait à l'an 1032. Le terrain occupé aujourd'hui par Beaucamps était primitivement couvert de broussailles, de bois, et servait de refuge à des bandes de maraudeurs qui infestaient cette contrée. Robert le Diable, duc de Normandie, ayant fait la guerre au duc de Bretagne, et l'ayant vaincu, enleva douze cents prisonniers de tout sexe, les fit transporter à l'extrémité de son duché et leur ordonna de défricher les bois ; des lois particulières leur furent imposées et cette colonie bretonne forma le village de Beaucamps-le-Vieux. Elle s'attacha si bien au sol qu'elle avait fertilisé que les lois exceptionnelles et temporaires imposées aux premiers colons passèrent en habitude chez leurs descendants ; de sorte que, plusieurs siècles même après la réunion de la Normandie à la France, il était rare de voir des alliances entre les habitants de Beaucamps-le-Vieux et ceux des pays voisins, et que, de nos jours encore, cette population conserve visiblement dans ses mœurs, dans son costume et jusque dans un grand nombre de croyances et de pratiques superstitieuses des traces vraiment surprenantes de sa première origine.

Le village, établi à la limite extrême du territoire, s'accrut bientôt au point de dépasser la ligne de cession. Un château-fort fut établi sur cette ligne, et tout ce qui se trouva construit au nord de ce château, c'est-à-dire vers la vallée du Liger, releva du comté de Ponthieu, tandis que la partie méridionale continuait à relever du comté d'Aumale, et par conséquent de la Normandie.

Cette forteresse, occupée par les Français en 1427, soutint pendant deux jours l'attaque des Anglais commandés par Raoul le Boutellier, mais elle resta au pouvoir des Français, qui avaient été aidés des habitants d'Aumale. « N'y furent les dits Anglois, dit P. Cochon, que deux jours comme ceux d'Aubmalle les vindrent assaillir et firent lever le dit siége hativement. Et si ne s'en fussent allez sitot, je doubte qu'il ne leur eusse esté de pis. Mès ce nonobstant les dits Franchois lessièrent le dit chastel par appointement fait entre le dit Boutellier et ung chevalier de la compaignie des dits Franchois, qui disoit la terre et chastel à lui appartenir, et se fu fait pour éviter apperdicion de païs [1] ».

Ce château, démoli quelques années après, faisait face à la forteresse d'Arguel, située à trois kilomètres de là, sur le sommet du versant septentrional de la vallée du Liger, à l'entrée de la plaine picarde.

Description en 1763 : « Beaucamp-le-Vieux est une paroisse. Le principal seigneur est le sieur d'Arnault, président en l'élection de Ponthieu. M. le marquis de Rambures y a un fief considérable. Trois cent trente et un feux. Ni ferme ni hameau qui en dépende. Ce village est assis dans une petite plaine, environnée de bois. Le terroir est de peu d'étendue ; les terres sont médiocres. Quatre laboureurs ; les autres habitants sont presque tous fabricants de bellinges, qui sont de grosses étoffes à l'usage des habitants de la campagne. Beaucamps est entièrement de l'élection de Ponthieu, à trois quarts de lieue du chemin d'Abbeville à Aumale. Il y a un moulin à vent. Point de bureau de marque, ni biens communaux, ni foire, ni marché. Le pied de taille est de 1600 livres ». —

[1] *Chronique normande*, ch. 50, publ. par Vallet de Viriville. Paris, 1863, in-8°.

Montant des quatre contributions directes, 7,364 fr.
Il y a aujourd'hui marché tous les dimanches matin.

Comme Laboissière, Beaucamps faisait partie du diocèse de Rouen avant la Révolution.

L'église, qui n'offre rien de particulier, mesure quarante-cinq mètres de longueur sur quinze de largeur, et reçoit le jour par quatorze fenêtres.

Le chœur, qui est inachevé, paraît être du xv⁵ siècle. Le tableau du maître-autel représente la Résurrection.

Le clocher renferme trois cloches fondues en 1822 ; on lit sur la petite :

« J'ai été bénite par M. Calippe, curé de ce lieu, et nommée Rose par M. Augustin-Prudent Beuvin et par dame Marie-Rose-Cécile Leclercq, son épouse ».

Sur la moyenne : « J'ai été... et nommée Marie par M. P^{re}-Jacques Leroux fils, et par dame Marie-Françoise Olive, son épouse ».

Sur la grosse : « J'ai été... et nommée Désirée par M. J^{n}-B^{te}-Alexandre Prouzel, maire de Neuville-Coppegueule, électeur du département, et par dame Désirée Semichon, son épouse ».

Cette paroisse, sous le vocable de saint Martin, a été desservie par MM. Hecquet, 1745 à 1780 ; Caignard ; Guérand ; Calippe, 1804 à 1825 ; Batrel, 1825 à 1863 ; Hordé, 1863 à 1875 ; Duplan, aujourd'hui curé-doyen de Roisel, 1875 à 1881 ; Couvreur, en exercice depuis 1881.

Il y avait deux seigneuries sur le terroir de Beaucamps-le-Vieux : l'une appartenant à l'abbaye de Selincourt, d'un revenu de cent cinquante livres, consistait en un enclos de dix journaux, cent quarante-cinq journaux de bois et vingt-neuf livres de censives. La seconde, qui était la seigneurie principale, relevait de la châtellenie du Quesne ; elle consistait en « un manoir de huit journaux et jardins et vingt-quatre journaux de bois y attenannt, soixante-six journaux nommés la Couture, vingt-six autres journaux en deux pièces, un four banal, excepté pour les hommes liges, et le patronage de la cure de Beaucamps. Plusieurs hommes tenant en cotterie ». (D. Grenier.)

Cette seigneurie valait au moins mille livres de rente au siècle dernier. A la même époque, le seigneur du Quesne possédait un fief à Beaucamps dont le revenu était d'environ cent livres. (MM. Prarond et de Louvencourt.)

Beaucamps donna son nom à la famille des premiers seigneurs de ce domaine. En effet, Alexandre de Beaucamps [1], chevalier, paraît comme témoin, en 1216, dans un acte de vente par Hugues Haterel à la maladrerie du Quesne.

En 1235, Anselme de Beaucamps donne à la même maladrerie dix journaux de terre situés à Beaucamps. Il avait pour frère Ancelin, mort de la lèpre dans la maladrerie du Quesne, où il fut enseveli. Ils étaient tous deux fils d'Alexandre.

En 1379, Jean de Beaucamps, chevalier, avoue tenir sa terre de Beaucamps de la seigneurie du Quesne.

Firmin Belliart [2], bourgeois et échevin d'Abbeville en 1427 et années suivantes, avait acheté au précédent,

---

[1] Armes : *D'argent, à la bande de sable frettée d'or.*
[2] Armes : *D'or, à 3 croix plaines de sable, 2 et 1.*

en 1423, la seigneurie de Beaucamps. De son mariage avec Maroie de Longueville, il eut le suivant.

Jean Belliart, bourgeois et échevin d'Abbeville, commis à la vicomté du Pont-aux-Poissons, demeurant à *la Grosse Tête*, épousa Anne le Maire, bourgeoise d'Amiens. Une déclaration faite devant les maire et échevins d'Abbeville atteste qu'il a vécu avec sa femme « noblement et comme nobles, même qu'il avait été à la guerre, dans le ban et arrière-ban ». De leur mariage, ils eurent une fille mariée au suivant.

Henri Cornu [1], écuyer, seigneur d'Embreville, maïeur d'Abbeville en 1493, épousa en premières noces Anne Belliart, *aliàs* Marie, qui lui apporta en dot la seigneurie de Beaucamps. De ce mariage sont nés : 1° Antoine, qui suit ; 2° Anne, mariée à Antoine des Groseilliers, écuyer. Henri Cornu épousa en secondes noces Marie de Calonne, fille de Paoul et de Marie le Roy de Dargny ; de cette seconde union sont nées : 3° Marguerite, alliée à Jacques le Briois, écuyer, maïeur d'Abbeville ; 4° Madeleine, qui devint la femme de Jean de la Fresnoye, écuyer ; 5° Anne, *aliàs* Agnès, qui épousa en premières noces Jean de Maisons, écuyer, et en secondes noces Jean Lenglacé.

Antoine Cornu, écuyer, seigneur de Beaucamps et d'Embreville, auditeur à Abbeville en 1484, greffier de cette ville en 1489, puis procureur fiscal en 1505 et enfin procureur général, prit des lettres de relief de noblesse en 1517. Il épousa Marguerite de Tilque, fille de N... et de N... de Calonne ; ils eurent : 1°

---

[1] Armes : *De gueules, à l'orle d'argent.*

Charles, qui suit ; 2° Marie ; 3° Antoinette, mariée à Jean de Forceville, écuyer.

Charles Cornu, écuyer, seigneur de Beaucamps, Embreville et Béhen, allevau (patissier) en 1524, maïeur d'Abbeville en 1526 et 1534, épousa Jeanne Carue, dame de Béhen, par contrat du 30 août 1619. Vers 1535 il comparut à l'arrière-ban pour ses fiefs ; il fit son testament le 2 août 1536. De son mariage il eut dix-sept enfants, dont, entre autres, le suivant.

Jean Cornu, écuyer, seigneur de Beaucamps, Embreville, Béhen, mourut dans la charge de maïeur d'Abbeville en 1552. Il épousa Anne de Nouvillers, dame de Houden, fille de Nicolas et de Marguerite de Touffles ; il en eut : 1° François, qui suit ; 2° Isabeau, mariée à Nicolas de Calonne, écuyer, seigneur de Cocquerel.

François Cornu, écuyer, seigneur de Beaucamps, Belloy-sur-Mer, Mérélessart, etc., vicomte de Caubert en 1575, obtint maintenue de noblesse le 24 novembre 1598, « fondée sur ce qu'ils avaient toujours pris qualité depuis 1437 ; que dans l'église de Beaucamps, seigneurie de tout temps dans leur famille, on voyait le tombeau de Bricard Cornu, chevalier, mort en 1218 ; qu'il y avait toujours eu des chevaliers de Saint-Jean de Jérusalem dans leur famille »... Il épousa en 1560 Anne de Lausseray et mourut en 1611, laissant : 1° Oudard, qui suit ; 2° Lamoral, écuyer, seigneur de Belloy-sur-Mer ; 3° Françoise, mariée à Jean de Calonne puis à Léonor de May ; 4° Jeanne, alliée à André de Blottefière, écuyer, seigneur de la Haye.

Oudard Cornu, chevalier, seigneur de Beaucamps-le-Vieux, Hallencourt et autres lieux, lieutenant de la compagnie d'hommes d'armes de M. de Biron, mestre de camp au régiment de Picardie, épousa Marie de Saint-Blimond, fille de François, chevalier, seigneur de Ponthoile ; il en eut : 1° François, qui suit ; 2° Jean, qui suivra.

François Cornu, chevalier, dit le *marquis de Beaucamps*, épousa par contrat du 10 mars 1655 Élisabeth le Ver, dont il eut plusieurs enfants morts de son vivant sans alliance.

Jean Cornu, chevalier, seigneur d'Agicourt et de Fontaine-le-Sec, hérita du précédent la seigneurie de Beaucamps. Il ne laissa point d'enfants de son mariage avec Marguerite de Monchy de Visme ; il mourut le 5 mars 1705 à l'âge de soixante-dix-huit ans, et reçut sa sépulture dans l'église Saint-Éloy d'Abbeville.

Georges de Monchy [1], chevalier, seigneur de Talmas, capitaine des gardes du duc d'Elbeuf, devint seigneur de Beaucamps par suite de l'acquisition qu'il en avait faite aux héritiers du précédent ; il était l'un des vingt-deux enfants de Charles, baron de Visme, et de Marie du Caurel. Il épousa : 1° Marie-Louise de Ghistelles ; 2° Marguerite de Saint-Lô par contrat du 12 mars 1673 ; de ses deux mariages il eut : 1° Georges, tué à la Marsaille en 1693 ; 2° Louise, mariée à N. de Thubeauville ; 3° Marie-Élisabeth, abbesse de Berteaucourt ; 4° Armand-Georges, qui suit ; 5° Henri, grand écuyer du duc de Lorraine ; 6° autre Henri, vicaire général d'Ypres ; 7° André-Théodore ; 8° Marguerite-Anne, morte sans avoir été mariée.

Armand-Georges de Monchy, chevalier, comte de

[1] Armes déjà citées.

Monchy, seigneur de Beaucamps, mourut en 1723, laissant quatre filles de Thérèse de Widebien, sa femme : 1º Henriette, femme de Joachim-Hippolyte-Alexandre de Fléchin ; 2º Marie-Élisabeth-Maximilienne ; 3º Élisabeth-Thérèse ; 4º Thérèse-Hubertine-Armande-Marguerite.

Charles-Armand d'Arnaud [1], chevalier, seigneur de Seronville, Frettemeule, Cayeux et Beaucamps, était l'un des huit enfants qu'eurent Charles d'Arnaud et Marie-Catherine de Calonne ; le 6 octobre 1735, il épousa Louise-Marguerite de la Gorgue, fille de Jacques, écuyer, seigneur de Retonval, et de Marguerite d'Inger, dame de Beauvoir ; de ce mariage vinrent trois filles, dont l'aînée épousa en 1765 Henri-François-Eugène Werbier de Chartres, chevalier, seigneur de Chatenay, Valanglard, etc., lieutenant-colonel de cavalerie. Sa femme lui apporta en dot la seigneurie de Beaucamps, qu'il vendit peu de temps après au suivant.

Adrien-Charles du Bus [2], chevalier, vicomte de Wailly, mestre de camp de cavalerie, fils de Jean-François et d'Agnès Tillette, fut seigneur de Beaucamps de 1770 à 1781. Il avait épousé Françoise-Clotilde du Chesne et n'en eut point d'enfants.

[1] Cette famille, originaire du Languedoc et qui vint s'établir dans le Ponthieu, portait : *De gueules, au chevron d'argent chargé de 2 palmes adossées de sinople et accompagné de 3 besans d'or, 2 et 1, écartelé d'argent à l'aigle de sable, becqué et membré de gueules, le vol abaissé.*

[2] Armes : *D'azur, au chevron d'argent chargé de 3 trèfles de sable et accompagné de 3 molettes d'éperon de même.*

Maires : I. Pépin Nicolas-Pierre, 1822. — II. Leroux Pierre-Jacques, 1830. — III. Pépin Nicolas-Pierre, 1830 à 1835. — IV. Leroux Augustin, 1836 à 1842. — V. Olive Pierre-Nicolas, 1842 à 1848. — VI. Defecque, 1848 à 1852. — VII. Delaire, 1852 à 1858. — VIII. Dhercourt 1858 à 1865. — IX. Olive Pierre-Nicolas, 1865 à 1871. — X. Leroux Pierre-Jacques fils, 1871 à 1877. — XI. Leroux Louis, 1877 à 1880. — XII. Leroux Pierre-Jacques fils, en exercice depuis 1880.

L'école des garçons reçoit 100 élèves et celle des filles, 90.

Les instituteurs ont été : I. Carpentier Raphaël, 1818 à 1827. — II. Houpin Jean-Baptiste, 1827 à 1832. — Lequien Irénée, 1832 à 1848. — IV. Vasseur, 1848 à 1849. — V. Gavoury, 1849 à 1858. — VI. Dairaines, 1858 à 1863. — VII. Ancelin, 1863. — VIII. Maqueron, Édouard, 1863 à 1881. — IX. Liébert, 1882. — X. Bouton Eugène, en exercice depuis 1882.

On compte seize rues à Beaucamps, qui sont : Rue de la ville, de Saqueville, du moulin, de Liomer, de l'église, de Beuville, de l'argilière, Minette, Jean Gilles, Voie, Petite-Saqueville, Basse-Rambures, Haute-Rambures, ruellette de Liomer, bout d'haut et place d'armes.

Principaux lieuxdits · Le grand et le petit pâtis des moines, la chapelette, la plaine de la hayette, la sente, le bois Saint-Pierre, le bois du Vaudier, etc.

NEUVILLE-COPPEGUEULE

Nuevile, 1301 ; La haulte Neufville aultrement nommez Coppegueulle, 1483 ; Noeufville-sous-Saint-Germain, 1456 ; Nœuville prèz Senarpont, 1507 ; Neufville-sous-Bresle, 1657 ; Neuville-sous-Bresle, 1657.

Sur le plateau qui sépare la vallée de la Bresle de la vallée du Liger, s'élève à 200 mètres d'altitude le village de Neuville-Coppegueule, dont la superficie du territoire est de 871 hectares. En 1726, on y comptait 615 habitants et 990 en 1806 ; la population s'élevait même à 1139 habitants en 1837, mais on n'en compte plus que 826 en 1881, et 814 en 1886, y compris les annexes ; voici comment elle se décompose :

Neuville,	783 hab.	268 maisons	270 ménages.
La Teinturerie,	2	1	1
Sotoleux,	7	2	2
Basse-Neuville,	8	1	1
Basse-Rosière,	14	3	3

Il se trouve trois bois sur le terroir de ce village : le bois de la Neuville, de 17 hectares ; le bois de la Commanderie, de 60 hectares, et la forêt d'Arguel, de 190 hectares ; les prairies naturelles occupent une étendue de 31 hectares ; les larris communaux, de 22 hectares ; les terres labourées, de 500 hectares.

Les pommiers à cidre, dont le nombre s'accroît sans cesse, produisent, année moyenne, 3,000 hectolitres de pommes.

L'industrie de Neuville - Coppegueule, autrefois prospère, est aujourd'hui bien tombée : elle comprend le tissage de grossières étoffes de laine, et cette fabrication ne compte guère qu'une quinzaine d'ouvriers ; il faut y ajouter une active et croissante fabrication de chaises ; la moyenne des chaises livrées au commerce toutes les semaines est de trois cents. Commerce actif de bourres pour matelas, de graines fourragères, de beurre, d'œufs, etc. 391 habitants vivent du produit de l'industrie, 277 de l'agriculture et 69 du commerce local.

A l'origine, ce village était situé dans la vallée de la Bresle, sur l'emplacement occupé aujourd'hui seulement par la ferme de la Basse-Neuville ; mais la fondation de ce village doit être postérieure à celle de Beaucamps-le-Vieux, ainsi que nous l'avons dit. Plus tard, quelques habitations s'élevèrent sur le plateau boisé alors, séparant Neuville de Beaucamps, et, en 1483, le nouveau village ainsi formé prit le nom de Haute-Neuville ou Coppegueule, et devint une annexe de Neuville ; ce dernier ne tarda pas à se dépeupler au profit de Coppegueule, et, en 1659, le seigneur y faisait édifier son château ; peu de temps après, il accordait à un certain nombre d'habitants, pour une corvée de trois jours par semaine, le terrain nécessaire à la construction des maisons qui forment la partie ouest de la rue des Chasse-Marées.

L'église, dédiée à saint Pierre, est toute moderne ; commencée en 1875, elle fut terminée l'année suivante et consacrée en 1878 ; elle est construite dans le style ogival et a la forme d'une croix latine ; elle reçoit le jour par vingt-cinq fenêtres et compte seize statues presque toutes modernes.

Depuis la Révolution, il n'y a plus qu'une seule cloche ; elle porte cette inscription : « Fondue en 1870, j'ai été baptisée par M. Adolphe-Auguste Mahélin, curé de Neuville-Coppegueule, et nommée Léontine-Marie par M. Prudent-Arsène-Léon Boulnois, propriétaire, mon parrain, et par M*elle* Marie-Victorine-Éléonore Papin, ma marraine. M. Jules-Nicolas Boyenval, maire de la commune et Adolphe Bouvelet, adjoint ».

Avant la Révolution, la cure avait pour présentateur l'abbé de Saint-Fuscien-au-Bois ; au siècle dernier son revenu était de 680 livres ; le curé jouissait de toute la dîme en 1689. (*Darsy.*)

Curés : I. Lefort Nicolas, 1683 à 1742. — II. Olive, 1742 à 1752. — III. Barbier, 1752 à 1759. — IV. Goret, 1759 à 1761. — V. Bruhier Pierre, 1761 à 1768. — VI. Solmon, 1768 à 1793. — VII. Leclercq, 1801 à 1820. — Ce dernier a eu pour successeurs : MM. Bonnay, Guerlin, Hautbout, Pajot et Mahélin, aujourd'hui en exercice depuis 1869.

Les coutumes locales de Neuville-Coppegueule ont été rédigées le 18 septembre 1507 ; nous y voyons que la seigneurie était tenue noblement et en plein hommage de l'évêque de Beauvais, à cause du vidamé de Gerberoy, et que le seigneur y avait « haulte, moyenne et basse justice, amendes, confiscacions, fourfaictures et tous aultres droix et prérogatives appartenans à haulx justiciers » ; il avait aussi « droix d'acquit, forages, afforages, droix de bannée et du mollin, droit de guet à son chasteau et place dudit Neuville, les pescheries partout les rivières de ladite seignourie, droix de pernage et garenne..... Ledit seigneur a droit de prendre et avoir, et de ce est en bonne possession, de tous temps qu'il est, en personne, en sadite seignourie de Nœuville ou son aisné filz et non aultrement, sur les chasse-marées passans et menans poisson par sadite terre dudit Neuville, ung plat de poisson royal, pour le prix que ledit poisson aura cousté à la mer ; et en sont creus lesdits poissonniers sur leurs sermens ; et sy passent oultre et hors du terroir dudit Neuville, aprez le sommacion à eulx faite, ils forfont toutes leurs charges, s'ilz n'ont paié ladite droicture ». (*Bouthors*.)

« Pour assurer au seigneur l'exercice du droit dont il est question dans cet article, ajoute Bouthors, les chasse-marées étaient tenus d'attacher une sonnette à leur voiture afin d'avertir de leur passage. Une note de Dom Grenier fait mention de cet usage ».

Lors de la rédaction des Coutumes en 1507, la seigneurie de Neuville-Coppegueule appartenait à Jacques de Clère, écuyer, d'une famille normande.

Gilles de Clère, écuyer, était seigneur de Neuville en 1552.

Charles de Clère, écuyer, seigneur de Neuville, posséda ce domaine de 1590 à 1612.

François de la Rue [1], écuyer, seigneur de la Motte,

---

[1] Armes : *D'argent, à 3 fasces de gueules.*

épousa par contrat du 3 août 1612 Louise de Cléré, qui lui apporta en dot la seigneurie de Neuville. Ils eurent de leur union : 1° François, qui suit ; 2° Geoffroy ; 3° Suzanne, alliée à Charles le Moine, écuyer, seigneur de Gouy-l'Hôpital ; 4° Françoise, femme de Jacques de Hocquelus ; 5° Madeleine, qui épousa Jean de Brossard ; 6° Marie.

François de la Rue, écuyer, seigneur de Neuville et de Bois-Robin, épousa par contrat du 27 juillet 1653 Françoise le Messier, fille de feu Nicolas, chevalier, seigneur de la Vieuville, et de Madeleine de Creny ; de leur mariage sont issus : 1° François, qui suit ; 2° Jean, né le 13 août 1662 ; 3° Charles, écuyer, seigneur de l'Espinoy ; 4° Joseph, né en mai 1673, chevalier, seigneur de la Vassourie, demeurant au Titre ; 5° Geneviève, dame de Bois-Robin, alliée à François de Belleval, chevalier.

François de la Rue, chevalier, seigneur de la Haute et Basse-Neuville de 1689 à 1720, fut blessé à l'épaule droite au siège de Namur en 1692. Il avait épousé par contrat du 17 mars 1689 Charlotte-Élisabeth de Saint-Blimond, dont il eut : 1° Jean-François, né en 1689 ; 2° Claude-Charles, né en 1691, chanoine d'Arras ; 3° Jean, né en 1693 ; 4° Nicolas, né en 1699 ; 5° Cécile, née en 1701. Il fut maintenu dans sa noblesse en 1700.

En 1775, la seigneurie de Neuville-Coppegueule appartenait par indivis aux petites-filles du précédent : Anne-Marguerite de la Rue, épouse non commune en biens de Jacques-Étienne de Villiers, écuyer, et Béatrix-Angélique de la Rue, sa sœur, veuve de Nicolas de Sanchedrin, seigneur de Saint-Maurice-sous-Étain ; ces deux dames paraissent avoir hérité la seigneurie de la Haute et Basse-Neuville de leur oncle, Claude-Charles de la Rue, prêtre, chanoine de la cathédrale d'Arras.

Une ordonnance de Pierre-François Sangnier, notaire royal à Amiens, bailli de la seigneurie de Neuville-Coppegueule, réglait ainsi la police des fours et cheminées en 1785 : « Art. 1er. — Les habitants de la paroisse feront réparer dans la quinzaine les cheminées et fours défectueux des maisons qu'ils habitent, et les feront nettoyer et balayer au moins une fois l'an, à peine de 3 livres 15 sous d'amende, et pour obvier à l'inexécution du présent article, visite sera faite, après la quinzaine expirée, et à l'avenir, tous les ans, et même plus souvent si le cas le requiert, des dits fours et cheminées par tel maçon qu'il plaira au bailliage de commettre en présence du procureur fiscal, assisté du sergent-garde de cette justice et seigneurie, et tous les fours et cheminées trouvés défectueux seront sur-le-champ démolis et mis hors d'état de service, sans préjudice à l'amende ci-dessus, qui sera augmentée en cas de récidive.

« Art. 2. — Défense est faite à tous les habitants d'aller et venir soit de nuit soit de jour dans leurs bâtiments, avec lampes ou chandelles allumées, si elles ne sont renfermées dans des lanternes bonnes et solides, et ordre est donné à chacun d'eux d'avoir au moins une lanterne qu'il sera tenu de présenter au procureur fiscal lors des susdites visites des fours et cheminées, et même au garde de la seigneurie toutes les fois qu'il en sera requis, à peine de 75 sous d'amende et du double en cas de récidive ».

Par l'article 3, renouvellement est fait des défenses

portées par l'ordonnance du bailliage du 1ᵉʳ mars 1777, de tirer ou faire tirer avec fusils et armes à feu, lors des baptêmes et mariages et autres cérémonies publiques qui se font dans cette paroisse sous peine d'une amende de 3 livres 15 sous.

L'article 4 prescrit de construire les tuyaux de cheminées en bonne maçonnerie et de les faire excéder de trois pieds au moins le faîte des maisons, sous peine d'une égale amende de 3 livres 15 sous [1].

La commune de Neuville possède une école de garçons, qui reçoit 48 élèves, et une école de filles, qui en reçoit 54.

Instituteurs : I. Tourillon Pierre, 1753 à 1769. — II. Buignet André, 1769 à 1775. — III. Évrard, 1776 à 1793. — IV. Leclercq Jean-Baptiste, 1793-1802. — V. Prévost Charles. — VI. Viguereux Louis. — VII. Bourdeaux Henri. — VIII. Louis Nicolas, 1821 à 1860. — IX. Souverain Pierre-François, 1861-1874. — X. Boulfroy Pierre-François, en exercice depuis 1874.

Maires : I. Tourneur Nicolas, an I à an III. — II. Quevauvillers, an IV à an VI. — III. Boyenval Nicolas, an VII à an VIII. — IV. Rouvelet Charles, an VIII à 1808. — V. Prousel Alexandre, 1808 à 1830. — VI. Boyenval Jean-Baptiste, 1830 à 1865. — VII. Boyenval Jules, 1865 à 1872. — VIII. Pépin Victor, 1872 à 1877. — IX. Pépin Charles, en exercice depuis 1878.

Les principaux lieuxdits sont : le moulin à foulon, derrière le pressoir, le pré des trois, la fontaine Ca-

---

[1] V. Arch. dép. de la Somme. B, liasse 1577.

mus dans la prairie de la Basse-Rosière, dont l'eau est recommandée pour certaines maladies, — la grande pièce, l'enclos, la grande pâture, le grand pré, les épigneux, les hautes communes, les célestins, le champ Saint-Pierre, dont une partie appartenait à l'église, etc.

Il ne se trouve que quatre rues à Neuville, qui sont: la rue de l'église, la ruelle, la petite rue et la rue des chasse-marées ; cette dernière fait suite au chemin de Saint-Léger-le-Pauvre, sur une ancienne chaussée allant de la mer à Paris et très fréquentée pour le transport du poisson du Tréport à la capitale.

On a découvert en plusieurs endroits du terroir des haches et instruments en silex de l'époque néolithique. Il est encore facile de voir aujourd'hui dans le bois de la Commanderie les ruines d'une ferme qui aurait, paraît-il, appartenu aux Templiers. Il y a quelques années, on voyait dans la vallée les fondations de l'ancienne église.

SAINT-LÉGER-LE-PAUVRE

Sanctus Ligerius, 1152; Sanctus Leodegarius, 1164; Saint Ligier le Poure jouste Senarpont, 1300; Saint Leger le Pauvre, 1521.

Saint-Léger-le-Pauvre, situé à 12 kilomètres d'Oisemont, est une petite commune de 71 habitants, formant 19 ménages, logés dans 23 maisons; l'étendue du territoire est de 109 hectares. Il n'y a qu'une rue, dite rue de Coppegueule.

On compte 44 hectares de terre en culture, 35 de prairies naturelles, 1 de larris et 15 de bois (le bois du prieur et les bosquets). 20 habitants sont attachés à l'agriculture et 25 à l'industrie. Le rendement annuel des pommes à cidre est de 120 hectolitres.

Dans la prairie, on remarque beaucoup de sources dont les eaux vont se réunir à celles de la Bresle. Il y a deux moulins à blé sur cette rivière.

Les principaux lieuxdits sont : les six, les sept, les huit, les prés Beauvais, les prés Bouvelet, les prés brûlés, etc.

Sur le versant est de la vallée, il existe une ancienne chaussée de quatre mètres de largeur, allant de

Senarpont à Saint-Germain ; cette chaussée porte le nom de chemin des chasse-marées ; on en a extrait une quantité considérable de cailloux. Dans la prairie, on rencontre fréquemment des tuiles à rebords.

Saint-Léger n'a ni église ni école ; les enfants reçoivent l'instruction dans les écoles de Senarpont ; il s'y trouve actuellement 3 garçons et 4 filles.

Maires : I. Sergeant Joseph, 1796 à 1808. — II. Queuvront Nicolas, 1808 à 1824. — III. Breton François-Antoine, 1824 à 1870. — IV. Breton François-Casimir, en exercice depuis 1870.

D. Grenier garde le plus complet silence sur Saint-Léger. M. de Belleval dit qu'il y avait un prieuré, mouvant de Senarpont, et que le prieur possédait la seigneurie, consistant en un journal de pré et 22 livres de censives, et qu'elle relevait de la seigneurie de Saint-Aubin-Rivière.

« Willaume de Guimerville, dit M. Darsy, du consentement de Marguerite, sa femme, et de ses enfants, donna en perpétuelle aumône et en bénéfice spirituel à l'abbaye de Selincourt tout son fief de Saint-Léger, qui s'étendait jusqu'au Caisnoi de Senarpont, à Neuville et à l'eau de la marche de Normandie, et qui consistait en bois, plaine, aulnois, eau, pêcherie, prés, moulins, etc. [1] ».

Le domaine de Saint-Léger, qui relevait de Senarpont, fut aliéné à une époque inconnue, nous apprend encore M. Darsy. « Nous trouvons, dit-il, que la maison et cense de Saint-Ligier-lès-Senarpont fut baillée

[1] *Bén. de l'Égl. d'Am.*, t. II, p. 128.

avec ses dépendances, droits, profits, revenus et émoluments, douze journaux de bois en une pièce et la haie de Saint-Ligier, pour le temps et espace de soixante-six ans, moyennant 8 livres de redevance annuelle, au profit de Robert de Hantecourt, écuyer, demeurant à Morival, le 2 février 1447. Le 3 avril 1456, celui-ci transporta son droit à George, seigneur et baron de Clerc. Son fils et héritier, George, seigneur et baron de Clerc, de la Croix St Lieffroy et de Nœufville-sous-St Germain, le transporta à mess. Edmond de Monchy, chevalier, seigneur de Senarpont, Vymes, Guillemerville et Lheures, le 26 mai 1487. — Ce fut probablement après cette époque que l'aliénation eut lieu [1] ».

En 1689, l'église de Saint-Léger, bâtie en bois, était fort exiguë ; on ne comptait alors que 25 communiants dans huit maisons. La cure était à la présentation de l'abbé de Selincourt.

Le 13 mai 1728, frère Jean-Norbert Magnier, curé de Saint-Léger, fournit la déclaration des biens de la cure, d'un revenu brut de 843 livres.

Toute la dîme de Saint-Léger appartenait à l'abbaye de Saint-Lucien de Beauvais et au prieuré de Senarpont ; mais, par composition de 1152, l'abbaye de Saint-Lucien fit abandon à celle de Selincourt de la dîme de Saint-Léger, à la charge d'une redevance au prieur de Senarpont.

On lit dans le dénombrement de l'abbaye de Saint-Lucien fourni au roi en 1521 : « Item, ledit prieur (de Senarpont) a et prend chacun an sur une maison, masure et appartenance, nommée la maison Sainct

---

[1] *Bén. de l'Égl. d'Am.*, t. II, p. 129.

Léger le Pauvre appartenant à l'abbaye Sainct Pierre les Selincourt, de rente annuelle et perpétuelle, huict septiers de bled et huict septiers d'avoine à la vieille mesure de Senarpont, chacun septier de bled à deux deniers près du meilleur du marché de ladite ville de Senarpont, et l'avoine boine, loyale et marchande »;

II.

RIVE DROITE

GOUY-L'HOPITAL

Gaudiacum, 1042 ; Goy Hospital, 1301.

D'après le P. Daire, « le surnom de ce village vient vraisemblablement de ce qu'il appartient à l'ordre de Malthe, dont le fermier étoit chargé par son bail d'héberger les pauvres passants [1] ».

Le petit village de Gouy s'élève à 112 mètres d'altitude ; sa superficie territoriale est de 426 hectares, dont 360 hectares sont mis en culture et 37 sont couverts de bois : le Bois de la Chapelle (25 hect.), le Bois-Jean (12 hect.).

En 1806, on y comptait 170 habitants ; en 1827, 191 ; en 1837, 204 ; en 1881, 108 ; la population est actuellement de 86 habitants, formant 32 ménages logés dans 36 maisons ; l'agriculture fait vivre 80 habitants et le commerce en fait vivre 6.

[1] *Le Doienné de Picquigny*, publ. par M. J. Garnier.

L'église de Gouy, sous le vocable de l'Assomption, « est ancienne, dit le P. Daire ; on descend pour y entrer. Les vitraux de la nef sont petits. Dans les huit quartiers de voûte du sanctuaire, on voit en peinture le couronnement de la Vierge et huit anges tenans l'encensoir à la main ».

La date de 1681 qu'on y remarque indique une réparation.

Le clocher, en forme de campanile, contient deux cloches. La plus grosse porte cette inscription : « Fondue en 1811, j'ai été bénie par M. Croizé, curé de Gouy-l'Hôpital, et nommée Marie-Firmine par M. Firmin-Paul-Félix Lendormi, électeur du département de la Somme, candidat au Corps législatif, Sous-Préfet de Montdidier, et Mme Marie-Anne-Jeanne-Claude Daget, son épouse. MM. Thomas Despréaux étant maire, et J. B. Gouin ». Sur la petite on lit : « Fondue en 1811, j'ai été bénie par M. Croizé, curé de Gouy-l'Hôpital, et nommée Agathe-Augustine par M. Augustin-Paul Lendormi fils et Morel, directeur des postes à Montdidier, et Mme Agathe Deparis, Vve de Lendormi-Laucourt, docteur en médecine de la Faculté de Paris. MM. Thomas Despréaux étant maire et J. B. Gouin ».

Les 27 juin 1728 et 28 novembre 1729, Jacques Roussel, curé de Gouy, fournit la déclaration des biens de sa cure dont le revenu net était de 314 livres.

« La paroisse n'est composée que de 40 maisons, dont 3 de protestants ou religionnaires. Ce sont tous pauvres fileurs et fileuses de laine, à l'exception de quelques fermiers (*Déclarat.*). En 1689, on y comptait 103 communiants et 8 ménages de calvinistes. (*Pouillé de l'Arch.*, f° 301.)

« La dîme était autrefois partagée par moitié entre le commandeur de Saint-Maulvis et le curé du lieu. Elle appartenait tout entière à la commanderie.

« En marge de l'*Extrait* délivré par le bureau diocésain, on lit : « Cette cure est à la nomination de « Malte. Elle refuse à présent de payer les décimes ; « pour quoi il y a instance ».

« Il n'y a ni casuel ni obits (ce qui veut dire fort peu), ni autres fondations. C'est un très pauvre bénéfice. (*Déclarat.*)

« Il n'y a point de presbytère. Le curé loue une maison. Il jouit comme indemnité de deux journaux de terre que les habitants disent avoir été donnés par M. le Moisne, seigneur du lieu, pour et au lieu de presbytère. On n'en trouve d'ailleurs aucun titre ». (*Déclarat.*) [1]

Il y avait à Gouy une chapelle dite de *Notre-Dame de Gouy* ou *de la Corbière*, unie au Collège d'Amiens ; elle jouissait en 1728 de cinquante journaux de bois taillis situés sur les terroirs de Fay, Tilloy [2] et Gouy, qui s'abattent tous les neuf ans, affermés 280 livres.

Cette chapelle fut « fondée en l'année 1315 par Mahaut de Picquigny, dame de Gouy, femme du seigneur d'Antoing. Elle fut unie au collège des PP. Jésuites par une bulle du pape Paul V, du 1er décembre 1608. (*Titres du collège d'Amiens.* E 3. — *Invent. raisonné... de St-Martin*, p. 20 à 22.) [3] ».

Il faut ajouter à ce qui précède les renseignements suivants :

---

[1] *Bén. de l'Egl. d'Am.*, t. 1er pp. 417 et 418.
[2] Thieulloy-l'Abbaye.
[3] *Bén. de l'Egl. d'Am.*, t. 1er, p. 427.

« Chapelle de Gouy. — Le titre que nous allons citer dit que la fondation fut faite par le vidame Renault et par sa sœur Mahaut de Pinquegny, « pré-« voste de Douay », femme du seigneur d'Antoing. Celle-ci possédait la terre de Gouy, et Renault n'a dû intervenir que comme seigneur dominant. Le revenu affecté à la chapelle consistait en « 25 livrées de terre, « à prendre au parezi sur la terre de Goy dessoubs « Harmellies » (Hermilly), et cent soldées de rente sur une maison « assise u bourc de notre dicte ville, tenant « au rieu qui soloit descendre des grans molins ». Mais le chapelain n'était pas payé, et des poursuites étaient imminentes lorsque, par transaction du mois de janvier 1367, Raoul de Rayneval, chevalier, seigneur de Pierrepont, panetier de France, et sa femme Marguerite, dame et héritière de Pinkegny, vidamesse d'Amiens, abandonnèrent au chapitre de Saint-Martin « toute la terre de Goy et appartenances d'icelle », pour tenir lieu des revenus stipulés par l'acte de fondation. (Titres du chapitre de Saint-Martin de Picquigny, carton 2. Arch. départem.) [1] ».

Curés : I. Langlois, 1674 à 1680. — II. Obry, 1694 à 1695. — III. Massure Louis, 1695 à 1705. — IV. Rocque André, 1705 à 1714. — V. De Camps, 1742 à 1772. — VI. Lagnel, 1772 à 1781. — VII. Charpentier, 1781 à 1782. — VIII. A. Devisme, 1782 à 1787. — IX. De Forceville, 1787 à 1790. — X. Lefebvre 1799 à 1792, maire.

Depuis la Révolution, les curés se sont succédé très rapidement à Gouy-l'Hôpital.

[1] *Bén. de l'Egl. d'Am.*, t. II, p. 361.

D. Grenier est à peu près muet sur ce village ; ce qu'il en dit est insignifiant.

Le P. Daire nous apprend que « la seigneurie consiste en maison seigneurialle, plan routier d'arbres fruitiers, terres labourables, droit de champart, bois, censives, droits seigneuriaux et féodaux [1] ».

D'après une note d'origine inconnue, il y aurait eu deux seigneuries à Gouy ; l'une d'elles aurait appartenu à la commanderie de Saint-Maulvis ; la seconde aurait été possédée par les seigneurs dont nous allons parler.

On trouve dans le cartulaire de Picquigny, fol. 77, un aveu du mois de février 1280 fourni à Jehan, vidame d'Amiens, seigneur de Picquigny, par « Jehans, chevaliers, sires de la Férières et de Goy ».

En 1315, Mahaut de Picquigny [2], « prévoste de Douay », femme du seigneur d'Antoing, était dame de Gouy, comme on l'a vu.

Marguerite de Picquigny, dame dudit lieu et du vidamé d'Amiens, fille unique de Renaud, vidame d'Amiens, frère de la précédente, et de Jeanne de Brienne-Eu, était dame de Gouy en 1367. Elle était à cette époque femme en troisièmes noces de Raoul, sire de Raineval, Pierrepont, Coudun, Fouilloy, et autres lieux, panetier de France, fils de Guillaume et d'Ade de Fouilloy. Marguerite de Picquigny paraît n'avoir point eu d'enfants de ses trois mariages.

En 1600, Josse de Saveuse [3], chevalier, seigneur

---

[1] *Le Doienné de Picquigny*, loc. cit.
[2] Armes: *Fascé d'argent et d'azur de 6 pièces.*
[3] Armes : *De gueules, à la bande d'or accompagnée de 6 billettes de même.*

de Coisy, possédait la seigneurie de Gouy-l'Hôpital ; il ne la conserva que peu de temps.

Quelques années plus tard, Abdias le Moine [1], écuyer, seigneur de Marle, s'intitulait en même temps seigneur de Gouy. De son mariage avec Marie Pronnier naquit le suivant.

Charles le Moine, écuyer, seigneur de Gouy et du Bois, épousa par contrat du 19 juin 1641 Suzanne de la Rue, fille de François, chevalier, seigneur de la Haute et de la Basse-Neuville, et de Louise de Clère ; il en eut : 1° Charles, qui suit ; 2° Jacques, écuyer, marié par contrat du 8 juin 1702 à Anne-Madeleine d'Offoy, dont il eut Michel-François-Joseph.

Charles le Moine, écuyer, seigneur de Gouy et du Bois, épousa par contrat du 3 avril 1670 Marie de Farsy, fille de Jacques, seigneur de Beautin, et de Nicolle d'Arrest, d'où la suivante.

Françoise le Moine, dame de Gouy, épousa Jean-Baptiste Taha, fourrier des chevau-légers de la garde du roi ; elle demeurait après la mort de son mari rue des Fossoyeurs, à Paris, où elle mourut en 1754 [2].

En 1789, la seigneurie de Gouy appartenait à M. du Cardonnoy.

D'après le petit manuscrit de Pagès, Pierre Pingré, écuyer, conseiller du roi, président-trésorier de France, aurait été seigneur de Gouy-l'Hôpital à la fin du XVIIe siècle et au commencement du XVIIIe, mais

---

[1] Armes : *D'azur, à la bande d'or chargée de 3 croix de gueules.*

[2] Cabinet de M. F. Lefebvre du Grosriez.

on peut conjecturer qu'il n'y possédait qu'un fief. Pierre Pingré, qui fit enregistrer ses armes dans l'armorial de d'Hozier en 1696, était fils cadet de Nicolas, bourgeois et échevin d'Amiens, et de Claire Mauret, sa première femme. Il épousa : 1° Marie le Bon, fille de Michel, écuyer, seigneur de la Motte d'Aronde, et de Françoise Scourjon ; elle mourut sans enfants en 1691 ; 2° Marie du Fresne, veuve de N. Langlois, écuyer, seigneur de Septenville, et n'en eut point non plus de postérité. Il mourut le 16 septembre 1709 âgé de 78 ans.

Maires : I. Thierry, 1791 à 1792. — II. Ridoux, 1792 à 1793. — III. Bachimont, 1793 à 1794. — IV. Despréaux Thomas, 1796 à 1828. — V. Thierry, 1828 à 1832. — VI. Lefebvre, 1832 à 1865. — VII. Despréaux père, 1865 à 1881. — VIII. Despréaux fils, en exercice depuis 1881.

L'école mixte de Gouy-l'Hôpital reçoit actuellement 12 élèves : 2 garçons et 10 filles.

Principaux lieuxdits : le bonnet, l'hôtellerie, le chaufour, le charme, le carnoy, le hautret, la vallée Marthe, le mesnil, le petit et le grand Blanc-Mont, la kielle, la vache, la cannère, la rouence, la rose, la choque, la motte, la metz, la vallée des charrons, la terre Zeux, la herse, etc.

Au XVIIe et au XVIIIe siècle, plusieurs familles protestantes demeuraient à Gouy-l'Hôpital et à Vraignes ; nous citerons entre autres les Gambier, les le Roy, les d'Ambrines, les de la Haie, les Sauval, les de Lassus, les de Bettembos et les de Visme.

L'*Annuaire de la Noblesse de France* pour 1883 contient une notice généalogique sur la branche française protestante de la maison de Visme ; nous ferons quelques emprunts à cette notice, établie par actes authentiques et papiers de famille depuis les commenments de la Réforme.

Jehan de Visme, né vers 1580, descendait, paraît-il, des anciens sires de Visme, dont la seigneurie patrimoniale passa à la maison de Cayeu vers 1330 par le mariage de Jeanne de Visme avec Mathieu de Cayeu, seigneur de Senarpont. Jehan de Visme, ayant embrassé la religion réformée, dut bientôt se réfugier à Gouy-l'Hôpital. « C'est là que lui et ses descendants vécurent dans l'obscurité pendant de longues années. Le rang et les titres des de Visme n'étaient repris que par ceux qui quittaient leur patrie ou retournaient au catholicisme ».

André de Visme, né à Gouy en 1725, alla se fixer à Vraignes, dont il devint syndic ; les descendants de son dernier fils habitent encore aujourd'hui ce village. Jean de Visme, son fils cadet, né à Vraignes en 1760, a joué un grand rôle comme pasteur protestant (pasteur du Désert) dans le nord de la France ; deux de ses fils furent aussi pasteurs protestants [1].

On trouve quelques détails sur les protestants de Gouy-l'Hôpital dans l'ouvrage du pasteur Rossier, auquel nous renverrons le lecteur.

---

[1] Communication due à l'obligeance de notre collègue, M. Armand de Visme, avocat à Paris. Voy. *Annuaire de la Noblesse de France* pour 1865, pp. 223 et suiv., et le même ouvrage pour 1883, pp. 217 et suiv.

LINCHEUX

HALLIVILLERS

Linigeium, 1005 ; Linchuel, 1149 ; Lueoellum, 1167 ; Luechuel, 1231 ; Linchœul, 1507.

Lincheux a suivi la loi commune relativement à la décroissance des petits villages : sa population n'est plus aujourd'hui la moitié de ce qu'elle était il y a un siècle ; il s'y trouve 201 habitants, formant 69 ménages, logés dans 66 maisons ; l'agriculture fait vivre les deux tiers environ des habitants.

L'église, sous le vocable de saint Pierre ne conserve plus, par suite de réparations nombreuses à différentes époques, que de très faibles parties de son architecture primitive ; on peut juger, par ce qui reste, qu'elle a dû être construite dans les dernières années du XVe siècle. Le clocher, qui se trouve en tête de la nef, se compose d'une forte tour quadrangulaire en pierres et en briques surmontée d'une flèche en charpente très aiguë. Le portail, ouvrant sous le clocher, a subi il y a quelques années une restauration des plus maladroites, qui l'a complètement défiguré. L'abside était autrefois en forme de cul-de-lampe, mais depuis elle fut coupée par un pignon à angle droit. La nef, de même largeur que le chœur et le sanctuaire, est beaucoup moins élevée ; elle est éclairée par deux fenêtres à gauche et deux à droite ; de chaque côté du chœur et du sanctuaire se trouve une croisée. A l'entrée du chœur, dont le sol est plus élevé que celui de la nef, on voit une dalle grise très fruste, qui pourrait bien avoir été une pierre tombale ; sur l'un des côtés de son épaisseur, on remarque une guirlande de feuillage datant de la Renaissance.

D'importantes restaurations faites tout récemment viennent de transformer encore une fois le chœur et la nef de cet édifice.

« Le jour de saint Blaise, dont on conserve quelques reliques, dit le P. Daire, le peuple vient en pèlerinage dans cette église, qui est assez belle. On y voit une figure en bois représentant l'apôtre saint Pierre portant sur la tête une thiare à triple couronne, et revêtu d'une chappe serrée et fermée par une agraffe en forme de rubis, entourée de pierreries [1] ».

Sur un contrefort démoli en 1885, nous avons lu cette inscription : « J'ay porté tous les morceaux et les tuilles quand mon père et mon frère ont couvert le chœur de l'église du côté de la basse-cour. J'ay écrit ce petit mot le 11º jour de may 1770, moy Louis-François Devisme ».

Le clocher, qui contenait trois cloches avant la Révolution, n'en renferme plus qu'une, sur laquelle on lit : « L'an MVᶜ LXXII je fus faite par Anthoine Clabault, sʳ de Lincheul et les manans et habitans dudit Lincheul et fus nomée Marie. Mʳᵉ Louis Charles Michel de Biencourt chʳ grand bailly souverain d'Ardres et

---

[1] *Le Doienné de Picquigny.*

du conté de Guisnes, baron de Creseiq, sgr de Potrincourt, Maisnières, Lincheul et autres lieux, m'a nomée Marie et bénite par M. J. Nortier curé en présence des mg⁹ et hab¹⁹ en l'an 1772 ». On remarque plusieurs écussons entre autres ceux des Clabault et des Biencourt. C'est probablement une cloche donnée par Antoine Clabault et refondue en 1772.

Avant la Révolution, la cure de Lincheux était à la présentation du commandeur de Saint-Maulvis.

« Il y a pour la cure de Lincheux, dit M. Darsy, deux extraits de déclarations du même curé; ils ne sont pas tout à fait identiques et paraissent faits d'après deux déclarations successives dont l'une n'était point datée et ne se retrouve pas. La deuxième diffère en ce qu'elle porte les terres de cure à trois journaux évalués trente livres; qu'elle ajoute aux charges : rétribution d'un clerc, vingt livres; luminaire, six livres; visites de l'archidiacre et du doyen, cinq livres. Ainsi le revenu s'y trouve être de quatre cent cinquante et une livres, les charges, de quarante et une livres, et il restait net : quatre cent dix livres. Toutes deux portent en marge : « Cette cure étant à la nomination de « Malthe se prétend exempte de dîmes [1] ».

D'après M. Darsy, l'abbaye de Saint-Germer de Flay avait la moitié des dîmes de Lincheux et Hallivillers avec les novales, qui était d'un revenu de trois cent cinquante livres en 1729; mais elle devait remettre au vicaire de ces deux paroisses une somme de deux cents livres; l'autre moitié des dîmes appartenait au commandeur de Saint-Maulvis.

Selon le P. Daire, le commandeur de Saint-Maul-

[1] Bén. de l'Égl. d'Am., t. 1ᵉʳ, p. 418.

vis prenait trois gerbes sur sept, l'abbé de Saint-Germer en prenait autant, et la septième appartenait au curé, qui était « exempt de visite d'archidiacre et de doien. L'évêque n'en fait qu'une par lui-même durant son épiscopat : le Commandeur s'est emparé de ce droit ».

On lit sur la couverture des actes de l'état civil de 1709 que, « le lendemain de la fête de Saint-Thomas de 1708, MM. les gros dixmeurs de la paroisse de Lincheux, sçavoir : M. l'abbé de Saint-Germer les Flaix, fils du duc de Beauvillier, et M. le Commandeur de Saint-Mauvy, Louis Feydeau de Vaugien, chevalier de Saint-Jean de Jérusalem, ont fourni à l'église de Lincheux une aube avec l'amict et la ceinture, deux corporaux, six purificatoires, une bourse rouge, deux palles, une chasuble noire ; et le 9 mars 1709, ils ont encore fourni une chasuble verte avec un paroissien de diverses couleurs, le tout a cousté soixante-deux livres quatre sous » ; et le curé, qui a écrit cette note, a eu soin d'ajouter que ces objets n'ont été achetés qu'à la suite de demandes réitérées de sa part. Le même curé a laissé d'autres inscriptions sur plusieurs registres à propos de difficultés survenues entre lui et les habitants d'Hallivillers.

Curés : I. Guy, doyen de chrétienté en 1209. — II. Gourlin Renault, 16... — III. De Bonnaire Pierre, curé en 1649 ; il paraît avoir quitté Lincheux en 1695. — IV. Le Tellier Charles, 1695 à 1700. — V. Lefèvre Louis, 23 juin 1700 au 9 novembre 1743 ; il mourut à Lincheux à cette dernière date âgé de soixante-quatorze ans six mois, et fut inhumé le lendemain dans l'église de ce lieu, « dessous le crucifix à l'entrée du chœur, dessous une grosse pierre bise ». Cette pierre pourrait bien être celle que l'on voit encore à cette place, et dont nous avons parlé. Le 22 novembre 1729, Louis Lefebvre avait fourni la déclaration des biens de la cure dont le revenu net était de quatre cent vingt et une livres. — VI. Nortier Jean, 1744 à 1781 ; il mourut le 31 mars 1781 à l'âge de quatre-vingt-dix ans, et fut inhumé le lendemain dans le chœur de l'église de Lincheux, « dans une cave faite à cet effet ». — VII. Laignel ou Lagnel Jean-Alexis, 1781 jusqu'à la Révolution. Il était précédemment curé de Gouy. — Taupin le Comte Jean-Baptiste, d'Hornoy, signe les actes de l'état civil de 1739 à 1743 en qualité de vicaire ; Jacques Masson lui succède en la même qualité jusqu'en 1744. — VIII. Jourdain 18.. à 1811. Lincheux demeura ensuite sans curé pendant trois ans. — IX. Croizé, 1814 à 1825. — Vacance de 1825 à 1829. — X. Belperche, 1829 à 1830. — XI. Malivoir Joseph-Marie, 1830 à 1834. — XI. Cailly, 1834 à 1869. — XIII. Deboffe, 1869 à 1881. — Vacance pendant un an. — XIV. Leclercq, en exercice depuis 1882.

La seigneurie de Lincheux était tenue en plein hommage en deux fiefs de la seigneurie de Poix et de celle de Famechon.

Guy de Lincheux, écuyer, seigneur dudit lieu, épousa en 1138 Guillemette Tyrel, dame de Meigneux, fille de Baudouin, écuyer, et de Huguette, dame de Quevauvillers [1]. C'est le seul membre de la famille des premiers seigneurs de Lincheux dont le nom soit arrivé jusqu'à nous.

[1] Cavillier-Morel d'Acy. *Hist. des sires puis princes de Poix....*

Dans les premières années du xvi⁰ siècle, la seigneurie de Lincheux appartenait à la famille Bertin, originaire de Guerbigny.

Jean Bertin [1] était seigneur de Lincheux en 1507, comme on le voit par les *Coutumes locales du bailliage d'Amiens*, publiées par M. Bouthors.

Adrien Bertin, écuyer, seigneur de Lincheux, du grand et du petit Serin, maréchal des logis d'une compagnie d'armes des ordonnances du roi, eut une fille, mariée au suivant.

Antoine Clabault [2], écuyer, seigneur de Vaux-lès-Amiens, épousa Marie Bertin, qui lui apporta la seigneurie de Lincheux. Les Clabault, fait remarquer M. de Calonne, se trouvent à chaque page des annales de la ville d'Amiens. Un poète contemporain disait :

> Aucuns rois de France
> Les nommoient par plaisance
> Leurs chiens bons et loyaux,
> Disant que pour la garde
> D'Amiens, ville picarde,
> Il falloit des Clabaults ! [3]

Flour d'Ardres [4], chevalier, sieur de Crésecques, capitaine d'Abbeville en 1548, colonel du régiment de Picardie, devint seigneur de Lincheux par son mariage

---

[1] Armes : *Losangé d'argent et de gueules* ; alibi : *D'azur, à une pelle d'argent.*

[2] Armes : *De sinople, à l'escarboucle pommetée d'or.*

[3] A. Goze. *Histoire des rues d'Amiens*, t. III, p. 188.

[4] Armes : *D'azur, au chevron d'or, accompagné de 3 glands de même.*

avec Jeanne Clabault, fille du précédent ; il en eut entre autres enfants, Antoinette et le suivant. Devenu veuf, Flour d'Ardres épousa en secondes noces Antoinette de Chepoy, veuve de Nicolas de Bourg.

Antoine d'Ardres, chevalier, baron de Crésecques, seigneur de Lincheux, Vercourt, Belloy, le Bourgus et autres lieux, bailli d'Ardres, épousa Marguerite de Marsilly, et en eut deux filles, mariées aux suivants.

Philippe de Biencourt [1], chevalier, seigneur de Poutrincourt, Saint-Maulvis, Épaumesnil, Chauvincourt, Neufville et autres lieux, bailli souverain d'Ardres et du comté de Guines en 1617, capitaine de cavalerie légère en 1620, épousa, par contrat du 1er décembre 1611, Françoise d'Ardres, fille du précédent, et en eut cinq enfants. Il mourut le 14 octobre 1626, laissant ses biens à son frère cadet, Charles de Biencourt, qui suit. Ménélaus de Biencourt, fils de Philippe, renonça à la succession de son père, vu le grand dérangement de ses affaires.

Charles de Biencourt, chevalier, frère de Philippe, fils de Jacques et de Renée de Famechon, était seigneur de Biencourt, Poutrincourt, Chauvincourt, Vercourt, Guibermesnil, Thuit, Lincheux et autres lieux, chevalier des ordres du roi. Il épousa : 1° par contrat du 14 août 1612, Marguerite d'Ardres, baronne de Crésecques, sœur de Françoise d'Ardres, femme de Philippe de Biencourt, son frère aîné ; 2° par contrat du 25 juin 1635, Gabrielle de Pluvinel, veuve en première noces de Robert Marion, baron de Druy, fille d'Antoine, seigneur du Plessis-Saint-Antoine, et de

[1] Armes déjà citées.

Marie de Mausel. Du premier lit sont issus : 1° Antoine, qui suit ; 2° Roger, archidiacre de Tours ; 3° Marie, religieuse au monastère de Saint-Jacques d'Andely en 1644.

Antoine de Biencourt, chevalier, baron de Crésecques, seigneur de Poutrincourt, Lincheux, Chauvincourt, Louches et autres lieux, grand bailli d'Ardres et du comté de Guines, écuyer ordinaire du roi en sa grande écurie, mourut en 1682. Il avait épousé par contrat du 28 avril 1645 Marie d'Espinoy, veuve de Jean-Paul Daniel, chevalier, seigneur de Boisdenemetz, dont : 1° N..., mort jeune ; 2° Charlotte, femme du suivant ; 3° Marie-Marthe, morte le 6 juin 1695 à l'âge de quarante-neuf ans, fort regrettée des habitants de Chauvincourt.

François d'Orléans [1], chevalier, comte de Néaufle et de Rothelin, troisième fils de Henri Ier du nom, marquis de Rothelin, gouverneur de Reims, et de Catherine-Henriette de Loménie, épousa le 8 janvier 1665 Charlotte de Biencourt, qui lui apporta entre autres seigneuries celles de Lincheux, Crésecques, Chauvincourt, etc. Cette dame était veuve le 15 décembre 1706, jour où elle fut marraine à Lincheux ; elle mourut à Rouen le 5 juin 1725 âgée de soixante-dix-neuf ans.

François-Marc-Alexis d'Orléans, chevalier, comte de Rothelin, seigneur de Lincheux et autres lieux, fils du précédent, mourut sans enfants le 28 janvier 1728,

[1] Armes : *D'azur, à 3 fleurs de lis d'or, au lambel de 3 pendants en chef d'argent, brisés en cœur d'un bâton de gueules raccourci de même.*

âgé de cinquante-huit ans. Avec lui s'est éteint le rameau des comtes de Rothelin qu'avait formé son père.

Louis-Charles de Biencourt, chevalier, seigneur de Poutrincourt, grand bailli d'Ardres et du comté de Guines, fils aîné de Charles et de Marie-Séraphique-Louise Chevalier, était cousin issu de germain du précédent, de qui il hérita entre autres seigneuries celle de Lincheux. Il épousa : 1° le 20 novembre 1719, Hélène-Élisabeth-Gertrude Picault ; 2° le 4 avril 1731, Jeanne de Mauviel, de qui sont issus : 1° Louis-Charles-Michel, qui suit ; 2° François-Séraphin, comte de Biencourt ; 3° Rose, mariée à Charles-Nicolas de Belloy le 22 juillet 1761.

Louis-Charles-Michel de Biencourt, marquis de Poutrincourt, baron de Mesnières, seigneur de Lincheux, grand bailli d'Ardres et du comté de Guines, épousa le 10 février 1768 Adélaïde-Geneviève-Émilie Lucas de Boucout, dont il eut : 1° Charles-Nicolas, qui suit ; 2° Charlotte-Éléonore, femme du comte de Poix. C'est Louis-Charles-Michel qui fut parrain de la cloche de Lincheux en 1772. On trouve dans le P. Daire qu'il avait été « évincé » de la seigneurie de ce lieu par le commandeur de Saint-Maulvis ; d'un autre côté, on voit dans l'*État général de l'ancien diocèse d'Amiens*, de M. P. de Cagny, qu'en 1772 la terre de Lincheux appartenait à la commanderie de Saint-Maulvis ; nous allons voir que le fils du marquis de Poutrincourt possédait encore la ci-devant seigneurie de Lincheux en 1818.

Charles-Nicolas de Biencourt, chevalier, marquis de Poutrincourt, baron de Mesnières, seigneur de Lincheux, chevalier de Malte, capitaine de cavalerie, naquit le 27 octobre 1771 et mourut en son château de Mesnières-en-Bray le 12 décembre 1833 sans avoir été marié. Il avait vendu son domaine de Lincheux à différentes personnes ; le château fut aussi vendu et démoli. Par acte passé à Neufchâtel le 22 février 1818, le marquis de Biencourt, maire de Mesnières, vendit le bois du Quesnel à Édouard Beaucousin ; ce bois appartient à présent aux enfants de M. Poujol de Fréchencourt, ainsi que le bois du Proye, qui leur vient de Mademoiselle Danzel d'Aumont, leur mère.

Du beau château de la Renaissance, qui fut sans doute construit par un membre de la famille de Bertin, il ne reste plus aujourd'hui que quelques médaillons ornant l'extérieur du presbytère. On voit une vue de la façade de ce château dans la *Picardie* du baron Taylor. « Nous n'avons découvert qu'un seul monument de la Renaissance aux environs d'Amiens, dit cet auteur ; c'est la façade du château de Lincheux ; elle est ornée d'arabesques, de médaillons et de bustes sculptés avec goût et élégance ». Cette habitation était l'un des plus beaux spécimens de la Renaissance ; elle fut démolie dans les premières années du xixe siècle ; sur son emplacement a été édifié le presbytère.

Nous avons relevé dans les registres de l'état civil, qui remontent à 1649, les mentions suivantes :

« Le jeudi 30 mars 1719 est tombé un dragon dans le canton du pays sur les sept heures du soir. Dieu veuille nous conserver soub sa sainte garde ! — Et le couvent de St Riquer fust bruslé la nuit d'auparavant. *Proh dolor!* »

En 1722, on est obligé d'inhumer le corps d'un

enfant dans l'église d'Hallivillers, « à cause du trop grand froid ».

A la suite de l'acte de décès de l'un de ses paroissiens, décédé le 20 janvier 1729, le curé de Lincheux ajoute : « Mort subitement de froi [1], ayant gelé autant qu'en 1709 ».

« En mil sept cent soixante-douze la petite vérole a régné beaucoup en cette paroisse, dont plusieurs en sont morts, deux maisons ont été vidées... »

Le 9 juin 1748, naissance et baptême à Lincheux de Marie-Rose de May, fille illégitime de Mre Jean-Baptiste de May, écuyer, sieur de Wally, demeurant à Vieulinnés (Vieulaines ?), et de Françoise Hurtaux, de Cocquerel-sur-Somme.

Les coutumes locales de Lincheux ont été rédigées en 1507 ; elles sont sur « une page de parchemin, pourrie et rongée sur la droite, dit M. Bouthors. Deux articles dont il est impossible de deviner le sens ». Elles furent signées par S. P. *de* Brotonne [1], Wateblée, Martin Levasseur, Jehan Langlet, Jean *de* Brotonne, Jacques Bellenger, Miquiel *de* Brotonne, Franchois de Corbie, Colart Roisin et autres.

Les coutumes locales de Saint-Maulvis, rédigées le 16 septembre 1507 et signées par Jehan Lescaudieu, prévôt de Gouy, Pierre de Brotonne, vice-gérant de Lincheux, Pierre de Bellegueuse, prévôt de Lincheux,

---

[1] Cette famille existe encore à Lincheux, mais elle ne fait plus emploi de la particule ; elle a produit, dit-on dans le pays, des maîtres maçons très habiles. Sur la porte du magasin à pompes de Longpré-les-Corps-Saints, situé près de l'église, on lit : « Nicolas Brotonne, maçon de Lincheux » ; et, au-dessous, la date de 1606.

contiennent un article par lequel les religieux hospitaliers de Saint-Jean de Jérusalem déclarent qu'à eux seuls appartient le droit « de pourveoir de harolleurs et joueurs d'instrumens tant pour servir à Dieu et à l'église comme pour faire danser et récréer les jeunes gens et autres, les jours des festes et patrons que l'on dist ducasses et sur les frocz et flégards, en chambre et aultrement... » dans vingt-deux villages, parmi lesquels on remarque Lincheux et Gouy.

Maires : I. Devismes Jacques, 1799 à 1800. — II. Despréaux Louis-François, 1800 à 1828. — III. Pruvost, 1828 à 1831. — IV. Devismes Thomas, 1831 à 1834. — V. Magny Pierre-Louis, 1834 à 1841. — VI. Magny Pierre-François-Marie, 1841 à 1858. — VII. Fertel Louis-Auguste, 1858 à 1865. — VIII. Fertel Louis-François-Antoine, 1865 à 1881. — IV. Fertel Aimé-Xavier, en exercice depuis 1881.

L'école communale mixte de Lincheux est actuellement fréquentée par 20 élèves : 11 garçons et 9 filles. Les maîtres ont été : I. Jean Manchion, 1698 à 1723. — II. Marc Villain ou Levillin, 1723 à 1730 ; il alla se fixer ensuite à Picquigny en la même qualité. — III. Jacques le Dieu, originaire de Cavillon, 1730 à 1734 ; il quitta Lincheux à cette date pour aller habiter Hallivillers, où il exerça la même profession. — IV. Antoine Choisy, 1735 à 1752 ; il mourut en exercice le 16 janvier 1752 — V. Antoine Demarcy, 1752 à 1757. — VI. Augustin Poiret, 1757 à 1796 ; mort à l'âge de soixante-trois ans, le 19 vendémiaire an v. — VII. Léonard Poiret, fils du précédent, 1796 à 1830.

HALLIVILLERS

Haleusviler, 1152 ; Halesviler, 1164.

Hallivillers est une annexe de Lincheux, d'une population de 118 habitants, formant 39 ménages logés dans 37 maisons.

L'église, de construction récente, est sous le vocable de la décollation de saint Jean-Baptiste ; elle est desservie par le curé de Lincheux.

Le P. Daire, dans son *Histoire du doienné de Picquigny*, confond Hallivillers-lès-Lincheux avec Hallivillers, aujourd'hui commune du canton d'Ailly-sur-Noye ; mais cette confusion ne porte que sur le commencement de sa notice, et on trouve ce qui suit concernant notre Hallivillers :

« C'étoit une paroisse considérable avant l'irruption des Anglois dans le xve siècle, comme il paroit par l'histoire de l'abbaye de Selincourt. L'église paroissiale dépendoit anciennement du chapitre de Picquigny, et les chanoines étoient obligez de venir tous les ans y faire l'office le 29 aoust, jour de la décollation de saint Jean-Baptiste. Les guerres en interrompirent l'usage, et lorsque la paix se fit, le revenu de la cure se trouva si modique, que la paroisse fut annexée à celle de Lincheux, mais elle a toujours conservé ses droits de cure, comme ornemens d'église, fonts baptismaux, cimetière distant de cent pas de la paroisse, selon la coutume du pays, où l'on n'enterre que les enfans dans les environs de l'église ».

M. Darsy fait remarquer que la cure d'Hallivillers

ne figurait pas au pouillé de 1301 ; mais il y avait un curé dans cette paroisse en 1507, comme nous le voyons mentionné sur les registres de l'état civil de Lincheux de 1701 ; il s'appelait Nicolas Terry. Ces registres contiennent d'assez nombreuses inscriptions relativement à Hallivillers ; elles sont toutes de la main de Louis Lefèvre, curé de Lincheux.

La seigneurie d'Hallivillers, suivant le P. Daire, relevait de Picquigny ; d'après les coutumes locales de 1507, qu'il y a tout lieu de croire plus exactes, elle relevait de la seigneurie de Famechon.

La famille de Picquigny posséda de bonne heure la terre d'Hallivillers. Robert de Picquigny, chevalier, baron dudit lieu, en était seigneur en 1507.

Théséus de Belloy, écuyer, fils d'Antoine, seigneur de Vercourt, et de Jossine de Beaufort, était seigneur d'Hallivillers au commencement du xviie siècle. Il avait épousé vers 1605 Louise de Biencourt et n'en eut point d'enfants. Il mourut vers 1643 laissant ses biens à son frère Emmanuel et au fils aîné de ce dernier.

Emmanuel de Belloy, chevalier, seigneur de Vercourt, frère puiné du précédent, en hérita la seigneurie d'Hallivillers. Il épousa par contrat du 15 juillet 1640 Marguerite de la Roque, fille de Jean, écuyer, prévôt du Vimeu, et de Marguerite Mourette, d'où sont venus : 1° Jean, qui suit ; 2° Anne-Marie, née en 1650, baptisée le 19 février 1651 ; elle eut pour parrain Adrien du Maisniel, seigneur de Hardoncelles et pour marraine, Anne-Marie de la Roque ; 3° Angélique, née en février 1651, baptisée le 23 avril suivant ; elle eut pour parrain Philippe de la Roque, écuyer, prévôt du Vimeu, son oncle ; 4° Cécile, née le 2 août 1652 ; 5° Pierre, né le 9 décembre 1653, baptisé le 24 janvier 1654 ; il eut pour parrain Pierre de Bonnaire, curé de Lincheux, et pour marraine Marie d'Amerval ; 6° Claude, né le 26 octobre 1655, baptisé le 4 novembre suivant, eut pour parrain Claude Malherbes, prieur de Saint-Martin de Poix.

Jean de Belloy, chevalier, seigneur d'Hallivillers, de Prouvemont, etc., épousa par contrat du 23 décembre 1663 Louise de Moussot et n'en eut point d'enfants ; avec lui s'est éteint le rameau des seigneurs de Vercourt. Le 9 décembre 1665, il obtint sentence contre son père au sujet des titres de la terre d'Hallivillers, qu'il obligea de lui remettre.

Michel-Joachim de Court, chevalier, était seigneur d'Hallivillers à la fin du XVII° siècle ; il mourut le 7 septembre 1707 à l'âge de quarante-neuf ans, et reçut sa sépulture dans le chœur de l'église d'Hallivillers. Il laissa de Jeanne du Bos, sa femme, plusieurs enfants, entre autres le suivant.

Honoré de Court, chevalier, seigneur d'Hallivillers, fils aîné du précédent, fut parrain le 16 septembre 1708 à une cloche à Hallivillers qui fut nommée Catherine-Élisabeth. Il mourut le 13 février 1724, âgé de vingt-sept ans, sans laisser de postérité.

Michel de Court, frère du précédent, en hérita la seigneurie. Il mourut lui-même sans postérité le 23 juin 1729, et fut inhumé le lendemain dans le chœur de l'église d'Hallivillers, « soub la grosse pierre à costé de son frère Honoré de Court, proche le lutrin ».

Jacques-Gabriel-François-de-Paule de Roussel de

Belloy Saint-Léonard hérita la seigneurie d'Hallivillers en partie de MM. de Court, ses cousins.

On trouve dans les registres de l'état civil de Lincheux un M. de Septoutre qualifié seigneur d'Hallivillers avant 1742.

Les coutumes locales d'Hallivillers, voyons-nous dans l'ouvrage de Bouthors, ont été rédigées en 1507, et signées par le seigneur, Robert de Picquigny, Jehan Mallart, etc.

En vertu d'une sentence rendue par l'officialité en 1673, le seigneur et les habitants d'Hallivillers étaient obligés « de fournir un clerc lay à leurs frais et dépens pour aider à faire l'office ». (*Reg. de l'état civil*).

Nous avons trouvé quelques noms de clercs laïques : I. Le Roy Charles, 1719. — II. Jumel Nicolas, 1721. III. De Saint-Germain Jean-Baptiste, 1736. — IV. Léraillé Antoine, 1738. — V. Le Dieu Jacques, 1741 à 1746. — VI. Prévost Jean-François, 1746. — VII. Le Roy Jacques, 1772 à 1786. — VIII. Dupuis Pierre, 1787.

La superficie territoriale de Lincheux-Hallivillers est de 985 hectares, sur lesquels 850 hectares sont livrés à la culture, et 113 hectares sont couverts de bois. On y compte sept petits bois qui sont : le bois du proye (21 hect.) ; du buquet (27 hect.) ; du quesnel (6 hect.) ; Griscl (10 hect.) ; de bas (25 hect.) ; du carré (8 hect.), et de haut (16 hect.).

Principaux lieuxdits sur Hallivillers : la ferme, l'enclos, la haie du bon blé, côte du bois-l'abbé, la terre du bailli, les preines, vallée de Saint-Pierre, les biefs, le buquet Lagache, l'épine, le domaine, le beaumantel, la herse, le sang de dragon, le varassan, la croix blanche, etc.

Lieuxdits sur Lincheux : L'hommelet, la croix rouge, la corbière, côte de la moët, le prieuré, le buquet pouilleux, les vignes, les terres à grès, la vallée du vorot, la cuvassant, la croupe, etc.

HORNOY

BLANCHEMAISON

Horona, 751 ; Hornodium, 1090 ; Hornetum, 1106 ; Horneium, 1166.

Dans ses manuscrits, le P. Daire donne la forme *Ulmeium* pour désigner Hornoy ; c'est peut-être d'après cette forme qu'un étymologiste a prétendu que du mot latin *ulmus*, orme, on a pu, par suite d'un certain nombre de transformations, arriver à orthographier le mot Hornoy tel qu'on l'écrit aujourd'hui.

M. Gricourt, officier de l'Instruction publique, a réfuté cette hypothèse étymologique par un article paru dans le *Journal d'Amiens* le 24 décembre 1885. « Le mot Hornoy, dit-il, vient tout simplement du germain *horn*, qui signifie cap, corne, promontoire, élévation.

« En effet, à Hornoy, au lieudit le *Larris du bois de la ville*, il y a une avancée de terrain arrondie, dominant le profond ravin du Liger. Les Romains de la Gaule-Belgique en firent tout naturellement un lieu d'observations, et, plus tard, c'est-à-dire plusieurs siècles après, les Francs barbares sortis des sombres forêts de la Germanie, lui donnèrent la même destination.

« Ce sont ces derniers qui ont donné le nom de *horn* au lieu où, plus tard, fut bâti le bourg d'Hornoy.

« Que l'on consulte les dictionnaires allemands, on trouvera que la racine *horn* se combine avec beaucoup d'autres mots, tout en conservant la signification que nous venons de lui reconnaître.

« Si l'on ouvre un dictionnaire anglais, on rencontre le mot *horn*, seul ou combiné avec d'autres mots, signifiant toujours corne et ses synonymes énumérés plus haut. Il n'a point là, plus que chez nous, une origine locale, mais il y réveille le souvenir de la conquête des Angles et des Saxons sur les Bretons insulaires.

« Certains dictionnaires géographiques anciens faisaient suivre le mot *Hornoy* du mot *Hornaceus* qui, selon moi, ne dit rien. Au moyen âge, et plus tard encore, on soumettait les mots de n'importe quelle langue à la forme latine ».

Hornoy est un joli bourg situé à trente-deux kilomètres d'Amiens, sur la route départementale conduisant de cette ville à Senarpont. Le plateau sur lequel s'élève Hornoy, dont l'altitude est de cent soixante et onze mètres, domine la vallée du Liger sur toute son étendue.

L'occupation d'Hornoy par les Romains est suffisamment démontrée par plusieurs restes de retranchements qu'on y voit encore, par les nombreuses et importantes découvertes d'objets romains qu'on y a faites, tels que pièces de monnaies, poteries, tuiles à rebords, armes, etc., et enfin par un fort, appelé la *bastille de César*, aujourd'hui détruit. Cette bastille devait être en communication avec une autre bastille située à Orival, et détruite vers 1730.

Le nombre des habitants était de 1235 en 1698 ; de

— 285 —

1208 en 1726 ; de 1131 en 1806 ; de 1088 en 1827 ; de 1087 en 1837 ; de 921 en 1872 ; de 889 en 1881.

D'après le dernier recensement, le nombre des habitants, formant 298 ménages logés dans 297 maisons, est resté exactement le même. L'agriculture, qui est en prospérité, fait vivre 354 habitants ; l'industrie, 191, et le commerce, 132.

La superficie territoriale est de 1193 hectares dont 992 sont livrés à la culture, 60 convertis en prairies naturelles, 13 en larris, 24 en jardins, 12 en propriétés bâties et 47 couverts de bois. Les cultures dominantes sont celles des céréales et des betteraves ; les herbages sont nombreux et bien plantés ; la production moyenne des pommes à cidre est de 1,500 hectolitres.

Érigé en chef-lieu de canton en 1790, Hornoy ne fut plus qu'une simple commune du canton de Liomer le 17 brumaire an x, pour redevenir chef-lieu de canton par arrêté du 9 pluviôse suivant.

Il y a actuellement à Hornoy, comme dans presque tous les chefs-lieux de canton, une justice de paix, un bureau des postes et télégraphes, une caisse d'épargne, un huissier, un percepteur, deux notaires, un receveur d'enregistrement, une brigade de gendarmes à cheval ; il s'y tient un marché tous les jeudis et un franc-marché le premier jeudi du mois.

Il paraîtrait, d'après un auteur anonyme, que la première église d'Hornoy, établie du ve au viie siècle, aurait eu saint Martin pour vocable, mais les Normands l'auraient détruite au ix^a siècle. Pour se mettre à l'abri de l'invasion de ces barbares, les habitants d'Hornoy construisirent une forteresse sur les ruines de l'ancienne bastille romaine ; dans l'enceinte de cette forteresse, ils édifièrent une église qui fut placée sous l'invocation de l'Assomption.

L'église actuelle d'Hornoy a été remaniée plusieurs fois depuis. On remarque au dehors une corniche composée d'un bâton étolé autour duquel s'enroule un ruban ; à l'intérieur, on voit quelques dais et consoles de l'époque de la Renaissance, et d'élégants piliers ronds.

Cette église a trente-six mètres de longueur sur douze de largeur ; elle est éclairée par onze fenêtres et se compose de trois nefs, dont l'une est beaucoup plus étroite que les deux autres. Il s'y trouve quatorze statues et trois tableaux, dont l'un, signé Letellier, représente l'*Assomption*; le second représente le *Christ au tombeau*, et le troisième, un ange introduisant une âme dans le ciel. Il ne reste plus de pierres tumulaires, mais il s'y trouve plusieurs inscriptions, que nous reproduisons ci-dessous.

« D'après ses intentions, les dépouilles mortelles de Mme Charlotte-Louise-Sophie de Dompierre d'Hornoy, épouse de Mr Charles-Marius Thery, baron d'Holbach, a été déposé (*sic*) dans le cimetière de cette église. Elle a voulu reposer auprès d'une mère dont elle avait été tendrement aimée et qu'elle pleurait depuis huit années. Son père, son époux, son fils, ses frères et ses sœurs désolés consacrent ce marbre à sa mémoire. Les vertus de son cœur, l'amabilité de son caractère, les grâces de sa figure resteront profondément gravées dans leurs cœurs jusqu'au dernier des jours pendant lesquels ils seront condamnés à lui survivre. Née le 8 janvier 1774, elle a terminé le 12 janvier 1815 sa trop courte carrière qui faisait le bonheur de sa famille et de ses amis ».

Autre inscription :

« Dans le cimetière de cettte paroisse a été inhumé

le 18 janvier 1828 Alexandre-Marie-François-Émile de Paule de Dompierre d'Hornoy, né à Abbeville en 1742, ancien président du Parlement de Paris, chevalier d'État honoraire. Fils dévoué, bon époux, excellent père, ami constant, magistrat intègre et éclairé, pendant qu'il siégea sur les lys, le sentiment de son devoir lui fit braver deux fois les rigueurs de l'exil qu'il supporta avec courage. Plus tard, et au commencement de la Révolution, la franchise de ses opinions politiques et la haine qu'il professait pour les excès criminels du gouvernement d'alors, lui valurent une captivité de plusieurs mois. Sa vie fut ménagée. Échappé comme par miracle à la mort, il vint avec sa famille se retirer dans cette terre qu'il avait toujours chérie, et passa plusieurs années au milieu des habitants qu'il regardait comme ses enfants et qui reçurent de nombreux témoignages de son affection. Ses bienfaits lui ont survécu ».

Autre inscription :

« Dans le cimetière de cette paroisse est inhumée dame Adélaïde-Hélène de Fayet, épouse de M. Charles-François-Victor de Dompierre d'Hornoy, décédée à Paris à l'âge de 40 ans et 11 mois le 9 décembre 1826. Douée de toutes les vertus, de toutes les qualités aimables qui appartiennent à son sexe, modèle de courage, de patience et de force d'âme, pieuse et charitable fille, épouse tendre et dévouée, elle laissa un époux inconsolable et cinq enfants, gage de l'union la plus heureuse, cruellement rompue au bout de 16 ans et 5 mois ».

Autre inscription :

« Dans le cimetière de cette paroisse repose le corps de M. Charles-François-Victor de Dompierre d'Hornoy, ancien député de la Somme, membre du Conseil général du même département, maire d'Hornoy, membre de la Légion d'honneur, né à Paris le 29 août 1776, décédé à Hornoy le 17 mai 1845 administré des sacrements de l'Église.

« Memoriam justi non obliviscetur dominus. (Eccl. cap. 35) ».

Autre inscription :

« Dans le cimetière de cette église repose le corps de M. François-Louis de Vismes, notaire royal à Abbeville, décédé au château d'Hornoy le 14 mai M.DCC. LXXXII.

« Matri dilectissime filius, addictissimus hoc monumentum posuit. Année M.DCC.LXXXIII. »

Le clocher de l'église d'Hornoy est fort peu élevé ; il ne contient que deux cloches fondues en 1820, et bénites par Théodore Devillepoix. L'une fut nommée Hélène par M. Charles-Victor de Dompierre d'Hornoy et Mme Adélaïde-Hélène de Fayet, son épouse. La seconde fut nommée Pélagie par M. P. Gruet, adjoint, et Mme Pélagie Berneuil, son épouse.

Curés : MM. Fertel, 1780. — Lamarre, 1790. — Devillepoix Théodore. — Friant. — Souverain. — Leroy. — Delormel.

La cure d'Hornoy était à la présentation du prieur du lieu. D'abord du doyenné d'Airaines, Hornoy fut érigé en doyenné au synode du 7 octobre 1693. Le revenu net de la cure était, en 1728, de 579 livres.

Un prieuré de l'ordre de Saint-Benoît, sous le vocable de Notre-Dame, fut fondé à Hornoy vers 1107 par Gérold d'Hornoy, à la prière d'Osberne, abbé du Tréport ; ce prieuré était à la collation de l'abbé de Saint-Michel du Tréport, et avait pour titulaire en 1730

Claude Roujault ; le revenu net était à cette époque de 1188 livres.

Dom Grenier nous apprend qu'il « y a difficulté pour la seigneurie de l'église paroissiale, qui est dans l'enceinte du prieuré d'Hornoy, qui dépend de l'abbaye du Tréport. Ce prieuré, qui est en commende aujourd'hui, est patron de la paroisse, et a haute justice audit lieu, aussi pas de titre ni autre marque d'honneur. Les censives du prieuré ont été aliénées. M. de la Grange, chanoine de l'église de Paris, est pourvu de la commende du prieuré. (1703). Les censives du prieur ont été aliénées et appartiennent à M. de Boulainvillers ». (Tom. 205-208, fol. 238, r°).

Nous savons aussi par D. Grenier l'importance de la châtellenie d'Hornoy, qui était tenue du roi ; elle consistait « en une maison pour le fermier, deux journaux et demi d'enclos, onze journaux de terre médiocre, labourable, et sept journaux à la solle, en huit journaux et demi de bois à coupe tous les ans, sans futaye, en un moulin à vent, d'ailleurs tenu en champart, et en censives, grains, argent, volailles, cire, poivre et corvée, enfin dans le sixième et demi denier en cas de vente des rotures tenues de ladite abbaye ». Les censives produisaient environ 800 livres.

« Le fief de Cabotière, ajoute D. Grenier, qui fait partie de la seigneurie, consiste en une maison, en bois et censives et relève de l'abbaye de Selincourt ».

Les premiers seigneurs d'Hornoy devaient en porter le nom, mais nous n'avons aucun renseignement sur eux. Le fondateur du prieuré devait être de cette famille des premiers seigneurs ainsi que *Gilo*, *miles* de *Hornoy*, qui parait comme témoin d'une charte de Robert, évêque d'Amiens, vers 1160.

Jean Ier de Bailleul [1], chevalier, seigneur dudit lieu, Dompierre, Hélicourt, lord de Bernard-Castle, seigneur de Stokesley et autres lieux en Angleterre, s'intitulait aussi seigneur d'Hornoy en 1237 ; il était fils ainé de Hugues, chevalier, seigneur de Bailleul, et de N... de Fontaines. En 1233, Jean de Bailleul avait épousé Donagylde ou Devergulde de Galway ou Galloway, seconde fille d'Alain et de Marguerite de Huntingdon ; cette dernière était fille ainée de David Ier, roi d'Écosse, et de Mathilde de Chester. Jean de Bailleul mourut avant 1277 et sa femme vivait encore en 1284 ; ils avaient eu : 1° Hugues, marié à Agnès de Valence, mort en 1272 ne laissant qu'un fils, Alexandre, mort sept ans après son père sans laisser de postérité ; 2° Alexandre, marié deux fois et mort sans enfants avant 1292 ; 3° Alain, mort jeune ; 4° Jean, qui suit ; 5° Thomas, qui ne laissa que deux filles, Chrestienne et Jeanne ; 6° Marguerite, alliée à John Cumyn ; 7° Ada, mariée à William Lindsay, chancelier d'Écosse ; 8° Cécilia, qui épousa John de Burgh ; 9° Marie, femme de N... Multon.

Jean II de Bailleul, chevalier, seigneur de Bailleul-en-Vimeu, Dompierre, Hélicourt et Hornoy, naquit vers 1250. Le roi d'Écosse Alexandre III étant mort le 19 mars 1286, Jean II de Bailleul fit valoir ses droits à la couronne d'Écosse, droits qu'il tenait du chef de sa mère ; après six ans de luttes, il fut proclamé roi à Scone le 20 novembre 1292. Nous ne

[1] Armes : *D'hermines, à l'écusson de gueules.*

nous occuperons point de Jean de Bailleul comme roi d'Écosse, sa vie fait partie dès lors de l'histoire de la Grande-Bretagne ; nous dirons seulement que, déposé par le roi d'Angleterre le 2 juillet 1297, il fut jeté en prison avec son fils et n'obtint sa liberté qu'au mois de juin 1298, grâce à l'intervention du pape. Il rentra en France et mit ordre à ses affaires qui avaient eu beaucoup à souffrir pendant sa courte royauté. Il paraît être mort dans les derniers jours du mois de novembre 1315 à Bailleul-sur-Eaulne, chez son gendre. De son union avec Isabelle de Varennes, Jean II avait eu : 1° Édouard, qui suit ; 2° Henri, tué en Écosse le 18 décembre 1332 sans laisser d'enfants ; 3° Jeanne, femme de Jean, chevalier, seigneur de Bailleul-sur-Eaulne, en Normandie.

Édouard de Bailleul, chevalier, seigneur dudit lieu, Hornoy, Dompierre et Hélicourt, fut condamné par arrêt du Parlement de 1331 à perdre le château de Dompierre et la terre d'Hornoy ; le roi de France, Philippe le Bel, s'empara de cette dernière et la donna à Ferry de Picquigny (*D. Grenier*), comme il avait précédemment donné au frère de ce dernier, Regnault de Picquigny, seigneur de Molliens-Vidame, une partie des biens que les Templiers possédaient à Hornoy et aux environs.

Ferry de Picquigny [1], chevalier, seigneur d'Ailly-sur-Somme, Villers-Faucon, Salouel et Hornoy, était le quatrième fils de Jean, vidame d'Amiens, et de Marguerite de Beaumetz, châtelaine de Bapaume ; il épousa Béatrix de Nesle, dame de Falvy et de la

---

[1] Armes déjà citées.

Hérelle, fille de Jean V de Nesle, et il en eut : 1º Jean, qui suit ; 2º Marguerite ; 3º Marie, femme de Jean de Hangest.

Jean de Picquigny, chevalier, seigneur d'Hornoy, Ailly-sur-Somme et Villers-Faucon, épousa Catherine de Châtillon et en eut : 1º Marguerite, femme de Hugues de Melun, seigneur d'Antoing ; 2º Jeanne, alliée à Gilles de Soyécourt, seigneur de Mouy et de Wailly.

D'après D. Grenier, Édouard de Bailleul « obtint des lettres du roi qui enjoignoit au bailly d'Amiens de le remettre en possession de la terre d'Hornoy. (Extrait d'un procès pendant au Parlement le vi septembre 1365, entre Hugues de Melun, seigneur d'Antoing, et Raoul de Coucy, seigneur de la Ferté-Gaucher. (*Extrait de la généalogie de Coucy*, p. 441) ».

Après la mort d'Édouard de Bailleul vers 1363, un procès s'ensuivit entre Hugues de Melun et Raoul de Coucy, comme on vient de le voir, mais ce dernier, petit-cousin d'Édouard, fut mis en possession de la seigneurie d'Hornoy ; il s'intitulait seigneur de Montmirail, la Ferté-Gaucher, Albert, Havrincourt, etc., et il était le troisième fils de Guillaume de Coucy et d'Isabeau de Châtillon-Saint-Pol. Raoul de Coucy, l'un des plus braves seigneurs de son temps, épousa Jeanne d'Harcourt, fille de Jean V, comte d'Harcourt, baron de Brionne et d'Elbeuf, et de Blanche de Ponthieu, comtesse d'Aumale ; de cette union naquirent : 1º Enguerrand, seigneur de Montmirail, mort sans postérité vers 1392 ; 2º Raoul, évêque de Metz, puis de Noyon, mort le 17 mars 1424 ; 3º Gaucher ; 4º Guillaume, mort sans enfants ; 5º Blanche, dame de Montmirail, la Ferté-Gaucher et Encre (Albert) après la mort de ses deux frères aînés ; elle épousa Hugues, comte de Roucy et de Braine, et en eut Blanche ; 6º Marguerite, dame de Romeny, alliée en 1389 à Guy de Nesle, sire d'Offemont ; 7º Marie ; 8º Agnès. Raoul de Coucy mourut en 1393 et sa femme vers 1421.

Après le décès de Jeanne d'Harcourt, la seigneurie d'Hornoy passa, par donation, à Perceval de Boulainvilliers, qui en portait encore le titre en 1435, et qui laissa cette terre avec ses autres biens à son cousin germain, Thibaut de Boulainvilliers ; mais ce dernier ne possédait plus Hornoy en 1449.

Robert de Sarrebruche, chevalier, seigneur de Commercy, comte de Roucy et de Braine, légitime propriétaire de la seigneurie d'Hornoy, était en possession de cette terre en 1449 ; il était fils aîné d'Amé, sire de Commercy, et de Marie de Châteauvillain, dame de Louvois. Il avait épousé en 1417 Jeanne de Roucy, fille unique de Jean et petite-fille de Hugues et de Blanche de Coucy ; cette dame décéda le 4 septembre 1459, et son mari mourut à Louvois l'année suivante ; il reçut sa sépulture à Commercy. De leur union ils avaient eu : 1º Jean, comte de Roucy ; 2º Amé, comte de Braine ; 3º Marie, alliée à Jean de Melun ; 4º Jeanne, femme de Christophe de Barbançon. La terre d'Hornoy avait été saisie sur Robert de Sarrebruche et vendue par décret au suivant.

Guillaume d'Harcourt [1], comte de Tancarville,

---

[1] Armes : *De gueules, à 2 fasces d'or.*

vicomte de Melun, sire et baron de Montgommery, etc., conseiller et chambellan du roi, connétable et chambellan héréditaire de Normandie, maître des Eaux et Forêts de France, était petit-neveu par son père, Jacques II d'Harcourt, de Jeanne d'Harcourt, femme de Raoul de Coucy, laquelle était aïeule de Robert de Sarrebruche. Le nouveau possesseur de la châtellenie d'Hornoy rendit hommage au roi pour cette seigneurie le 23 août 1463 [1]. — Guillaume d'Harcourt épousa en premières noces Péronnelle d'Amboise, fille puînée de Louis et de Marie de Rieux, morte sans enfants le 28 juillet 1453 ; il épousa en secondes noces, le 4 juillet 1454, Yolande de Laval, fille de Guy, baron de Vitré, et d'Isabeau de Bretagne veuve d'Alain de Rohan ; ils eurent deux filles : 1° Marguerite, fiancée au duc René d'Alençon, morte avant son mariage ; 2° Jeanne, femme du suivant. Guillaume mourut le 27 octobre 1487, et sa femme, le 8 novembre suivant.

René de Lorraine [2], comte de Vaudemont, de Guise et d'Aumale, baron d'Elbeuf, fils aîné de Ferry et d'Yolande d'Anjou, devint seigneur d'Hornoy par son mariage en 1471 avec Jeanne d'Harcourt, comtesse de Tancarville, baronne de Montgommery, dame d'Hornoy et autres lieux. Au bout de huit ans de mariage, René de Lorraine répudia sa femme, qui était « petite, bossue, indisposée à porter enfants », pour épouser en 1485 Philippe de Gueldres, fille d'Adolphe d'Egmond, duc de Gueldres, et de Catherine de Bourbon, qui lui donna douze enfants ; il mourut d'apoplexie

---

[1] Archives nationales. P, 139, n° 75, fol. 59 et 60.
[2] Armes : *Burelé d'argent et de sable de 10 pièces.*

à Fains le 10 décembre 1508, âgé de cinquante-sept ans. Jeanne d'Harcourt ne survécut pas longtemps à son divorce ; par son testament, daté du 7 novembre 1488, veille de sa mort, elle institua le suivant héritier de son immense fortune.

François Ier d'Orléans [1], comte de Dunois et de Longueville, fils de Jean, comte de Dunois, et de Marie d'Harcourt, devint seigneur d'Hornoy par donation de Jeanne d'Harcourt en 1488. Il avait épousé en 1486 Agnès de Savoie, fille puînée de Louis, duc de Savoie, et en eut : 1° François, comte de Dunois, duc de Longueville ; 2° Louis, marquis de Rothelin, puis duc de Longueville ; 3° Jean, dit le cardinal de Longueville ; 4° Anne, mariée en 1494 à André de Chauvigny. François d'Orléans mourut le 25 novembre 1491, et sa veuve, le 15 mars 1508, après avoir vendu ou engagé au suivant la châtellenie d'Hornoy (1491), soit pour apurer sa fortune, soit pour aider Charles VIII à payer les dettes de l'État.

Valeran d'Ongnies [2], chevalier, baron de Longroy, seigneur de Pierrepont, le Hamel, Contoire et autres lieux, chambellan du roi de France, gouverneur du comté d'Eu, bailli d'Hesdin, était fils d'Antoine et de Jeanne Bérard ; il épousa Marguerite de Soissons, fille de Jean, seigneur de Moreuil, et de Jeanne de Craon, et n'en eut point d'enfants. Il ne conserva que pendant fort peu de temps la châtellenie d'Hornoy, l'ayant rétrocédée presque aussitôt à André de Rambures « dont

[1] Armes déjà citées.
[2] Armes : *De sinople, à la fasce d'hermines.*

il n'avait été, selon toutes les apparences, que le complaisant et officieux prête-nom ».

André III de Rambures [1], chevalier, seigneur dudit lieu, Drucat, le Quesne, etc., conseiller et chambellan du roi, acheta la seigneurie d'Hornoy en 1491 ; il en fournit l'hommage au roi le 20 septembre de cette année. (V. Monographie du Quesne pour André de Rambures et ses successeurs.)

François II de la Roche-Fontenilles vendit la seigneurie d'Hornoy au suivant en 1713.

Nicolas-Joseph de Dompierre [2], écuyer, seigneur de Fontaine-sur-Maye, Hornoy et le Cauroy, président trésorier de France au Bureau des finances d'Amiens, conseiller du roi, maître en la Chambre des comptes de Paris, naquit à Abbeville le 6 février 1689 de Nicolas de Dompierre et de Marie-Ursule Quentin. Il épousa : 1° par contrat du 18 septembre 1720 Angélique-Louise le Vassor, née en 1702 de Balthasar-Étienne et d'Élisabeth-Angélique Drouet, morte de ses couches le 8 juin 1721 ; 2° par contrat du 23 octobre 1728, Marie-Geneviève Gorjon ; 3° Marie-Élisabeth Mignot, fille de Pierre-François, conseiller du roi, correcteur en la Chambre des comptes, et de Marie Arouet, sœur de Voltaire ; elle se remaria en 1762 à Philippe-Antoine-Claris de Florian, et mourut à Hornoy le 22 février 1771 âgée de cinquante-cinq ans. De

[1] Armes déjà citées.
[2] Armes : *D'or, à un lion de sable, armé et lampassé de gueules.*

son premier mariage, Joseph de Dompierre eut Anne-Angélique-Ursule, née le 31 mai 1721, morte le 27 juillet suivant; de sa seconde femme, il est né un enfant mort aussi en bas âge, et de sa troisième union sont issus : 1° Armand-Joseph, né le 12 avril 1741, mort le 21 août 1743 ; 2° Alexandre-Marie-François-de-Paule, qui suit; 3° N..., mort jeune.

Alexandre-Marie-François-de-Paule de Dompierre, chevalier, seigneur d'Hornoy et de Fontaine, conseiller du roi, président de la première Chambre des enquêtes, né le 23 juillet 1743, mourut le 15 janvier 1838 ; il avait épousé par contrat du 3 août 1770 Louise-Sophie Lavalette, dame de Buchele, fille de Charles-Pierre, seigneur de Magnanville, et de Marie-Émilie Joly de Chouin, morte à Hornoy le 31 mai 1807. De ce mariage vinrent : 1° Charles-François-Victor, qui suit ; 2° Louis-François-de-Paule-Hippolyte, né le 1er décembre 1782, garde général des forêts ; 3° Charles-François-Gabriel, né le 16 août 1785, contrôleur des contributions à la Réolle ; 4° Alexandrine-Geneviève, née le 7 février 1772, mariée à Ange-Charles-René de Mornay de Villarceaux ; 5° Charlotte-Marie-Sophie, née le 8 janvier 1774, mariée en 1791 à Marius de Thiry, chevalier, comte d'Holbach, morte à Paris le 12 janvier 1815 ; 6° Charlotte-Élisabeth, née le 29 août 1790, mariée en 1818 à N. de Juglart.

Charles-François-Victor de Dompierre, chevalier, seigneur d'Hornoy, né le 29 août 1776, député, maire d'Hornoy, chevalier de la Légion d'honneur, etc., épousa par contrat du mois de juin 1810 Adélaïde-Hélène de Fayet, dont il eut : 1° Alexandre-Marie-Gaston, né à Hornoy le 31 octobre 1812, mort le 11 août 1873 ; 2° Charles-François-de-Paule-Arthur, né jumeau le 23 janvier 1814, mort à l'âge de quinze ans; 3° Paul-Victor-Albéric, né le même jour, ancien membre du Conseil d'arrondissement pour le canton de Picquigny, ancien maire de Fourdrinoy, chevalier de la Légion d'honneur; 4° Charles-Marius-Albert, né le 25 février 1815, vice-amiral; 5° Charles-Hippolyte, mort devant Sébastopol en 1855, sans alliance.

Fiefs assis à Hornoy ou mouvant de la seigneurie de ce lieu.

1° Fief Cabotière; il faisait partie de la seigneurie d'Hornoy et consistait en une maison, bois et censives; il relevait de l'abbaye de Selincourt.

2° Fief de Camp-Martin, séant à Hornoy et mouvant dudit lieu; il appartenait en 1557 à Nicolas Léon, écuyer, demeurant à Hornoy; ce fief était estimé valoir 19 livres environ.

3° Fief Carette, séant à Hornoy et mouvant de Lincheux; il appartenait à Pierre de Manieu en 1557; il était estimé valoir à cette époque 16 livres tournois.

4° Il y avait en outre à Hornoy deux fiefs appartenant à M. du Grotison en 1703; quatre ou cinq fiefs à verges pour faire les assignations; trois fiefs appartenant en 1703 à M. de Boulainvilliers, avec les censives du prieuré. (*D. Grenier.*)

De la châtellenie d'Hornoy relevaient: 1° le fief de Tronchoy, à Orival, où le seigneur d'Hornoy avait haute et moyenne justice, et où le prieur y avait seigneurie, basse justice et quelques censives ; 2° la seigneurie de Gouy-l'Hôpital ; 3° celle de Vraignes, consistant en huit fiefs ; 4° un fief à Limeu ; 5° la seigneurie de Bezencourt ; 6° celle de Blanchemaison ; 7° un fief sur Croixrault et sur Poix. (*D. Grenier.*)

Avant la Révolution, il y avait à Hornoy un franc-marché le second mercredi et le dernier lundi de chaque mois ; ce dernier franc-marché fut accordé par lettres-patentes du roi données à Blois au mois de décembre 1565 et entérinées au bailliage d'Amiens le 10 avril suivant, « ledit lieu étant un grand passage et situé en pays fertil et abondant ». Il s'y tenait en outre une foire par an et deux marchés ordinaires le lundi et le jeudi de chaque semaine.

Le château actuel, qui appartient toujours à la famille de Dompierre d'Hornoy, est une construction à l'italienne, en pierres et en briques, qui ne date que du siècle dernier ; il se compose d'un corps de logis carré, double, pourvu d'une belle salle en coupole au centre, éclairée par le haut. C'était dans cette salle que se trouvait autrefois la statue de Voltaire, en marbre blanc, exécutée par Pigalle en 1776 ; le célèbre écrivain était représenté entièrement nu. Cette statue fut donnée depuis à l'Académie française, qui l'a fait ensuite déposer dans l'une des salles de l'Institut.

Les archives de la commune d'Hornoy ne remontent qu'à 1743 ; elles ne donnent aucun détail sur l'état de l'instruction primaire ; il est à présumer que l'ignorance était bien grande à en juger par le nombre prodigieux de croix apposées par les parrains et les marraines sur les registres aux actes de baptême. Quelques notions d'instruction religieuse étaient données par des moines de l'abbaye de Selincourt, si l'on en croit la tradition. Il existe encore aujourd'hui une vieille maison, haute, à l'aspect sombre, qu'on appelle *la Maison des Moines*, et qui a dû servir d'école et d'habitation pour des religieux. En 1755, Charles Leroy, clerc laïque, signe un acte de mariage comme témoin ; en 1762, il est remplacé par Jacques Cottin, qui mourut en 1770 ; les signatures sur les actes sont encore assez rares. Nicolas Binard, natif d'Hornoy, succéda au précédent ; il fut trouvé mort dans un ruisseau en 1799 ; les signatures sont plus nombreuses et plus belles. Vincent Leullier n'exerce que pendant quelques mois ; il est remplacé par les nommés Patris et Delacourt, qui exercent concurremment ; le dernier quitte bientôt la commune et Patris remplit seul les fonctions de maître d'école auxquelles il joint celles de greffier de la mairie. Son souvenir est encore bien conservé par les anciens, qui se rappellent sa belle écriture, sa forte voix et sa force herculéenne. Patris est remplacé en 1816 par Antoine Frion, qui cède la place en 1822 à M. Carle ; ce dernier quitta Hornoy en 1830, laissant la réputation d'un instituteur capable, car il fit faire d'immenses progrès à l'instruction primaire ; ses enfants existent encore et sont parvenus à de hauts emplois ; l'un d'eux a été décoré il y a quelques années. M. Boussard remplaça M. Carle, et, comme ce dernier, il a laissé la réputation d'un maître instruit et dévoué. Viennent ensuite MM. Petit, Malivoir, Caubert et Martin, aujourd'hui en exercice.

Jusqu'en 1819 environ, il n'y avait qu'une école

mixte ; mais, à dater de cette époque, il y eut une école spéciale pour les filles dirigée par Mlle Maillard jusqu'en 1840 ; elle fut alors remplacée par des sœurs de la Sainte-Famille.

École des garçons : 65 élèves.
École des filles : 71 élèves.

Faits historiques.

Pendant la triste guerre de Cent ans, Hornoy eut sans doute plusieurs fois à souffrir des luttes entre Dauphinois et Bourguignons. En 1417, Jean de Fosseux, capitaine bourguignon, en revenant d'Aumale après la destruction de cette ville, logea à Hornoy avec ses « complices », dit Monstrelet, et alla piller et brûler les villages du Vimeu [1]. A ce sujet, Pierre de Fenin trace à peu près le même récit : « De là (d'Aumale), Jean de Fosseux et ses gens, dit-il, allèrent logier à Hornoy, et puis il se retrait en Artois par la Blance-Taque atout foison de bestes que ses gens en emmenèrent avecquez eulx [2] ».

Quinze ans plus tard, en 1432, les Dauphinois causaient beaucoup de dégâts dans le Santerre, l'Amiénois et le Vimeu « par feu, pillages et par épée, par quoi iceux pays furent, ou la plus grand'partie, tous perdus ou inhabités, sinon auprès des bonnes villes et forteresses ». Hornoy avait sans doute subi le sort commun, puisque, parmi les forteresses réparées par les Dau-

---

[1] Livre Ier, ch. CLXXVII. Éd. Buchon.
[2] Éd. de Mlle Dupont, p. 74.

phinois, nous voyons celle d' « à Renne (Airaines), Hornoy et autres ésquelles se boutèrent plusieurs gens de guerre... Si ne savoient les pauvres laboureurs où eux bouter ni où aller à sauveté..... [1] »

Nous voyons par un mandement de Philippe le Bon, duc de Bourgogne, que le comte d'Étampes fut chargé de défendre l'Artois et la Picardie contre les Anglais, et qu'il s'empara « des places et forteresses de Thoix, Bretheuil, Boves, Milly, Pierrecourt, Hornoy, Senarpont et Aumale [2] ».

En 1747, le prieuré, une partie de l'église et près de la moitié des maisons d'Hornoy étaient consumés par un incendie, qui dévora plus de cent maisons. Au mois de mars 1811, cent douze maisons avec leurs dépendances devenaient la proie des flammes ; c'est grâce aux libéralités de l'ancien seigneur du lieu, le Président de Dompierre d'Hornoy, que le bourg fut bientôt rétabli.

On compte actuellement dix-sept rues à Hornoy, qui sont : rue de l'homel, grand'rue, rue de Molliens, rue d'Airaines, rue du château, rue de Poix, rue d'Aumale, rue neuve, rue du bois, rue Gambette, rue du Priez, rue de l'église, rue du loup, ruelle Despréaux, ruelle Blondel, ruelle de Vraignes et place du pré.

Les sections du plan cadastral sont : les quatre arbres, le val d'Aumont, la belle épine, le chemin de Lincheux, le moulin d'Hornoy, le bucquet Lagache, Blanchemaison, etc.

---

[1] Monstrelet, liv. II, ch. cxxiv.

[2] Archives du Nord, B, 1979. Portefeuille. 1er janvier 1443 à mars 1444. Communication de M. l'abbé Th. Lefèvre.

Maires : I. Lefebvre François, 1790. — II. Vilbaut François. — III. Denamps Jean-Baptiste. — IV. Poiré Jean, 1793. — V. Scellier Honoré, an iv. — VI. Lamarre, an vi. — VII. Lefebvre Jean-Baptiste, an vi. — VIII. Gentien Alexis, an vii. — IX. Locquet François, an viii. — X. De Dompierre d'Hornoy François, 1808-1828. — XI. De Dompierre d'Hornoy Victor, 1828-1845. — XII. De Dompierre d'Hornoy Gaston, 1845-1873. — XIII. Gravet, 1873. — XIV. Boura, notaire, aujourd'hui en exercice.

BLANCHEMAISON

Ce hameau de 33 habitants formant 12 ménages logés dans 11 maisons dépend d'Hornoy. Il était désigné dans un dénombrement du 14 février 1494 par *oultre le val du bois d'Hornoy ou les blanches maisons.* (M. Darsy.)

Blanchemaison formait un fief qui appartint à la famille de Boulainvillers, ensuite à M. d'Imberville, puis au sieur Jean-Baptiste Wattebled, qui le vendit vers 1723 à Nicolas-Joseph de Dompierre.

Du fief de Blanchemaison relevait le fief de Riencourt.

Nous devons mentionner ici une découverte importante faite assez près de Blanchemaison au commencement du xixe siècle.

Le 31 août 1801, le valet de charrue de M. Berneuil,

en labourant un champ, sentit le soc de sa charrue heurter contre un corps dur, qu'il chercha à découvrir et à enlever : c'était une espèce de boite composée de tuiles épaisses sous laquelle il aperçut plusieurs pièces brillantes qu'il était loin de prendre pour de l'or. Frappé de l'éclat du métal, il appela un de ses voisins qui travaillait près de là, et lui montra les pièces auxquelles il n'avait pas encore touché. Celui-ci, mieux avisé, se jeta sur l'or, mais son avidité ouvrit les yeux et l'intelligence du valet de charrue, qui lui disputa le fruit de sa découverte. Il en résulta une querelle sérieuse qui attira près des combattants les paysans dispersés autour d'eux ; la vue de l'or alluma la cupidité de tous les spectateurs, qui se livrèrent à un véritable pillage. Le paysan, auteur de la découverte, fut le plus mal partagé, et chacun s'enfuit avec ce qu'il avait pu recueillir. Le propriétaire du champ, informé de tous ces détails, se livra à des recherches, et fit parler ceux qui avaient pris part au butin ; il les assigna devant le juge de paix, mais ils ne lui rapportèrent pas toutes les pièces, de sorte qu'il ne récupéra qu'une partie de ce trésor.

Le lendemain, le propriétaire du champ voisin laboura sa pièce de terre après avoir été emprunter des chevaux qu'il joignit aux siens, et, au troisième sillon, le soc de la charrue éparpilla plus de deux mille médailles d'or ; ce second dépôt était distant du premier de deux mètres à deux mètres cinquante.

Ces deux dépôts, dont la valeur fut estimée à plus de cent mille francs, étaient tous deux entourés de tuiles ; les médailles, placées de champ, formaient plusieurs lits fort tassés.

Cette trouvaille était en entier composée de médailles romaines impériales de la plus parfaite conservation, au nombre de quatre à cinq mille. La plus ancienne était de Néron, et la dernière, de Caracalla ; il y en avait peu avant Trajan, mais celles du règne de ce prince et de ses successeurs jusques et y compris Alexandre Sévère s'y trouvaient presque sans lacune. Il y en avait dans le nombre de très rares et plusieurs mêmes inédites. On y remarquait surtout de belles médailles de Plotine, de Marciane, de Mathidie et des revers magnifiques d'Hadrien ; on y a compté jusqu'à soixante Commode, plusieurs pièces de Crispine, de Septime Sévère, de Pertinax, etc., toutes d'un grand prix et très estimées.

Le préfet de l'Oise, Cambry, savant archéologue, acheta un assez bon nombre de ces médailles. Appelé à Paris quelque temps après, il crut faire dignement sa cour au premier Consul et lui offrit douze des plus curieuses de ces pièces d'or. Un envoyé des États-Unis était présent ; Bonaparte imagina de lui donner le riche cadeau que venait de lui faire le préfet de l'Oise et lui dit : « Monsieur l'ambassadeur, portez cela en Amérique, et dites à vos compatriotes que ce sont les fruits que nos paysans récoltent dans leurs champs ». Cambry, qui s'était flatté d'augmenter par ce don les richesses numismatiques du cabinet de France, eut autant de regret que de chagrin de le voir si mal apprécié ; il conserva sans mot dire ce qui lui restait.

A quelques jours de ces deux trouvailles, une ancienne religieuse recueillait dans le même champ une petite bouteille remplie de pièces d'or. Ces trois dépôts étaient enfouis dans une maison dont les murs des appartements se trouvaient à cinquante centimètres au-dessous du niveau du sol ; le pavé en était de carreaux de pierre blanche.

Les archéologues se perdirent en conjectures sur la provenance de ce trésor ; les uns prétendirent que c'était celui d'une armée romaine ; Traullé, dans un article paru dans *le Moniteur* des 19 et 20 nivôse an x et dans *le Magasin encyclopédique*, avança que c'était la fortune d'un particulier. Devérité entra aussi dans l'arène et combattit l'opinion émise par son compatriote pour risquer une hypothèse qui n'en est pas plus plausible ; l'ex-conventionnel prétendait que ce trésor avait été trouvé dans la *blanche-maison* d'un receveur des tributs publics.

Nous nous bornons à rapporter ces diverses opinions sans vouloir en formuler d'autres, car il y a des faits qui ne pourront jamais être éclaircis.

Quoi qu'il en soit, ces trouvailles émurent considérablement les archéologues de l'époque. Le 20 nivôse an x, M. Ledieu, contrôleur des contributions à Amiens, écrivait à Traullé, juge au tribunal d'Abbeville : « On m'a assuré que vous avez publié quelques réflexions sur la découverte faite en l'an ix à Hornoy, d'une grande quantité de médailles d'or romaines. J'ai moi-même fait beaucoup de recherches à ce sujet, mais, dénué de matériaux ou peu avancé dans la carrière, je suis toujours dans les ténèbres.

« Voudriez-vous bien, Monsieur, ne pas trouver mauvais que je prenne ici la liberté de vous demander votre avis sur l'invention considérable d'un trésor qui doit exciter, à l'égard de cette partie de notre département, les recherches des curieux et des savants...

« J'ai visité le terrain, examiné les environs de Blanchemaison où ont été trouvées les médailles ; je pense qu'il faudrait avoir quelques notions exactes sur Arguel, qui était jadis un poste romain assez important... [1] »

Disons en terminant que depuis longtemps le lieu où furent faites ces découvertes s'appelait le *champ du Trésor*; que, pendant les quatre années précédentes, on y trouvait souvent des médailles d'or, et que, quelques jours avant ces importantes trouvailles, on en vit paraître plus qu'à l'ordinaire.

[1] Cette lettre se trouve à la Bibliothèque d'Abbeville.

LE BOISRAULT

Tencenosmaisnil, 1131 ; Tencenoelmaisnil, 1137 ; Tenceneusmaisnil, 1164 ; Boscu Radulfi, 1252 ; Bos Raoul, 1271 ; Boscu Radulphi, 1301.

Le Boisrault s'élève à cent soixante-trois mètres d'altitude sur le plateau qui s'étend sur la droite du Liger ; sa superficie territoriale est de 345 hectares ; sa population suit la loi commune des petits villages ; elle était de 185 habitants il y a quelques années, elle n'est plus aujourd'hui que de 128 habitants formant 57 ménages, logés dans 49 maisons. La distance qui sépare le Boisrault d'Hornoy n'est que de deux kilomètres ; il y en a trente-quatre jusqu'à Amiens.

L'église, dédiée à saint Martin, n'offre rien de particulier ; elle mesure vingt-sept mètres de longueur sur sept de largeur et reçoit le jour par huit fenêtres ; il s'y trouve quatorze statues et deux toiles peintes. Le clocher ne renferme qu'une cloche, portant cette inscription : « Fondue en 1812, j'ai été bénite par Mr Honoré Crespin, curé de Boisrault ; nommée Charlotte-Guillemette par Mr René-Louis-Ferdinand de Calonne, propriétaire des domaines d'Avesnes, Boisrault etc^ra, et dame Charlotte-Amélie-Guillemette-Sophie Dancher de Calonne : MM. N. Darras, maire et J^n B^te Autrechy, marguillier. — Cavillier, fondeur. Aumale ».

La cure était à la présentation de l'abbé de Saint-Pierre de Selincourt. Le 12 juin 1728, frère Charles-Nicolas Josse fit la déclaration des revenus qui s'élevaient à 541 livres.

Les premiers seigneurs du Boisrault en portaient le nom. Guillaume du Bos Raoul [1], écuyer, paraît comme témoin avec d'autres gentilshommes picards dans une charte de 1252.

Un siècle plus tard, Robert du Bos Raoul, écuyer, est repris dans une charte de Jean Tyrel, sire de Poix, dont l'original est conservé dans les archives du château d'Avesne. Robert du Bos Raoul s'était plaint de ce que le sergent du sire de Poix avait coupé du bois en un chemin « qui est entre les terres du Bos Raoul qui mène du bout du bos Talon au cornet du bos Raoul et qui kiet au quemin de Saint Jehan à Braucourt » ; de plus, le bailli de Poix avait renversé « une fourques que lidis escuier du Bos Raoul avoit fait lever en sa terre du Bos Raoul en signe de pilory » ; enfin le sire de Poix avait fait prendre les ouvriers de Robert du Bos Raoul occupés à nettoyer « une mare nommée la mare Talon au commandement dudit Robert ». Afin de terminer ces différends et d'autres également pendants, le sire de Poix déclare par acte du mois de septembre 1345 que Mathieu du Bos Raoul, fils de Robert, exercera désormais, en toute sécurité,

[1] Armes : *De ... au créquier de ...*

« justice et seignourie haute, moyenne et basse en son fief du Bos Raoul soit en kemins ou voyes dont dissentions estoient ».

Mathieu du Bos Raoul, écuyer, dit Perceval, fils du précédent, épousa Aélis Catonne. Le 1er février 1361, en présence de Guérard de Selincourt et de Jehan, dit *Bruyant*, son fils aîné, comparurent Mathieu du Bos Raoul et Bernard, son fils aîné, lesquels avaient vendu à Jehan le Merchier, bourgeois d'Abbeville, pour onze vingt florins d'or à l'écu, vingt gros de Flandres pour l'écu, toutes les rentes qu'ils avaient sur les terres de Selincourt, connues sous la dénomination de *rente du Bos Raoul*. (*Arch. du château d'Avesne.*) Le 20 mars suivant, Mathieu du Bos Raoul, de concert avec sa femme, vend à Robillard de Belleperche quarante journaux « de terres waegnables tenans à son manoir et fief de Bos Raoul », avec les rentes qu'il pouvait avoir sur les terres de l'abbaye de Selincourt. Mais Aélis Catonne racheta aussitôt ce qu'avait vendu son mari afin de transmettre ces biens à son fils aîné, Bernard du Bois Raoul, écuyer, seigneur dudit lieu en 1380 ; il vendit sans doute le domaine du Boisrault au suivant.

Jean Grisel est qualifié seigneur du Boisrault le 18 juin 1395. (*Arch. d'Avesne.*)

Jean de Molin [1], écuyer, seigneur du Boisrault, fils de Jean et de Mehaut de Drucat, ratifie, le 25 janvier 1472, la donation faite par Étienne le Greffier à sa fille

---

[1] Armes : *De gueules, à la croix échiquetée d'argent et d'azur, accompagnée de 4 anilles ou fers de moulin d'or.*

Isabelle de deux fiefs tenus noblement de lui et situés au terroir de Vaudricourt (*Ibidem*). Le 25 août 1515, Jean du Molin transige avec Jeanne de Fontaine, dame de Selincourt.

Noble homme Hugues Myette devint seigneur du Boisrault par suite de son mariage avec Radegonde du Molin, fille du précédent. Le 22 août 1584, Hugues Myette vendit le Boisrault au suivant.

François d'Aumale [1], écuyer, seigneur du Quesnoy, Lignières, Boubert et le Saulchoy, fils aîné de François, seigneur des mêmes lieux, et de Michelle Bayencourt, devint seigneur du Boisrault par suite de l'acquisition qu'il en fit sur le précédent moyennant 4,833 écus tournois. Cette seigneurie se composait alors de la maison seigneuriale avec ses dépendances, six journaux de pré, dix-huit de bois, soixante de terre labourable à la sole, quarante-deux livres d'argent en censives, cinquante chapons, cinquante-deux poulets, etc. (*Arch. d'Avesne.*) De son mariage par contrat du 27 octobre 1573 avec Michelle de Gadimetz, François d'Aumale eut : 1° Adrien, mort jeune ; 2° Jean, qui suit; 3° Nicolas; 4° Philippe; 5° Adrien, religieux à Amiens ; 6° Pierre, religieux à Selincourt; 7° Pierre, seigneur de Talonville ; 8° François; 9° Claude; 10° Marie, alliée à Oudart de Bernetz ; 11° Isabelle, religieuse; 12° Anne, religieuse. Par son testament, daté du 5 septembre 1634, Michelle de Gadimetz voulut être inhumée dans l'église du Boisrault,

---

[1] Armes : *D'argent, à la bande de gueules chargée de 3 besants d'or.*

près de son mari, qui y reposait déjà. (*Arch. d'Avesne.*)

Jean d'Aumale, écuyer, seigneur du Quesnoy, le Boisrault et autres lieux, vicomte du Mont-Notre-Dame, épousa le 29 février 1620 Louise de Cajac, dont il eut aussi douze enfants, entre autres, Charles, qui suit, et Jacques, auteur de la branche des seigneurs de Mareuil.

Charles d'Aumale, écuyer, seigneur du Quesnoy, le Boisrault et autres lieux, épousa Éléonore-Henriette de Saint-Just, dont il eut : 1° Marie-Louise, femme du suivant ; 2° Isabelle-Henriette, morte sans alliance.

François de Calonne [1], chevalier, seigneur châtelain d'Avesne, Fresneville, Saint-Jean-lès-Brocourt et autres lieux, fils aîné d'Oudart et de Madeleine le Fournier de Wargemont, devint seigneur du Boisrault après son mariage avec Marie-Louise d'Aumale, dont le contrat fut passé le 4 juin 1693 ; ses descendants furent seigneurs du Boisrault jusqu'à la Révolution [2]. (V. la monographie de Saint-Jean.)

[1] Armes déjà citées.
[2] Renseignements dûs à l'extrême obligeance de M. le baron A. de Calonne.

AUMONT

Altmunt, 1135; Aillemont, 1142; Altus mons, 1157; Aumont, 1160; Haultmont, 1164.

En 1806, Aumont comptait 626 habitants ; il ne s'en trouvait plus que 397 en 1827 et 386 en 1836. D'après le recensement de 1886, la population est diminuée de plus de la moitié en quatre-vingts ans, car le nombre des habitants est réduit à 310 formant 118 ménages logés dans 94 maisons. Les habitants vivent essentiellement de l'agriculture. Pendant l'hiver, les femmes tissent de la grosse toile propre à l'emballage et à la confection des sacs.

La superficie territoriale est de 331 hectares, dont 289 en terres labourables et 2 hectares 75 en bois. L'altitude de cette localité varie de quatre-vingt-deux à cent quarante mètres.

Avant la Révolution, la cure d'Aumont, du doyenné d'Hornoy, était à la présentation de l'abbé de Selincourt.

L'église, qui n'offre aucun caractère architectonique, a subi différentes restaurations ; ainsi la nef date de 1868 ; le chœur, qui est la partie la plus ancienne, ne remonte qu'aux premières années du xvie siècle. On remarque à l'intérieur plusieurs pierres tumulaires tellement frustes qu'il n'est plus possible de lire les inscriptions qu'elles portaient.

Le clocher, en forme de campanile, ne renferme qu'une cloche, refondue en 1865 ; elle porte cette inscription : « L'an 1670, nous fûmes baptisée par le R. P. Boniface Lescot, Prieur de l'abbaye de Saint-Pierre de Selincourt, cy-devant curé d'Aumont, à la prière du R. P. Eustache de Cailly, à présent curé dudit Aumont. Je fus nommée Françoise par Messire Antoine Vrévin, c^r et aumônier du Roy, abbé de Saint-Pierre-les-Selincourt, Docteur de Sorbonne, et par dame Françoise de Boufflers, veuve de haut et puissant seigneur Louis de Hallencourt, ch^r s^r de Dromesnil et autres lieux, vicomte et châtelain de Tranlay. Je fus fondue et baptisée à nouveau le 29 7bre 1865 ». A cette dernière cérémonie, le parrain fut M. Danzel d'Aumont Marie-Arthur, et la marraine, Mme Françoise-Céline Cornet d'Hunval, sa mère.

Curés d'Aumont : I. Frère Lebel Jean, 1632. — II. Frère de Cailly Eustache, 16.. à 1680, prieur-curé d'Aumont. — III. Frère Lattaignant Robert, 1680 à 1707, prieur-curé d'Aumont. — IV. Frère Baranguer, 1707 à 1722, prieur-curé d'Aumont. — V. Frère Cotte, 1722, sous-prieur d'Aumont. — VI. Frère Cordonnier Louis, 1722 à 1726, vicaire. — VII. Frere Jean-Baptiste Fontaine, 1726 à 1740, prieur-curé. Le 31 mai 1728, il fournit la déclaration des biens de la cure d'Aumont, dont les revenus étaient alors de 1355 livres et les charges, de 649 livres. — VIII. Frère Damonneville, 1740 à 1768, prieur-curé. — IX. Frère Antoine Juillet, 1768 à 1774, prieur-curé. — X. Frère Crépin, juin à août 1774, vicaire. — XI. Frère de la Paix de Cizancourt, 1774 à 1811, prieur-curé, décédé le 5 décembre 1811. — M. Greuet, curé de Belloy-Saint-Léonard, dessert Aumont en 1812. — XII. N... Poiré, 1813 à 1816. — XIII. Bosquet, 1816 à 1817. — XIV. Riche, 1817 à 1832. — XV. Grenon, 1832 à 1843. — XVI. Cauchy, 1844 à 1845. — XVII. Frénoy, 1845 à 1862. — XVIII. Carpentier, 1862 à 1867. — XIX. Baillet, 1867 à 1871. — XX. Gambart, en exercice depuis 1871.

Aumont avait pour seigneur l'abbé de Sainte-Larme de Selincourt, mais deux propriétaires principaux y possédaient une habitation.

Le 5 novembre 1697, Nicolas Leleu, bourgeois d'Amiens, juge-consul en cette ville, où il demeurait, et Marie Cardot, sa femme, vendent une maison et soixante-dix journaux de terre à Aumont à Louis de Riencourt, chevalier, demeurant à Lignières-Monflières, moyennant 15 sols pour deniers à Dieu, 28 livres pour les épingles de Mme Leleu et 6,000 livres tournois de principal. La maison avec le jardin et ses dépendances était édifiée sur quatre journaux de terre, et le possesseur devait annuellement à l'abbé de Selincourt 26 boisseaux d'avoine, 5 chapons et 10 sols. Une partie des terres vendues par Nicolas Leleu avait été achetée en détail, notamment d'un sieur Cusson, bourgeois d'Amiens. Le 3 septembre 1718, messire Louis de Riencourt vend sa maison d'Aumont avec cent onze journaux de terre moyennant 60 sols deniers à Dieu, 100 livres pour les épingles d'Élisabeth d'Urre, sa femme, et 9,660 livres de principal à Marie-Françoise Beaugrand, veuve de Pierre Michel. Le 18 juin 1747, Marie-Marguerite Michel, fille de Pierre Michel et de demoiselle Beaugrand, et femme d'honorable homme Jean Pierre Galand, juge-consul à Amiens, fournit l'aveu de ce qu'elle possède à Aumont, et qu'elle tient en roture, à messire François Valérien de la Grange, abbé, et à MM. les prieur et religieux de Saint-Pierre de Selincourt.

Au mois de mai 1773, Mme Galand vend la maison et les terres qu'elle possédait à Aumont à messire Charles-Antoine Danzel [1], chevalier, seigneur d'Anville, capitaine au régiment de Bourbon-infanterie, chevalier de Saint-Louis, troisième fils de François, seigneur d'Achy, et de Catherine Danzel de Sandricourt. Il épousa Marie-Françoise-Henriette-Robertine de Boubers, veuve de Charles-Antoine Rolland d'Ochancourt, écuyer, garde de la porte du roi. Leur arrière-petit-fils, M. Arthur-Marie Danzel d'Aumont, ancien membre du Conseil général de la Somme, ancien officier de marine, officier de la Légion d'honneur, chevalier de l'ordre royal d'Isabelle la Catholique, occupe aujourd'hui la maison de son bisaïeul à Aumont.

La seconde habitation d'Aumont appartenait au commencement du xviie siècle à Méneslé de Bonnaire, écuyer, ancien major de cavalerie.

Le 21 février 1731, Adrien Cornet, bourgeois d'Amiens, capitaine de la milice bourgeoise, et Françoise Peuvrel, sa femme, achètent au précédent sa propriété d'Aumont, consistant en terres labourables, maisons tant à l'usage du propriétaire que d'un fermier, cour, jardin, plant, bois, bosquet, pressoirs et autres bâtiments, circonstances et dépendances tant en fiefs qu'en rotures situés sur les terroirs d'Aumont, de Selincourt, de Méricourt, d'Avelesges, de Belloy et d'Hornoy.

[1] Armes : *De gueules, au lion d'or.*

Il est dit dans ce contrat de vente faite par Méneslé de Bonnaire se portant fort pour ses enfants mineurs et feue Madeleine du Fresne, sa femme, que la propriété vendue se composait : 1° du fief de Chaillou, consistant en huit journaux et demi de terre sur le terroir de Selincourt, relevant de la seigneurie de ce lieu par 60 sols parisis et 20 sols de chambellage ; 2° de quatre-vingt-cinq journaux de terre labourable au terroir d'Aumont, tenus en roture de la seigneurie de ce lieu ; 3° de quatre journaux de bois et une ferme à Aumont, amasée de bâtiments, pressoir, jardin, plant, cour et terre, le tout de la contenance de neuf journaux y compris l'allée qui est vis-à-vis de la porte ; 4° de vingt-deux journaux et demi de terre labourable au terroir d'Hornoy ; 5° de onze journaux de terre et dix-huit journaux de bois au terroir de Méricourt ; 6° de douze journaux de terre à Belloy, et 7° de vingt-six journaux de terre à Avelesges. Cette vente fut faite moyennant 10 livres de deniers à Dieu et 30,000 livres de principal. Il est à remarquer que le fief de Chaillou relevait, non point de l'abbaye de Sainte-Larme, mais de la seigneurie de Selincourt.

Marie-Françoise Cornet, fille d'Adrien, reçut par son contrat de mariage les propriétés d'Aumont. De son union avec N. Renouard, sieur d'Aumâtre, elle eut une fille, Françoise-Béatrix Renouard, mariée à Charles-Victor Pingré, chevalier, seigneur de Thiepval, Authuille et autres lieux, chevalier de Saint-Louis. Ce dernier, du consentement de sa femme, vendit les propriétés d'Aumont le 14 mars 1773 à Louis-François Danzel d'Anville, chevalier, seigneur d'Achy, frère de Charles-Antoine Danzel. Cette vente fut faite moyennant 60 sols aux pauvres, 600 livres pour la dame Pingré et 45,600 livres de prix principal. Il fut stipulé que le sieur et la dame Danzel d'Anville garderont par devers eux une somme de 30,000 livres pour payer au lieu et place des sieur et dame Pingré une rente de 1,500 livres à Marie-Charlotte-Françoise Clément du Wault [1], dame de Bezencourt, veuve de Jean Durieux, écuyer, seigneur dudit lieu. Cette rente avait été constituée au profit d'André-Louis Renouard, seigneur de Bezencourt, aïeul maternel de Marie-Charlotte-Françoise Clément par André-François Renouard, seigneur d'Aumâtre, par contrat du 24 mars 1737, et dont les sieur et dame Pingré se chargèrent ensuite d'en continuer le paiement à ladite veuve Durieux au lieu et place du sieur Renouard d'Aumâtre, leur père et beau-père. Dans cette vente, les biens situés à Aumont étaient comptés pour 22,000 livres ; à Méricourt, pour 9,900 livres ; à Avelesges, pour 5,500 livres ; à Hornoy, pour 3,900 livres ; à Belloy, pour 2,600 livres ; le fief du Chaillou et les terres mouvant de Selincourt, pour 1,050 livres.

Louis-François Danzel d'Anville n'eut point d'enfants de son union avec Isidore-Marie-Madeleine de Quiefdeville.

Le 8 octobre 1783, Louis-Antoine Danzel, chevalier, seigneur d'Anville, garde du corps du roi, capitaine de cavalerie et chevalier de Saint-Louis, vend à Louise-Françoise-Henriette d'Urre de Molans tous ses droits, parts et portions à lui afférents comme légataire universel de Louis-François Danzel, son oncle, tant de son chef que comme concessionnaire de Marie-Fran-

---

[1] Elle épousa en secondes noces Charles-François de Boubers-Tunc.

çoise de Quiefdeville de Thory, veuve de François d'Urre, chevalier, seigneur de Beaurepaire, et sœur unique et héritière d'Isidore-Marie-Madeleine de Quiefdeville, décédée femme de Louis-François Danzel. Cette vente, qui comprenait les immeubles, le mobilier, les bestiaux, les récoltes, etc., fut faite moyennant 3 livres de deniers à Dieu, 72 livres d'épingles aux domestiques du vendeur et 60,000 livres de prix principal, dont 2,000 livres pour le mobilier et 58,000 livres pour la maison, ferme, appartenances, circonstances et dépendances.

Henriette d'Urre ne resta pas longtemps en possession de cette propriété, car le 4 septembre de l'année suivante, elle vendait à honorable homme Paul Plantard, sieur de Flibeaucourt, les biens, ferme, habitation, etc., qu'elle possédait à Aumont, à Selincourt, à Méricourt, à Avelesges, à Hornoy et à Belloy, moyennant 3 livres aux pauvres et 49,000 livres de prix principal.

Le 10 mars 1788, Jean-Charles et Claude-Paul Plantard, frères germains, assistés de leurs curateurs, MM. Danzel et Aliamet de Condé, vendent ce qu'ils possèdent à Aumont à Gabriel le Coint Darger, conseiller du roi, receveur des tailles à Abbeville, et à Marie-Charlotte Chevalier des Essarts, sa femme.

Par partage et liquidation du 17 septembre 1823, Madame Barnon, née le Coint Darger, recueille cette partie du domaine d'Aumont; en 1838, elle la laisse à sa fille unique, Marie-Caroline-Henriette Barnon, femme de Claude-Ferdinand-François de Caix de Rembures; elle est aujourd'hui la propriété du fils de ce dernier, M. Marie-Charles-Étienne de Caix de Rembures.

Le registre des délibérations, fort bien tenu, remonte à 1787. A cette date, l'assemblée communale était ainsi composée :

L'abbé Tascher, seigneur, président. Fr. de la Paix de Cizancourt, prieur-curé ; Lucet Pierre, syndic ; Legrand Thomas, greffier ; Dumesnil Alexis, Mercier Robert et Soury François, membres.

Les maires ont été : I. Morviller Pierre, maréchal-ferrant, 1790. — II. Danzel Charles-Antoine-Henri, 1792. — III. Gorenflos Servais, 1813 à 1821. — IV. Dumesnil Jean-Baptiste, chevalier de la Légion d'honneur, 1821 à 1837. — V. Danzel d'Aumont Charles-Joseph, 1837 à 1850. — VI. Digeon Augustin-Servais, 1850 à 1855. — VII. Danzel d'Aumont Charles-Joseph, 1855 à 1871. — VIII. Danzel d'Aumont Marie-Arthur, officier de la Légion d'honneur, en exercice depuis 1871.

Instituteurs : I. Legris Jean-Baptiste, 1779 à 1816, mort le 5 février 1816 âgé de 72 ans. — II. Legris Frédéric-Auguste-Stanislas, fils du précédent, 1816 à 1824. — III. Legris Jean-Baptiste, fils du précédent, 1824 à 1868. — IV. Ségard Pierre-Albéric-Alfred, 1868 à 1885. — V. Journé Eugène-Auguste, en exercice depuis 1885.

L'école mixte reçoit 32 garçons et 17 filles.

Aumont n'a que deux rues ; la plus longue porte d'un bout le nom de rue d'Airaines et de l'autre bout, rue d'Hornoy ; la rue de Belloy, d'une longueur de trois cents mètres, n'a qu'une dizaine de maisons.

Principaux lieuxdits : Le Valdame (nom d'un fief), le chemin de la laye, les proix, le chemin des mottes, le bois l'abbé, où l'on a découvert quelques débris de vases gallo-romains, les terres franches, etc ; à propos de ce lieudit, nous voyons dans les notes que nous a fournies M. Poujol de Fréchencourt qu'en 1632 un procès fut entamé entre frère Jean Lebel, prieur-curé d'Aumont et M⁰ Philippe Boulanger, élu en l'élection d'Amiens ; ce dernier prétendait que depuis plus de soixante ans, et même de temps immémorial, les terres franches n'avaient point payé de cens ; nous ne connaissons point l'issue de ce procès [1].

[1] Cette notice a été rédigée presque entièrement sur les documents qui nous ont été communiqués par notre excellent collègue, M. F. Poujol de Fréchencourt.

ARGUEL

Arcas, 751 ; Arguel, 1164 ; Arguellum, 1208 ; Arguelium, 1212.

Ce village joua un certain rôle au moyen âge, ainsi qu'on en peut juger par les rares épaves qui sont parvenues jusqu'à nous ; il était le siège d'un bailliage, et les mouvances de sa châtellenie étaient considérables.

A s'en rapporter à l'opinion de quelques étymologistes, le nom d'Arguel serait d'origine celtique, ce qui paraît vraisemblable ; d'autres, et c'est peut-être par pure fantaisie, voudraient voir par l'appellation de ce lieu l'établissement d'une tour dont le guet, aux yeux d'Argus, surveillait au loin les environs ; d'autres feraient venir son nom d'*Argutus locus*, parce que le château était situé sur une éminence en pain de sucre. Nous donnons toutes ces hypothèses pour ce qu'elles valent ; les étymologistes se perdent trop souvent en conjectures pour que nous nous arrêtions longtemps sur ce point. Néanmoins il est de fait qu'une tradition locale, bien abâtardie sans doute, — mais l'histoire repose souvent sur des traditions, — qu'Arguel fut autrefois le centre d'une importante cité celtique. On peut opposer à cette prétention l'existence certaine, à une date assez ancienne, de plusieurs localités encore debout aujourd'hui et situées à peu de distance d'Arguel, ce qui serait presque une preuve de l'exagération des récits légendaires dont l'imagination populaire paraîtrait avoir seule fait tous les frais. La vérité est qu'avant la guerre de Cent ans, Arguel était une petite ville dont la population et l'étendue ne devaient pas dépasser les proportions d'Aumale de nos jours.

Sa population, qui ne faisait que s'accroitre depuis le commencement de ce siècle, s'est trouvée diminuée d'après les derniers recensements, comme on en peut juger par les chiffres suivants : en 1806, on comptait 74 habitants ; en 1827, 94 ; en 1837, 96 ; en 1876, 120 ; en 1881, 95, et en 1886, 93.

Le nombre des feux n'était que de 16 en 1714 ; il s'y trouve aujourd'hui 30 maisons, occupées par 34 ménages.

La superficie territoriale est de 254 hectares dont 216 en culture. 81 habitants sont attachés à l'agriculture et 7 à l'industrie. Le rendement des pommes à cidre est d'environ cent hectolitres.

La distance de ce village d'Hornoy, son chef-lieu de canton, est de huit kilomètres ; celle d'Amiens est de quarante kilomètres.

Description en 1763 : « Arguel, dont le roi est le principal seigneur ; le sieur Ternisien d'Ouville y a un fief et y demeure. 21 feux. Il n'y a ni ferme ni hameau qui en dépende. Arguel est situé sur le haut de la côte au bas de laquelle est la vallée de Liomer. Le terroir, partie en plaine, partie en côte ; la nature des terres est différente suivant leur situation ; productions ordinaires du pays. Tout Arguel est de l'élection de Ponthieu ; n'a d'autre route qui l'avoisine que le chemin d'Abbeville à Aumale qui passe à peu de distance de ce lieu. Point de laboureurs, les habitants sont tous journaliers. Il n'y a point de moulin. Les habitants ont un droit d'usage dans le bois qui consiste dans la délivrance de vingt-cinq verges de bois de basse futaie par an pour chaque ménage. Ni revenus, ni foire, ni marché. Le pied de taille est de 100 livres. 63 journaux de bois sur ce terroir ». — Montant des quatre contributions directes : 1,323 fr.

L'église, sous le vocable de saint Jean-Baptiste, est située à l'extrémité du village ; elle ne présente aucun caractère architectonique. Sa longueur intérieure est d'environ dix mètres et sa largeur de six mètres cinquante. Le jour entre par six fenêtres fort petites ; sept statuettes et une toile peinte représentant la décollation du patron ornent l'intérieur de cette église. Le clocher, peu élevé, contient une clochette bénite en 1698.

La cure était à la présentation du personnat de Liomer. Le revenu était de 300 livres ; il s'éleva à 350 et même à 486 livres, ainsi qu'on le voit par la déclaration faite par le curé le 7 juin 1728.

L'abbaye de Saint-Pierre de Selincourt avait une branche de dîme sur le terroir d'Arguel produisant 60 livres ; aussi l'abbaye devait-elle contribuer pour la moitié dans les réparations du chœur de l'église d'Arguel. (*M. Darsy.*)

Les registres de l'état civil de cette commune ne remontent qu'à 1768, car les registres antérieurs à cette date avaient été « enlevés par la justice royale d'Oisemont », ainsi qu'on le constate dans l'acte de décès de messire Alexandre Mercier, curé d'Arguel, qui fut inscrit sur ceux du Quesne ; ce n'est qu'à l'aide des registres d'Arguel postérieurs à 1768 et de ceux des villages voisins que nous pouvons donner la liste suivante des curés: I. Boinet N..., 1625. — II. Hodencq Josse, 1642. — III. De Gueschart Charles, 1671. — IV. Langlois Henri, 1680. — V. Lefebvre N..., 1707. — VI. Mercier Alexandre, 1723 à 1768, décédé le 29 mai de cette année à l'âge de quatre-vingts ans ; inhumé le lendemain dans le chœur de l'église. A sa mort, les scellés furent apposés à la maison presbytérale ; il s'y trouvait cinquante et un cahiers contenant les actes de baptêmes, de mariages et de décès ; ils furent confiés provisoirement au greffier du bailliage d'Arguel, parce qu'il ne se trouvait dans l'église de ce village ni coffre, ni lieu fermé où ils eussent pu être mis en sûreté [1]. — VII. Poultier N..., 1768 à 1781. — VIII. Diftot N..., 1781 à 1792.

Depuis la Révolution, Arguel n'a plus eu de curé ; cette paroisse est actuellement desservie par le curé de Villers-Campsart.

Avant de donner la suite des seigneurs d'Arguel, nous devons parler du château.

Tout à fait en face du Quesne, au sommet d'une colline appelée *larris*, se voit un monticule fort élevé où la main de l'homme a eu sans aucun doute plus de part que la nature : c'était là que s'élevait jadis le château-fort d'Arguel, dont il ne reste plus qu'un pan de mur en silex reliés entre eux par un ciment d'une extrême solidité.

[1] Arch. départ. de la Somme. B. 674.

J. MALEZIEUX del.   Le mont d'Arguel

M. de Belleval fait de ce château une description exacte que nous lui emprunterons.

« On remarque, dit-il, sur une sorte de promontoire qui domine la vallée de Liomer les ruines du château d'Arguel : l'emplacement de ce château en atteste l'importance. Il était composé d'un donjon, dont il reste encore un pan de murailles, de l'effet le plus pittoresque, assis au sommet d'un mamelon entouré d'un large fossé ; ce donjon était relié par un pont-levis à une première enceinte carrée, entourée d'un fossé et communiquant elle-même par un autre pont-levis à une seconde enceinte carrée. Ces différentes dispositions sont encore très nettement accusées par les mouvements de terrain et les fossés : sur le donjon on a planté un calvaire et dessiné un chemin de croix : cela est regrettable à tous égards, à notre point de vue du moins ; il n'eut pas manqué dans la commune d'Arguel et au sommet des collines voisines d'emplacement convenable ; à chaque chose sa destination, et nous n'aimons pas à voir changer l'aspect primitif des lieux, surtout lorsque, comme ici, il s'y rattache des souvenirs historiques. Les deux enceintes sont converties en herbages, et leur conservation est ainsi assurée [1] ».

Bâti comme l'aire d'un aigle au sommet de la montagne, le château d'Arguel, vu de la vallée, avait un aspect imposant et devait paraître d'un abord inaccessible ; cependant cette forteresse, que l'on aurait cru inexpugnable, fut prise plusieurs fois au moyen âge.

On sait que pendant la guerre de Cent ans les

---

[1] *Les fiefs et les seigneuries du Ponthieu et du Vimeu.*

Anglais ravagèrent la France du nord au midi et de l'est à l'ouest; on sait aussi qu'ils firent leur descente sur les côtes picardes, et que le Vimeu et le Ponthieu eurent longtemps à subir le joug ennemi.

Le roi Philippe de Valois avait été souvent malheureux dans cette guerre néfaste. Son fils Jean le Bon le fut plus encore : après avoir perdu la fameuse bataille de Poitiers, il fut fait prisonnier et emmené en Angleterre (1356); c'est pendant sa captivité que les Anglais s'emparèrent du château d'Arguel pour le compte de leur royal prisonnier. Cette forteresse avait déjà été prise précédemment par les Anglais en 1347, un an après la bataille de Crécy.

Ce ne fut qu'en 1402 que les Français parvinrent à chasser l'ennemi du château d'Arguel. Mais l'attaque n'ayant pu avoir lieu que par le côté opposé à la montagne, inaccessible aux machines de guerre de l'époque, les Français durent renverser le château pour s'en rendre maîtres. La ville elle-même fut brûlée et rasée, et, de sa population, il ne put s'échapper, dit-on, que vingt-deux habitants !...

Cette forteresse ne fut plus jamais reconstruite ; il ne faut pas oublier que les châteaux-forts perdirent de leur importance après l'invention de l'artillerie.

Le bastion du château d'Arguel, en s'écroulant sur lui-même sans remplir entièrement son fossé de circonvallation que l'on voit encore, a formé, sur le point le plus élevé de la côte, un énorme mamelon qui ressemble à une montagne posée sur une autre montagne : c'est ce qu'on appelle le *Mont d'Arguel*. Ce mamelon n'a pas moins de vingt mètres d'élévation au-dessus de la montagne, et du haut de son tertre on domine toute la vallée du Liger, depuis Guibermesnil jusqu'à Senarpont ; on découvre même une partie de la vallée de la Bresle jusqu'au delà de Blangy.

C'est sur ce tertre qu'est planté le calvaire contre lequel M. de Belleval s'est élevé avec juste raison, car, si le dernier vestige de la forteresse venait à disparaître, ne pourrait-on pas croire dans les temps à venir que ce mamelon était spécialement destiné à recevoir ce calvaire ?

Comme au Colysée de Rome, c'est un chemin de croix tout entier que l'on a érigé sur le *Mont d'Arguel* en 1858 ; chacune des stations est indiquée par une croix spéciale d'environ deux mètres, et les stations sont disposées de distance en distance sur un sentier en spirale autour du mamelon, depuis le bas jusqu'au sommet ; la croix principale représente la douzième station, celle où le Christ meurt sur la croix. Cette croix a près de douze mètres d'élévation au-dessus du tertre du mamelon ; elle présente cinquante centimètres de face dans toute sa hauteur, et sa branche horizontale porte trois mètres trente-trois centimètres.

La statue du Christ, exécutée par Jean Lemans, de Bruxelles, exprès pour cette croix, n'a pas moins de trois mètres, mais les proportions relatives sont si bien gardées par l'artiste, la nature si bien observée et l'expression d'une douleur infinie si bien rendue sur cette figure mourante, que l'exagération de la statue disparaît entièrement aux yeux du spectateur pour ne laisser place qu'à une admiration recueillie, presque à une sorte de stupeur.

Le 16 juin 1861 eut lieu la bénédiction de cette croix, et l'on peut voir les détails de cette cérémonie dans les journaux locaux qui en ont parlé, et dans lesquels nous avons puisé une partie de ce qui précède.

Qu'il nous soit permis de relever ici, — non dans un but de critique, mais pour rétablir la vérité, — les erreurs que M. Dusevel a commises relativement à ce lieu.

« Les ruines du château d'Arguelles (sic), dit-il, sont peu dignes d'être mentionnées : elles n'offrent rien qui soit grandiose ou imposant [1] ». — C'est, selon nous, quelque chose de grandiose et d'imposant, au contraire, que ce pan de murailles en silex de l'effet le plus pittoresque, que l'on voit depuis près de cinq siècles, au sommet de cette haute colline, et qui attire chaque année, aux beaux jours, une foule de touristes venus de loin. — C'est sans doute une faute d'impression qui lui fit dire que cette forteresse fut prise par les Français en 1202.

Le même auteur se livre plus loin aux écarts de son imagination lorsqu'il dit « qu'aucun souvenir historique ne s'est conservé sur ces ruines, mais qu'elles sont un objet de croyances superstitieuses pour le pays ». Il ajoute gravement : « Suivant quelques habitans, elles seraient habitées par des spectres qui apparaissent de temps à autre pour effrayer les villageois ».

Les souvenirs historiques ne sont pas nombreux sans doute ; cela se conçoit, puisque depuis cinq siècles le château est détruit ; les archives ont été ou brûlées ou enlevées par les Anglais pendant le cours de la guerre de Cent ans. Quant « aux spectres », jamais, que nous ne sachions, aucune croyance de ce genre

---

[1] *Description historique et pittoresque du département de la Somme*, t. II, p. 101.

n'a inquiété l'esprit des habitants d'Arguel ou des environs ; nous avons plus d'une fois consulté les personnes les plus âgées de ces localités à ce sujet, et aucune n'avait entendu parler « des spectres » qui auraient pu habiter ces ruines.

Sur le flanc du larris, un peu au-dessous de la seconde enceinte, on remarque l'ouverture presque entièrement comblée d'un souterrain, qui, d'après la tradition, se prolongerait jusqu'à Airaines, situé à quinze kilomètres de là, mais il n'est plus hanté aujourd'hui que par des lapins, qui en ont fait leurs galeries. D'autres souterrains, rapporte encore la tradition, donnaient accès du fort d'Arguel à la rivière du Liger, où l'on pouvait mener boire les chevaux.

Notons encore qu'à plusieurs reprises, surtout vers 1845, lors de la restauration de l'église du Quesne, on a découvert de nombreux ossements humains, des fers de lance et des fers de chevaux pouvant remonter à une époque assez éloignée.

De temps immémorial, la seigneurie d'Arguel appartint aux comtes de Ponthieu ; elle n'a cessé qu'un seul instant d'être possédée par eux, comme on le verra plus loin.

Il pourra peut-être paraître superflu de donner ici la suite des comtes de Ponthieu ; aussi ne nous bornerons-nous qu'à en présenter une nomenclature très succincte, à partir de l'époque où nous avons la preuve qu'Arguel leur appartenait.

I. Guillaume II, comte de Ponthieu et de Montreuil, fils de Jean Ier, comte de Ponthieu ; il épousa par traité du 20 août 1195 Alix de France, sœur du roi Philippe-Auguste. D'après les *Manuscrits* de Rumet et une *Chronique* de Ponthieu (p. 122)[1], le même roi donna en accroissement d'hommage à Guillaume et à ses hoirs la seigneurie d'Arguel avec ses dépendances ; il fit hommage de cette terre à Philippe-Auguste en 1202, au même lieu d'Arguel, où se trouvait alors le roi. Guillaume mourut en 1224.

II. Marie, comtesse de Ponthieu, fille du précédent, fut mariée en 1208 à Simon de Dammartin, comte d'Aumale, mort à Abbeville le 21 septembre 1239 ; il reçut sa sépulture à l'abbaye de Valloires ; sa veuve épousa en secondes noces, en 1243, Mathieu de Montmorency, seigneur d'Attichy, mort en 1250 ; Marie mourut l'année suivante ; ils furent aussi inhumés tous deux à l'abbaye de Valloires, à laquelle ils avaient laissé de grands biens. De sa première alliance, Marie avait eu trois filles : 1° Jeanne, comtesse de Ponthieu, mariée d'abord, en 1237, *aliàs* 1240, à Ferdinand de Castille, mort en 1252 ; elle épousa ensuite Jean de Nesle ; 2° Marie, alliée à Jean II de Pierrefonds, comte de Roucy ; 3° Philippe.

III. Philippe de Dammartin avait reçu en dot la seigneurie d'Arguel ; c'est à cette époque que ce domaine fut séparé du comté de Ponthieu pour quelque temps. Philippe se maria trois fois : 1° à Raoul II° du nom, comte d'Eu ; 2° à Raoul II, sire de Coucy ; 3° à Othon III, dit *le Boiteux*, comte de Gueldres et de Limbourg.

IV. Renault, comte de Gueldres et duc de Limbourg, fils de la précédente et de son troisième mari, vendit la terre d'Arguel le 5 février 1282 au roi d'Angleterre et à la reine, sa femme, comtesse de Pon-

[1] Ms. 104 de la Bibliothèque d'Abbeville.

thieu ; il leur vendit en même temps les châteaux et ville de Martainneville, de Port et de la Vacquerie-sur-Somme, avec les bois de Cantâtre et quelques rentes sur la vicomté d'Abbeville, moyennant « set mile sessante wit livres set sols et quatre deniers ». (*D. Grenier*, t. 193, fol. 121.)

V. Édouard Ier, roi d'Angleterre, comte de Ponthieu du chef de sa femme, Éléonore de Castille, fille de la comtesse Jeanne et de Ferdinand. Depuis lors, le château et la châtellenie d'Arguel furent réunis pour toujours au comté de Ponthieu, « dont ils partagèrent les vicissitudes ».

VI. Édouard II, roi d'Angleterre, marié en 1308 à Isabelle de France, fille de Philippe le Bel ; mort en 1327.

VII. Édouard III, roi d'Angleterre ; il rendit hommage à Amiens à Philippe de Valois pour le comté de Ponthieu, mais la guerre allumée entre ces deux monarques fit perdre le comté de Ponthieu au roi d'Angleterre par confiscation en 1345.

VIII. Jacques de Bourbon, comte de la Marche, connétable de France, reçut le comté de Ponthieu des mains du roi de France.

IX. Édouard III recouvra le Ponthieu par le traité de Brétigny en 1360 ; il le perdit encore par confiscation au mois de mai 1369 et ce comté fut incorporé à la couronne ; rendu de nouveau à Édouard, il fut repris et définitivement réuni à la couronne de France le 14 mai 1480 [1].

---

[1] Une *Notice historique et généalogique sur la branche aînée des ducs et comtes de Ponthieu*, publiée à Bruxelles en 1854 par A. G. B. Schayes, fourmille d'erreurs ; on lit entre autres, à la page 33, que le Ponthieu fut confisqué le 14 mai 1380 sur Édouard III, alors que ce prince était mort en 1377.

X. Charles V, roi de France ; il fit ajouter un *chef de France* aux premières armoiries du Ponthieu, qui étaient : *D'azur, à 3 bandes d'or, à la bordure de gueules.*

XI. Charles VI, roi de France; il donna le comté de Ponthieu en apanage à son quatrième fils en 1406.

XII. Jean de France, pour qui le comté de Ponthieu fut érigé en pairie en 1412 ; il fut ensuite déshérité par son père, qui donna le Ponthieu à sa fille Catherine, mariée à Henri V, roi d'Angleterre.

XIII. Charles VII, roi de France.

XIV. Philippe le Bon, duc de Bourgogne, comte de Ponthieu par la cession qui lui en fut faite par le traité d'Arras en 1435.

XV. Louis XI, roi de France, usant de la faculté du droit de rachat stipulé par le traité d'Arras, recouvre le Ponthieu en 1463 ; deux ans plus tard, par le traité de Conflans, il le rend au suivant, mais en se réservant le droit de rachat.

XVI. Charles le Téméraire, duc de Bourgogne, comte de Ponthieu jusqu'à sa mort arrivée en 1477. Ce fut lui qui fit bâtir contre le gré des habitants et au mépris de leurs privilèges, le château de Ponthieu à Abbeville, où l'on remarquait cette inscription :

> L'an mil quatre cens soixante et un,
> Moy, Charles, duc de Bourgongne,
> Ce chasteau j'ay icy mis
> En despit de mes ennemis.

XVII. Louis XI recouvra une seconde fois le Ponthieu, qu'il conserva jusqu'à sa mort (1483).

XVIII. Charles VIII, roi de France, comte de Ponthieu (1483 à 1498).

XIX. Louis XII, roi de France, comte de Ponthieu (1498 à 1515).

XX. François Ier, roi de France, comte de Ponthieu (1515 à 1546).

XXI. Henri II, roi de France, comte de Ponthieu (1546 à 1559).

XXII. François II, roi de France, comte de Ponthieu (1559 à 1560).

XXIII. Charles IX, roi de France, comte de Ponthieu (1560 à 1574).

XXIV. Henri III, roi de France, comte de Ponthieu (1574 à 1582).

XXV. Diane, duchesse d'Angoulême, légitimée de France, fille de Henri II et de Diane de Poitiers ; elle fut comtesse de Ponthieu de 1582 jusqu'à sa mort. Elle avait épousé : 1° en 1553, Horace Farnèse, duc de Castro ; 2° en 1557, François de Montmorency ; elle mourut à Paris le 11 janvier 1619 à l'âge de quatre-vingts ans.

XXVI. Charles de Valois, duc d'Angoulême, fils naturel de Charles IX et de Marie Touchet, comte de Ponthieu de 1620 jusqu'à sa mort. Il épousa : 1° en 1591, Charlotte de Montmorency, dont il eut entre autres enfants, Louis-Emmanuel, qui suit ; 2° en 1644, Françoise de Nargonne. Il mourut à Paris le 24 septembre 1650.

XXVII. Louis-Emmanuel de Valois, duc d'Angoulême, comte de Ponthieu depuis 1650 jusqu'à sa mort. Il naquit à Clermont en 1596 ; il était fort savant et aimait les gens de lettres. Il épousa le 8 février 1629 Henriette de la Guiche, dame de Chaumont, dont il eut deux fils, morts jeunes, et une fille, mariée au suivant. Il mourut à Paris le 13 novembre 1653, et sa femme, le 22 mai 1682.

XXVIII. Louis de Lorraine, duc de Joyeuse, grand chambellan de France, né le 11 janvier 1622, épousa le 3 novembre 1649 Françoise-Marie de Valois, duchesse d'Angoulême, née le 27 mars 1631. Il mourut le 27 septembre 1654.

XXIX. Louis-Joseph de Lorraine, duc de Joyeuse et d'Angoulême, naquit à Toulon le 6 août 1650 ; il se maria à Élisabeth d'Orléans, duchesse d'Alençon, fille de Gaston d'Orléans et de Marie de Lorraine ; il mourut de la petite vérole le 30 juillet 1671.

XXX. François-Joseph de Lorraine, duc de Joyeuse, fils du précédent, né le 28 mars 1670, fut pourvu du comté de Ponthieu à la mort de son père, mais il mourut le 16 mars 1675, et le Ponthieu retourna à son aïeule paternelle, Françoise-Marie de Valois, morte le 4 mai 1696.

XXXI. Louis XIV, roi de France, réunit le Ponthieu à la couronne en 1697 ; il le donna au suivant en 1710.

XXXII. Charles de France, duc de Berry, troisième fils du dauphin, reçoit le comté de Ponthieu de Louis XIV comme supplément d'apanage ; mais, au bout de quelque temps, il lui est retiré pour être réuni à la couronne.

XXXIII. Louis XV, roi de France, comte de Ponthieu (1715 à 1774).

XXXIV. Louis XVI, roi de France, comte de Ponthieu (1774 à 1776).

XXXV. Charles, comte d'Artois, depuis Charles X, frère du précédent, comte apanagiste du Ponthieu de 1781 à 1789.

Outre la seigneurie principale, il y avait un assez grand nombre de fiefs à Arguel, dont le plus important, qui formait une seigneurie, était possédé par des seigneurs du nom d'Arguel, mais leur filiation ne paraît pas bien établie ; nous donnerons leurs noms tels que nous les avons trouvés.

Renouard d'Arguel assiste à la première croisade en 1096.

Étienne et Fulbert d'Arguel donnent trois journaux de terre à la maladrerie du Quesne vers 1180.

Jean d'Arguel en 1225.

Foulques d'Arguel, chevalier, sire dudit lieu, marié à Adélaïde Tyrel, dame de Bergicourt, Bettembos et Éplessier.

Guillaume d'Arguel, avec cinq autres, donne quittance à Guillaume de Milly et à Jouffroy Coquatrix de 52 livres tournois pour leur service en Flandre (Arras, 10 septembre 1302).

Le 20 octobre de la même année, Drohe d'Arguel, écuyer, confesse avoir reçu de Guillaume de Milly 24 livres tournois pour son service en Flandre ; sur le sceau en cire brune se voit un écu seul portant une *croix potencée, cantonnée de 4 tourteaux* [1].

Geoffroy d'Arguel, chevalier, 12 juillet 1344.

Baudouin d'Arguel, écuyer de la compagnie de Waleran de Rayneval en 1369.

Gléo d'Arguel, écuyer en 1369 ; son sceau portait *une étoile à 6 raies* (Tit. de Clérembault).

Colard d'Arguel possédait un ténement à Abbeville en 1447.

D'après M. de Belleval, Arguel a eu ses châtelains,

---

[1] *Trésor généalogique de Picardie*, par un Gentilhomme picard.

comme Crécy, c'est-à-dire les gardiens de sa forêt.

Parmi eux nous citerons : 1° Guy au Costé [1], en 1268 ; 2° Simon de Barbafust [2], en 1289 ; l'un des membres de cette famille, Jean de Barbafust, peut-être le père du châtelain d'Arguel, était maïeur d'Abbeville en 1246 ; il portait *treize fleurs de lis* dans ses armes, sans doute pour quelque service rendu au roi par ses prédécesseurs ou par lui-même ; cette famille a donné son nom à une rue d'Abbeville qui est encore conservé actuellement. L'Hôtel-de-Ville avait affecté une somme pour tenir dans un état constant de propreté la place du Marché-aux-Herbes, au fond de laquelle était la maison de Barbafust [3] ; 3° Jacques au Costé, en 1300 ; il était fils de René ou Renier au Costé, maïeur d'Abbeville en 1225, 1227, 1233 et 1235 ; il fut lui-même maïeur de cette ville en 1280, 1284, 1288, 1300 et 1301. Il épousa Jeanne Loisel, dont il eut trois fils, qui furent tous trois maïeurs d'Abbeville à différentes époques : 1° Mathieu, maïeur en 1308 ; 2° Firmin, seigneur de Bouillancourt-sous-Miannay, maïeur en 1336 ; 3° Jean, maïeur en 1337 ; un autre membre de cette famille, Pierre au Costé, fut nommé receveur du comte de Ponthieu par le roi d'Angleterre en vertu de lettres données par ce dernier en juin 1279 au château du Gard-lez-Rue [4] ; 4° Simon de Rogehan [5],

---

[1] Armes : *D'argent, à la bande de sable, accompagnée de 6 billettes de même et chargée de 3 alérions.*

[2] Armes : *De gueules, au sautoir d'azur chargé de 13 fleurs de lis d'or à 4 têtes barbues d'or.*

[3] F.-C. Louandre. *Les mayeurs et les maires d'Abbeville.*

[4] F.-C. Louandre ; loc. cit..

[5] Armes : *D'argent, à 3 fasces de sinople accompagnées de 6 besans d'or, 3, 2 et 1.*

châtelain d'Arguel en 1340 ; il paraît être le dernier qui ait occupé cette charge.

Fiefs.

Parmi les fiefs assis à Arguel et mouvants de ce lieu, le plus important était le fief des Rumetz ; quant aux autres, leurs noms nous sont inconnus.

1° Fief de quinze livres de censives possédé par l'abbaye de Selincourt.

2° Fief à la Maladrerie du Quesne.

3° Fief situé à Arguel, mais relevant de la seigneurie de Saint-Aubin-Rivière.

4° Fief des Rumetz. (V. ci-dessous.)

5° Fief faisant partie du fief des Rumetz, tenu du roi par Claude le Blond, écuyer, seigneur du Plouy [1]. D'après D. Grenier, ce fief se composait de cinquante et un journaux de terre éclipsés et tenus des Rumetz ; il appartenait en 1703 au sieur le Blond, de Favières, au lieu d'Antoine Boulenger, bourgeois d'Amiens. (*Topogr.*, t. 194, p. 121.)

Fiefs des Rumetz. — Situés près du château d'Arguel, ces deux fiefs étaient tenus du roi à cause de son château d'Arguel, et non de la seigneurie de ce lieu. Leurs mouvances étaient considérables, puisqu'elles s'étendaient sur huit cents journaux de terre.

[1] M. E. Prarond. *De quelques lieux du Ponthieu...* — M. le c^{te} A. de Louvencourt. *État des fiefs et seigneuries... du Ponthieu.* — Arch. mun. d'Abbeville.

Le possesseur avait la justice vicomtière ou moyenne justice.

Le premier possesseur connu est Raoul Hasterel [1], vivant en 1180.

Hugues Hasterel, chevalier, vivant en 1200, lui succéda.

Guillaume Hasterel, fils du précédent, seigneur des Rumetz en 1236.

Guillaume ou Gilles Hasterel, écuyer, sert un aveu au roi le 5 janvier 1377 pour son fief assis à Arguel (D. *Grenier*) ; le même jour, il fournit au même un autre aveu pour son manoir de Fresnoy [2].

Jeanne Hasterel hérita des Rumetz ; elle en était en possession en 1447.

Jean de Donqueur [3], écuyer, seigneur de la Ferrière, Galametz et Vitz-sur-Authie, devint seigneur des Rumetz du chef de sa femme, Jeanne Hasterel, veuve en premières noces d'Eustache de Mérélessart, écuyer ; Jean de Donqueur était le second fils de Guillaume et de Marie de Bailleul ; il vivait encore en 1474. Les 16 juin 1449 et 16 juin 1451, il constitua une rente au profit de Jean le Pelle.

Jean le Pelle, bourgeois d'Abbeville, seigneur de Longuemort, Bettencourt-Rivière, Franqueville, Guebienfay, le Cardonnoy, des fiefs d'Épaumesnil et des Rivières, acheta les Rumetz au précédent le 27 octobre 1452. De son mariage avec Aélips du Maisniel,

---

[1] Armes : *De ... au chef fuselé de ... et de ...*

[2] M. de la Gorgue cite Baudoin le Marié, écuyer, qui fournit aveu au roi du fief des Rumetz le 7 mars 1377 (D. Grenier dit le 12 mars), mais cet auteur ajoute que ce fief n'était qu'une éclèche de celui de Gilles Hasterel.

[3] Armes : *D'or, au chevron de gueules.*

il n'eut point de postérité. Par son testament daté de 1480, il partagea tous ses biens entre ses héritiers.

Jean le Canu [1], neveu du précédent, hérita de lui les quatre fiefs des Rivières à Long, et les Rumetz. De son mariage, il eut le suivant.

Robert le Canu, bourgeois d'Abbeville, seigneur des Rivières et des Rumetz, comparut à l'arrière-ban de 1535. Le 12 mai 1529, il avait acheté à Jacques de Biencourt le fief de Fontaine à Fresneville. De son mariage vers 1500 avec Anne Férache, dame de Guisancourt, il eut : 1° Jean qui suit ; 2° Madeleine, femme de Christophe de Blottefière, qui suivra ; 3° Jeanne, dame du quint des Rumetz, mariée en 1534 à Jacques de la Gorgue, seigneur d'un fief noble à Arguel ; 4° Roberte, femme de Mathieu Mourette, garde du scel de Ponthieu ; 5° Michelle, mariée à Nicolas Warré ; 6° Périne, alliée à Jean des Camps, maïeur de Rue.

Jean le Canu, bourgeois d'Abbeville, seigneur des quatre fiefs de Rivières et des Rumetz, demeurant à Abbeville en 1563, mourut sans laisser de postérité, et ses sœurs héritèrent de tous ses biens [2].

Christophe de Blottefière [3], écuyer, seigneur de la Haye et du Cardonnoy, maïeur d'Abbeville en 1537,

---

[1] Armes : *D'argent, à 3 fasces d'homme, 2 et 1* (Waignart).

[2] Jeanne le Canu, femme de Jacques de la Gorgue, hérita de Jean le Canu, son frère, un quint des Rumetz. Leur fils, Robert de la Gorgue, receveur du domaine de Ponthieu de 1570 à 1578, échevin d'Abbeville en 1586, était seigneur du quint des Rumetz ; il épousa le 18 octobre 1582 Gabrielle le Maistre, fille de François et de Marie de la Fosse ; n'ayant point laissé d'enfants, le quint des Rumetz passa à Jacques de la Gorgue, frère de Nicolas, prêtre, et à Alix, femme de Jean Roussel.

[3] Armes : *D'or, à 3 chevrons de sable.*

premier échevin en 1561, garde du scel de Ponthieu en 1534 et 1535, bailli de Long et Longpré, présente ses fiefs [1] en 1535 et comparaît à l'arrière-ban de 1557. Il était seigneur des quatre quints des Rumetz du chef de sa femme, Madeleine le Canu. De son union naquirent : 1° Maximilien, qui suit ; 2° Jeanne, mariée à Alexandre d'Ippre, écuyer.

Maximilien de Blottefière, écuyer, seigneur de la Haye, les Rumetz, le Cardonnoy et autres lieux, épousa par contrat du 22 juillet 1573 Anne de Quevauvillers, — *alibi* Marguerite, — fille de Jacques, seigneur du Longuet et de Monthomer, et d'Isabeau Descaules ; il en eut le suivant.

André de Blottefière, écuyer, seigneur de la Haye, Rumetz, Longuet, Cardonnoy, épousa Jeanne Cornu, *alias* Louise, fille de François, écuyer, seigneur de Beaucamps-le-Vieux, et d'Anne de Lauzeray ; de ce mariage sont nés : 1° François, qui suit ; 2° Françoise, religieuse à Épagne, où elle fit sa profession le 1er mars 1629 ; 3° Isabeau, femme d'Antoine de l'Épine.

François de Blottefière, écuyer, seigneur de la Haye, des Rumetz, Longuet et autres lieux, vivant en 1637, fut marié à Michelle de Lisques, dont il eut : 1° Claude, mort sans alliance ; 2° Jeanne, alliée au suivant.

Gérard de Sarcus [2], chevalier, seigneur de Fosse-Bluet, Lentilly, Ronssoy, Courcelles-sous-Moyencourt, où il naquit le 16 février 1629, épousa par contrat du 19 décembre 1655 Jeanne de Blottefière, qui lui apporta

---

[1] Fiefs à Guisancourt, à Wanel, à Hallencourt, à Hocquincourt et à Surcamps.

[2] Armes : *De gueules, au sautoir d'argent, accompagné de 4 merlettes de même.*

en dot pour trois cent mille livres de biens, consistant dans les terres de Liercourt, Long, Longuet, les Rumetz, la Haye, Cardonnoy, etc. Il était l'aîné des quinze enfants de Geoffroy II de Sarcus et d'Anne Favier, et fut maintenu dans sa noblesse par Lebœuf, intendant de Picardie, le 20 juillet 1666 ; il était mort avant le 3 août 1668, car sa femme fit à cette date le relief des Rumetz ; elle mourut le 11 janvier 1685. De leur union étaient nés : 1° François-Gérard, qui suit ; 2° Louis-Joseph, seigneur du Ronssoy ; 3° Jean-Baptiste, dit *le chevalier de Courcelles* ; 4° François-Antoine, écuyer, seigneur du Cardonnoy ; 5° Charles, écuyer, seigneur de Liercourt ; 6° Firmin-Victor, écuyer, seigneur du Longuet ; 7° Anne-Élisabeth, mariée à Étienne de Bruissy, chevalier, seigneur d'Harbonnières ; 8° Anne-Thérèse, demoiselle du Longuet, alliée à Jean de Margival ; 9° Jeanne-Françoise, demoiselle du Ronssoy ; 10° Marie-Anne, demoiselle de la Haye, fille d'honneur de la reine de Pologne, morte sans alliance ; 11° Françoise-Luce, demoiselle de Liercourt, mariée à Joseph Pingré ; 12° Jeanne-Aimée, demoiselle du Cardonnoy, mariée à David d'Aigneville.

François-Gérard de Sarcus, chevalier, seigneur de Courcelles, Liercourt, Longuet, les Rumetz et autres lieux, baptisé le 5 octobre 1658, épousa, par contrat du 13 octobre 1682, Catherine du Chastellet, fille de François, chevalier, seigneur de Moyencourt, Famechon, Saint-Romain, Sailly et Lentilly, et de Catherine de Presteval. De ce mariage sont issus : 1° Claude-Eugène, né en 1689, marié à Marguerite Ternisien, dont il n'eut qu'une fille morte en bas âge ; 2° Charles-Alexandre, religieux ; 3° Éléonor-Maximilien, qui suit ; 4° Claire, mariée en 1710 à François de

Belleville ; 5° Marie-Gabrielle, alliée en 1716 à Charles de la Rue ; 6° Marie-Élisabeth ; 7° Louise, toutes deux reçues à Saint-Cyr ; 8° Françoise-Catherine, religieuse à Variville.

Éléonor-Maximilien, marquis de Sarcus, chevalier, seigneur de Courcelles, Lentilly, les Rumetz, Fresneville, la Rouge-Cambre, Fontaine, Saint-Romain, Moyencourt et autres lieux, colonel au corps royal d'artillerie, directeur des fortifications des places de Picardie, chevalier de l'ordre de Saint-Louis, mousquetaire de la garde du roi en 1714, était né en 1696. Il épousa, par contrat du 19 septembre 1721, Marie-Françoise Roger de Boislévêque ; il mourut le 13 janvier 1768, et sa femme, le 10 septembre de la même année.

Henri Ternisien [1], chevalier, seigneur de Fresnoy-Andainville, Russelin, Fontaine, Saint-Blimond, Becquétoille et autres lieux, acheta les fiefs des Rumetz au marquis de Sarcus le 28 août 1764 pour la somme de huit mille livres ; le même jour, il acheta au même le fief de la Fontaine, situé à Fresneville, pour quatre mille livres. Henri Ternisien était fils aîné de François, chevalier, seigneur d'Ouville et de Russelin, et d'Agnès Ternisien de Valencourt. Il épousa le 8 février 1767 Marie-Françoise d'Arondel et en eut : 1° Henri-Grégoire, qui suit ; 2° François-Philippe-Édouard, né le 29 janvier 1770, dit *le chevalier de Fresnoy*, sous-lieutenant au régiment d'Austrasie, émigra à la Révolution et mourut le 6 août 1792 à

---

[1] Armes : *D'argent, à trois fleurs de lis, au pied nourri de gueules, accompagnées de trois molettes d'éperon mal ordonnées de même.*

Alstrowecler, village d'Allemagne, sous Landau et Spire [1]; 3° Marie-Françoise-Henriette, née le 23 janvier 1771, mariée à Louis-Jérôme Lefebvre ; 4° Louis, né le 3 avril 1772, mort le 9 février 1784 ; 5° Marie-Anne-Agnès, femme de Hippolyte Dufour. Henri Ternisien mourut le 27 mars 1778 à l'âge de cinquante-trois ans, et fut inhumé dans la chapelle seigneuriale de Fresnoy-Andainville.

Henri-Grégoire Ternisien, chevalier, seigneur de Fresnoy-Andainville, Becquétoille, Caillemotte, les Rumetz et autres lieux, page du duc d'Orléans en 1783, officier au régiment d'Austrasie, naquit le 3 septembre 1768. Il épousa Marie-Madeleine Louvel et en eut le suivant.

Henri-Charles-Évariste Ternisien, chevalier, marié à Charlotte-Mélanie de Cacheleu ; de ce mariage sont nés : 1° Marie-Thérèse-Hermance, non mariée ; 2° Marie-Henriette-Élise, sans alliance; 3° Marie-Adélaïde-Claudine, née le 10 mars 1831, mariée à M. Joseph-Marie-Prosper de Rambures, à qui appartient le bois du Forestel, à Arguel, et les propriétés de l'ancien fief des Rumetz.

Arguel ne tarda pas à profiter de l'ère nouvelle qu'offrit à la société française le mouvement du XII° siècle, connu sous le nom d'affranchissement des communes. En effet, nous en avons la preuve, non par sa charte, mais par le nom de ses maïeurs, que l'on rencontre dès le commencement du XIII° siècle. Ce qui vient encore à l'appui de cette preuve, c'est qu'on « trouve dans Rymer la commission donnée par

---

[1] Note des registres de l'état civil d'Arguel.

le roi d'Angleterre au sénéchal de Ponthieu chargé de recevoir le serment au nom du roi » (18 mars 1308) ; parmi ces communes, au nombre de douze, nous lisons le nom d'Arguel [1]. Deux autres pièces manuscrites, citées par M. H. Cocheris, l'une de 1230, l'autre de 1307, prouvent aussi l'établissement de la commune d'Arguel [2]. Les libertés et privilèges des habitants furent plusieurs fois confirmés par les rois de France, notamment par Charles VIII, en 1487, et par Louis XII, quelques années plus tard (1498) [3].

M. Ch. Dufour, d'Amiens, possédait l'empreinte du sceau de la commune d'Arguel au XIIIe siècle : *D'azur, au cerf courant d'or, la tête tournée à dextre, accompagné en chef et à senestre d'un soleil d'or, et, en pointe, d'un croissant renversé, éclairé par le soleil.*

Voici ce qu'on trouve dans l'ouvrage de M. Douët d'Arcq :

« Sceau rond de 45 mill. — Archives de l'Empire. J. 395, n° 111.

« Un cerf passant à gauche. Au-dessus de sa croupe une sextefeuille ; sous son ventre, un croissant versé.

† S' AV MAIRE DARGVEL
(Seel au maire d'Arguel).

« Appendu à une promesse du maire et des échevins d'Arguel, au roi, d'abandonner le comte de Ponthieu au cas où il ne tiendrait pas son accommodement avec le roi. — 4 mars 1230 [4] ».

---

[1] Aug. Thierry. *Hist. du Tiers-État*, t. IV, p. 73, ad notam.
[2] *Notices et extraits des documents manuscrits relatifs à la Picardie*, t. Ier, p. 181.
[3] Ibid.
[4] *Collection de sceaux...*, t. II, p. 377, n° 5,741.

Liste des maïeurs dont nous avons pu retrouver les noms :

I. Le Marié Hugues, 1216. — II. Maritat Hugues, 1225 ; il paraît à cette date comme témoin à un acte de donation en faveur de la maladrerie du Quesne. — III. Danzel Jean, 1495 ; il assiste en cette année à la rédaction des coutumes de Ponthieu (17 octobre). — IV. Hénicque Guillaume, 1615. — V. Lœullier Jean, 1642. — VI. Quatrelivres Nicolas, qualifié ancien maïeur en 1700. — VII. De Vimeu Jean, vers 1700. — VIII. Chocquart Augustin, vers 1720. — IX. Leleu François, 1731.

Il ne nous a pas été possible de découvrir à quelle date ni pour quelle cause la commune d'Arguel fut supprimée, mais bien certainement cette suppression avait eu lieu avant la Révolution.

Il se trouve aux archives d'Abbeville une supplique des maire et échevins d'Arguel adressée au sénéchal de Ponthieu au sujet des maître, frères et sœurs de la maison et hôtellerie du Quesne ; cette supplique, presque illisible, est sur parchemin et contient huit lignes et demie, mais ne porte point de date ; elle peut être de la fin du XIIIe siècle ou du commencement du siècle suivant (II. 265).

Depuis la Révolution, les maires d'Arguel ont été : I. Sannier Pierre-Firmin, 1793 à 1802. — II. Lefèvre Jean-Baptiste, 1803 à 1805. — III. Michel Antoine, 1805 à 1824. — IV. Ternisien Henri, 1824 à 1830. — V. Lefèvre François, 1830 à 1845. — VI. Villerelle Félix-Augustin, 1845 à 1866. — VII. Villerelle Jules, coquetier, fils du précédent, 1866 à 1881. — VIII. Tourneur René, en exercice depuis 1881.

« La commune d'Arguel est la seule du département qui possède des bois communaux soumis au régime forestier.

« Pour avoir droit d'affouage dans cette commune, il faut l'avoir habitée un an et un jour, à partir de la veille de Noël, et y posséder une demeure fixe et réelle.

« Lorsque plusieurs ménages vivent ensemble sous le même toit et au même feu, c'est le premier entré qui a seul droit à la communauté ; car il ne saurait y avoir plusieurs portions dans la même maison.

« Quand un habitant décède ou quitte la commune, lui ou ses héritiers perdent leur droit à la communauté de l'affouage. S'il se trouve porté au rôle de la répartition de la commune, et s'il a payé le montant de sa quote-part de taxe, la commune la rembourse.

« Enfin, pour avoir droit de recueillir une portion de l'affouage, il faut être présent et habiter la commune au moment de la distribution [1] ».

Guillaume III, comte de Ponthieu, fils de Jean, donna en 1202 aux habitants d'Arguel, moyennant une redevance annuelle de quatre mesures d'avoine par chaque maison de la commune, un droit d'usage dans la forêt d'Arguel en un canton appelé depuis les *Communes d'Arguel* ou *Bois des Jurés* ; il leur accorda en outre les droits de chauffage et de franc-batissage, et les autorisa à prendre le bois nécessaire pour les restaurations à faire à l'église et au puits communal chaque fois que la nécessité s'en ferait sentir.

---

[1] A. Bouthors. *Les usages locaux du département de la Somme*, p. 81.

Plus tard, aux quatre mesures d'avoine, vint s'ajouter un setier d'avoine à payer au domaine du roi pour la justice, la mairie et autres privilèges accordés autrefois par les comtes de Ponthieu.

Les communes d'Arguel, d'une contenance de cent journaux quatre-vingt-dix-huit verges, aboutissaient d'un côté à la forêt de ce nom et de l'autre au val Dié, — aujourd'hui Vaudier; — d'un bout, au bois du seigneur de Saint-Aubin et au bois commun des habitants de ce village, et de l'autre bout, au bois de l'hôtellerie du Quesne et au bois de la commanderie de Saint-Maulvis [1].

Nous trouvons dans D. Grenier (tome 39, f° 98) des lettres à la date du 3 avril 1307 des maire et échevins d'Arguel par lesquelles ils reconnaissent que Jean de Chalon, chevalier, sénéchal et garde de la terre de Ponthieu, leur avait accordé la « moitié du profit de douze journex de bos du comun de la forest d'Arguel », dans le but de les aider à refaire leur église. Ils déclarent par ces lettres que la « grace » que leur a faite le sénéchal de Ponthieu « ne puist estre trait en exemple en nul tans a venir ne porter préjudice au seigneur de Pontiu n'a ses hoirs en nul point ». Et pour que ce soit « ferme chose et estable », ils ont scellé ces lettres « du propre soel du commun de le vile d'Arguel ».

A la suite des guerres du XVe siècle, les habitants d'Arguel perdirent leurs titres ; ils s'adressèrent alors au roi Charles VIII, qui, par lettres-patentes données à Rouen le 5 décembre 1487, et adressées au maître

---

[1] Un plan de la forêt d'Arguel au XVe siècle se trouvait dans le cabinet de M. Ch. Dufour, d'Amiens.

des Eaux et Forêts du comté de Ponthieu, leur confirma le privilège accordé par Guillaume de Ponthieu, attendu que depuis « six vint ans et de si lonc tems il n'est mémoire du contraire ». Ces lettres-patentes furent entérinées le 4 juillet 1489 par Jean de Wierre, écuyer, seigneur de Maison-Ponthieu en partie, lieutenant du maître des Eaux et Forêts de la maîtrise d'Abbeville.

Les habitants d'Arguel, sans doute par reconnaissance envers les comtes de Ponthieu, firent un accord en 1625 avec leur curé, messire Boinet ; outre la portion de bois dont il jouissait comme habitant, ils lui donnèrent un filet de bois de douze verges à la condition qu'il chanterait à l'église, tous les dimanches et jours de fêtes, la prière *Domine non secundum* pour les comtes de Ponthieu décédés ; plus tard, par acte du 12 avril 1682, le curé, Henri Langlois, fut autorisé par les habitants à jouir d'une portion entière de bois au lieu du filet accordé à ses prédécesseurs ; de sorte qu'il devait payer quatre mesures d'avoine pour cette seconde portion.

Le roi Louis XIV nomma des commissaires généraux pour la réformation des Eaux et Forêts de France ; les commissaires chargés de la réformation de la maîtrise d'Abbeville, considérant que les habitants d'Arguel avaient « mésusé de leurs concessions », leur ôtèrent les communes par acte du 30 août 1666.

Ce ne fut qu'en 1670 que M. de Colbert, intendant de Picardie, leur donna en échange le bois du Forestel [1], d'une contenance de soixante-dix journaux sept

[1] Ce bois, qui appartenait alors au roi, était situé à l'extrémité du terroir d'Arguel et faisait face à la vallée du Liger ; il tenait au nord et à l'est aux terres et aux jardins d'Arguel.

verges, ou cinquante-neuf arpents cinquante-sept perc'ies ; ils en furent mis en possession par une sentence de Pierre Gallet, écuyer, seigneur de Sombrin, de Neuilly-l'Hôpital, etc., lieutenant particulier des Eaux et Forêts de Picardie en Ponthieu, rendue pendant l'hiver de 1670.

A cette occasion, il fit remarquer que la portion réunie à la forêt d'Arguel avait été autrefois « en commun usage aux habitants dudict lieu d'Arguel et que le Forestel avoisine leur bourg », et que par conséquent on pourrait, « pour donner lieu au rétablissement de la ville, ruinée par les guerres, leur délaisser l'usage du bois » ; — que la forêt d'Arguel, qui leur fut retirée, était d'une contenance de cent vingt journaux de bon bois (nous lisons ailleurs cent journaux) ; — que le bois du Forestel ne contenait que cent dix journaux (nous avons vu plus haut que sa contenance était de soixante-dix journaux) ; — qu'il était d'une valeur inférieure d'un quart à la forêt d'Arguel, ce qui ruinait leur communauté ; il ajoutait que les habitants pourraient se pourvoir auprès du roi pour rentrer dans leur ancien droit en produisant leurs titres, mais que jusqu'à ce jour « leur pauvreté les avait contraints de subir un tel jugement ».

Il se coupait annuellement vingt-deux portions de bois de vingt-cinq verges, dont le total formait la dixième partie du bois du Forestel ; les cent cinquante verges restant étaient vendues pour entretenir l'église, etc. Le nombre des maisons usagères, qui était par conséquent de vingt-deux, ne fut plus que de dix-sept vers 1686, attendu que le sieur Morisset, d'Abbeville, en avait fait démolir cinq pour agrandir la sienne.

Il est à remarquer que les habitants abusèrent souvent de leurs privilèges en vendant avec leurs maisons usagères les portions de bois dues à ces maisons comme s'ils eussent été propriétaires du bois. Un arrêt du Conseil, en date du 12 mars 1712, cassa et annula ces sortes de ventes et fit défense aux habitants d'en faire de semblables à l'avenir.

Jusqu'en 1725, le curé d'Arguel avait joui de deux portions de bois ; à cette époque les habitants voulurent le troubler dans sa possession ; mais, par sentences des 19 février 1731, 22 janvier et 7 mars 1732, il fut maintenu dans ses deux portions de bois. Les habitants interjetèrent appel à la Table de Marbre, qui confirma toutes ces sentences par jugement contradictoire du 7 janvier 1733. Mais, en 1753, M. de Bomicourt, maître particulier des Eaux et Forêts, sollicité par les habitants, ne voulut accorder qu'une seule portion de bois au curé d'Arguel. Ce dernier signifia une requête le 16 mars 1760 aux habitants, corps et communauté d'Arguel, pour rentrer en possession de ses deux portions de bois. Un procès long et coûteux s'engagea, qui fut perdu par le curé d'Arguel ; il n'eut plus qu'une seule portion de bois de vingt-cinq verges, et fut contraint de payer sa part des charges pour avoir la jouissance de ce droit [1].

Le 11 novembre 1770, les habitants d'Arguel s'étant réunis à l'issue de la messe par devant Nicolas Clairé, notaire à Liomer, après avoir reconnu que l'église menaçait ruine, — que le cimetière était sans clôture, — que la charpente du puits était en mauvais état, — que les ressources dont pouvait disposer la communauté étaient insuffisantes ; — vu l'urgence de ces di-

[1] Ms. de la bibliothèque d'Abbeville, n° 165.

verses réparations, ils résolurent « d'implorer la protection de Mgr Moreau de Beaumont, intendant des finances du roy », pour obtenir la permission d'abattre un nombre suffisant de chênes au-dessus de quarante ans dans le bois du Forestel appartenant à leur communauté par la cession qui leur en a été faite par le roy Charles V, dit le Sage, confirmée par ses successeurs ». Henri Ternisien fut constitué procureur général et spécial pour la communauté d'Arguel afin de faire toutes diligences pour mener à bien cette affaire. (Arch. du château de Fresnoy.)

Notons qu'en 1726 la communauté d'Arguel fut taxée à deux cent cinquante livres seize sols pour le droit de chauffage qu'elle avait dans le bois du Forestel ; cette taxe était imposée à l'occasion du droit de confirmation sur les usages à cause du joyeux avènement du roi à la couronne.

Comme on l'a vu plus haut, Arguel était autrefois le chef-lieu d'un bailliage indépendant dont le siège était en dernier lieu à Liomer. Il ressortissait d'Abbeville, coutume du Ponthieu. Par la suite, il fut réuni à celui d'Airaines et devint, sous le nom de bailliage d'Airaines et d'Arguel, l'un des cinq bailliages du Ponthieu.

Parmi les baillis de ce lieu dont les noms se sont rencontrés dans nos recherches, nous citerons : 1° Firmin d'Oisemont, bailli pour le comte de Ponthieu en 1333 ; 2° Firmin Fontaine, en 1364 ; 3° Henri Barberi, en 1364 ; il assista au château de Ponthieu, à Abbeville, à la lecture des lettres de provisions de Nicolas de Lorraine pourvu de l'office de sénéchal par Édouard III, roi d'Angleterre (*Chr. de Rumet*) ; 4° Guillaume de la Trenquie ; il signa les coutumes du Ponthieu le 17 octobre 1495.

Nous avons aussi retrouvé les noms de deux lieutenants du bailli : 1° Jehan d'Esquincourt en..., 2° Guillaume de Bellengreville, écuyer, seigneur de Fresnoy-Andainville en 1510.

Au siècle dernier, Jean-Charles-Nicolas Dumont, licencié en droit, avocat, fut reçu en qualité de bailli d'Arguel, par Benoît-Alexandre, comte de Monchy, sénéchal de Ponthieu ; le procès-verbal d'admission est ainsi conçu : « Attendu que nous avons parfaite connaissance que ledit bourg d'Arguel est dans une décadence très grande, et qu'on ne peut plus y tenir les audiences, attendu le peu d'habitants et le défaut de marché dans ledit lieu, authorizons ledit sieur Dumont à louer une maison dans le bourg de Liomer, du ressort de cette sénéchaussée, pour y tenir les plaids, en ce qui concerne Arguel seulement... [1] »

L'école communale mixte d'Arguel, fréquentée par 9 garçons et 5 filles, n'existe que depuis 1836 ; le nombre des instituteurs qui s'y sont succédé est de 11.

Il n'y a que deux rues pour ce village : la grand'rue et la rue d'en bas.

Lieuxdits : Le larris du charron, l'épinette, le buisson Boinet, le parc à vaches, les quatre Malbrouck, le patis Quatrelivres, etc.

[1] Arch. dép. de la Somme. B, 659.

VILLERS-CAMPSART

Vilers, 1146 ; Villaria, 1277.

A cent quatre-vingt-cinq mètres d'altitude s'élève le village de Villers-Campsart, distant de dix-huit hectomètres du Liger ; il est à six kilomètres d'Hornoy, son chef-lieu de canton, et à trente-huit d'Amiens. Sa superficie territoriale est de 446 hectares, dont 387 en terre labourable et 32 en prairies naturelles. La population est actuellement de 228 habitants pour Villers et 74 pour Campsart, formant 111 ménages occupant 97 maisons ; 149 habitants vivent de l'agriculture, 52 de l'industrie et 22 du commerce. En 1806, Villers avec Campsart contenaient 421 habitants, et en 1827, 453.

L'église, dédiée à Notre-Dame, est en forme de croix latine ; elle passe pour avoir été construite en 1506 par Jean de la Rivière. Les fenêtres ont conservé quelques restes de vitraux anciens. En entrant dans l'église, on remarque à droite une chapelle dédiée à la sainte Vierge ; en face, à gauche, se trouve la sacristie, qui n'est pas dépourvue d'intérêt ; c'était autrefois la chapelle seigneuriale ; les portes, en bois de chêne bronzé, en forme de grilles, sont couvertes d'élégantes sculptures; elles proviennent de l'abbaye de Selincourt. On voit dans cette sacristie une cheminée aussi ancienne que l'église. Sur un autel en pierre, consacré à sainte Marie-Madeleine, est un tombeau en bois de cette sainte; il est orné de bas-reliefs assez curieux, représentant notamment le château et la forêt d'Arguel; on y lit ces paroles de l'Évangile: « Vous qui péchez, ne vous désespérez pas ».

Au premier plan sont deux personnages agenouillés, représentant, l'un Jean de la Rivière, l'autre Marguerite de Benserade, sa femme, ainsi qu'on le voit par leurs écussons.

Une pierre tumulaire représentant François de la Rivière, porte l'inscription suivante:

> Cy git François de Larivière
> Par mort cruelle estaint et assopy.
> Cy git icy des armes la lumière,
> Jadis nomé cappitaine Chépy.
> Cy git icy la barre et ferme appuy,
> Où le Piedmont avoit son esperance.
> Cy git icy la fleur, le bourgeon et épy
> Dhonie des armes et des soldatz de France.
> Cy git icy quy par mort et envie
> Mort avant au corps, mais vivant quat à l'ame.
> Cy git icy qui par mortelle envie
> A cy roduict son cueur soubz ceste lame.
> Cy git icy qui longtemps de sa lame
> A exercé de la mort sa puissance.
> Cy git icy quy en sa vie sans blasme
> Est mort cent fois pour l'honneur de la France.
> Cy git icy qui de sa grande jeunesse
> A ensivy le naturel de Mars.
> Cy git icy quy n'a doubté la presse
> Ny la rigueur des machines et dards.
> Dessoub sa charge sont mortz plusieur soldatz
> Pour soustenir de France la querelle.

Cy git icy quy par bresches et ramparts
S'est conquesté couronne immortelle.
Cy git icy duquel l'expérience
Luy a donné à la fin tel crédit
Que rois crestiens ont eu la cognoissance
De sa vigueur et martial édit.
Renom publicque ne lui ainterdict
Son grand mérite mais par tesmoings produict
A faict acroistre son honneur et arroy
Qu'il a esté sans aucun contredict
Faict gentilhome de la chambre du Roy.
Puys en après eut cens chevaulx legiers,
Maistre de camp fut faict en Italie.
En cest estat a passé mains dagiers
Pour donner loy et honneur en sa vie.
Fortune adverse de nature ennemie
Quy sy longtemps d'honneur l'avoit muny
Le fit aler de fallace fournie
Finir ses jours en l'assaut de Caugny.
Ce fut en l'an cinq cens cinquante-sept
Précédant mil vingt cinq de I vin
Que... et bruit et son crédit parfaict
Finit par mort par un vouloir divin.
Nous prions Dieu clement doulx et begnin
Quy tout régit par sa seulle puissance
Que pardonne du péché le venin
Ayant du ciel la gloire et joissance.

Le 7 juin 1728, Nicolas Simon, religieux prémontré, fournit la déclaration des revenus de la cure de Villers, à la présentation de l'abbé de Sery, dont le total s'élevait à 404^l 2^s 6^d, tous frais déduits. — L'abbaye de Lieu-Dieu, celle de Selincourt et le prieuré de Notre-Dame d'Hornoy, contribuaient pour une certaine part dans les réparations du chœur de l'église de cette paroisse.

Depuis la fin du siècle dernier, Villers-Campsart a

été desservi par : I. Corbie, 1789 à 1792. — II. Morel, 17... à 1826. — III. Hénocque, 1827 à 1885. — IV. Duvauchelle, en exercice depuis 1885.

La seigneurie de Villers, relevant de la châtellenie de Bailleul-en-Vimeu, appartint de bonne heure à la famille de la Rivière [1] par suite du mariage, vers 1420, d'Émard de la Rivière avec Marie Tigier ou Tigé, fille de Braye Tigier, seigneur de Villers-Campsart en 1400.

Edmond de la Rivière, chevalier, seigneur de Villers, fils d'Émard, épousa Marguerite de Bailleul. Il en eut : 1° Jean, qui suit ; 2° Marie, alliée à Jean de Buissy le 18 mai 1479.

Jean de la Rivière, chevalier, seigneur de Villers-Campsart, Épaumesnil et Grandmoulin, épousa Marguerite de Benserade, fille de Paul, capitaine du château de Milon, et en eut : 1° Jean, qui suit ; 2° François, seigneur de Frières, baron de Chepy, fort renommé, chevalier de l'ordre du roi, mestre de camp au régiment de Piémont ; 3° Pierre, chevalier de Malte ; 4° Marguerite, *aliàs* Paule, femme de Pierre de Belloy ; 5° Jeanne, alliée au seigneur de Pecteville ; 6° Claude, mariée au seigneur de Saint-Raagond.

Jean de la Rivière, baron de Chepy, chevalier, seigneur de Villers, Grandmoulin, Épaumesnil et Frières, épousa le 19 septembre 1526, Marie de Roncherolles-Hugueville, d'où : 1° Adrien, qui suit ; 2° Claude, seigneur d'Argoules et de Dominois ; 3° François, seigneur de Frières, tué à Coni le 25 juin 1557 ; c'est à lui que

---

[1] Armes : *D'argent, au lion de sable, à la bordure de gueules.*

se rapporte l'inscription de l'église de Villers ; 4° Marie, alliée à Claude de Boulainvillers, seigneur de Chepoix en 1550 ; 5° Gabrielle et cinq autres filles, religieuses.

Adrien de la Rivière, baron de Chepy, chevalier, seigneur de Villers, Frières, Grandmoulin, Boisjean, Épaumesnil, etc., enseigne de cinquante hommes d'armes, chevalier de l'ordre du roi, épousa : 1° le 11 novembre 1559 Françoise de Teuffles, dame de Saint-Maxent, Huppy et Grébaumesnil, fille de Louis et de Suzanne de Saint-Omer-Morbèque ; 2° vers 1587 Madeleine de Rune. De son premier mariage il eut une fille, alliée au suivant.

Robert de Grouches [1], IIe du nom, chevalier, seigneur de Grouches, Gribeauval et autres lieux, bailli de Valois, chambellan et gentilhomme ordinaire du roi Henri IV, chevalier de son ordre, gouverneur du château de Pont-Remy, mestre de camp, etc., né en 1564, épousa par contrat du 17 février 1586 Anne de la Rivière, dame de Chepy, Villers et autres lieux, fille unique du précédent. Les dettes considérables qu'avait contractées Robert II, et le paiement de sa rançon après sa prise au siège de Doullens, le forçèrent de passer de concert avec sa femme une sentence le 15 décembre 1612 pour la vente de plusieurs terres jusqu'à concurrence de quarante mille écus. Robert mourut vers 1624 et sa femme au mois d'avril 1613 ; ils furent inhumés en l'église des Capucins d'Abbeville ; de leur mariage ils avaient eu : 1° Jean, baron de Chepy ; 2° Pierre, qui suit. Robert avait eu aussi un fils natu-

[1] Armes : *D'or, à 3 fasces de gueules.*

rel : Robert, bâtard de Grouches, écuyer, seigneur de Bourquentin, marié par contrat du 13 novembre 1642 à Catherine de Sainte-Aldegonde, fille de Robert et d'Anne de Bacouel.

Pierre de Grouches, chevalier, seigneur de Villers-Campsart, Gribeauval et autres lieux, gentilhomme ordinaire de la chambre du roi, capitaine au régiment de ses gardes, fut tué au siège de Saint-Omer. Par contrat en date du 19 juillet 1636, il épousa Claude Rouault, fille de Nicolas, marquis de Gamaches, et de Françoise Mangot ; de ce mariage naquit une fille, alliée au suivant.

François des Essars [1], chevalier, marquis de Lignières, gouverneur de Saint-Quentin, colonel d'infanterie, devint seigneur de Villers-Campsart après son mariage, par contrat du 29 juin 1662, avec Marie-Françoise de Grouches, fille du précédent. Le marquis de Lignières fut tué à Candie et sa femme mourut en 1697.

Claude-Marie des Essars, fille du précédent, était fille d'honneur de madame la Grande-Duchesse en 1700 ; elle mourut sans avoir été mariée.

En 1750, la seigneurie de Villers appartenait à Mme Duval de l'Épinoy, qui eut pour héritière Marie-Jeanne Duval, femme de Jean-Jacques de Gattet, marquis de Mondragon, seigneur de Saint-Chamond, Villers-les-Pots, conseiller d'État.

[1] Armes : *De gueules, à trois croissants d'or.*

CAMPSART

Campsart est une annexe de Villers, dont la population est de 106 habitants. A s'en rapporter à son étymologie, la fondation de ce lieu ne remonterait pas à une bien haute antiquité ; il se serait élevé sur l'emplacement d'un bois : *sart, sartum*, lieu défriché.

Les habitants font voir une motte, espèce de tumulus entouré d'un fossé, et prétendent qu'à l'époque de l'invasion romaine, César y aurait fait établir un camp, d'où serait venu le nom de *Campsart*, camp de César. Nous donnons cette étymologie pour ce qu'elle vaut.

« Le hameau de Campsart, situé à un quart de lieue de Villers, était sans église, dit M. Darsy ; cependant au xive siècle il y avait une chapelle fondée par Pierre de Campsart, seigneur du lieu, qui lui avait affecté une rente de douze livres le 5 janvier 1339, laquelle avait été amortie par le roi Philippe VI, au mois de juillet précédent [1] ».

La seigneurie de Campsart, mouvant de la châtellenie d'Airaines, était possédée dans le principe par des seigneurs qui en portaient le nom, et cette famille des premiers seigneurs s'est perpétuée jusqu'au xve siècle.

Nous citerons Raoul de Campsart, chevalier, témoin de donations faites à la léproserie du Quesne en 1203 et 1216.

Pierre de Campsart, homme-lige de Saint-Maxent

---

[1] *Bén. de l'Égl. d'Am.*, t. II, p. 144.

pour son fief Hénencourt qu'il possédait en 1311 ; il pourrait bien être le même que celui qui est cité plus haut.

Wales de Campsart, en 1360.

Pierre de Campsart le Jeune, tenant un fief relevant d'Arguel en 1377.

Godart de Campsart, en 1378.

Pierre de Campsart, fils de Godart.

Jeanne de Campsart, mariée à Mathieu d'Ellecourt, chevalier, en 1378.

En 1507, d'après M. de Belleval, la seigneurie de Campsart était un membre de la commanderie de Saint-Maulvis, de laquelle elle était mouvante ; mais nous pensons qu'il y avait deux seigneuries distinctes.

Louis de Bernard [1], écuyer, archer des ordonnances du roi, second fils d'Antoine, seigneur de Basinval, et de Jeanne du Moulin, était seigneur de Campsart en 1536. Il fut tué à la bataille de Saint-Quentin le 10 août 1557. De son mariage avec Françoise de Belleval, contracté le 1er décembre 1539, il avait eu Jacques, écuyer, marié à Marguerite le Camus.

Charles le Charpentier, écuyer, était seigneur de Campsart en 1560 ; il eut pour successeur son frère, Antoine le Charpentier (1580).

Au siècle dernier, la seigneurie de Campsart appartenait à Alexandre de Valois [2].

Villers-Campsart est la patrie de Jacques Robbe,

---

[1] Armes : *De gueules, au sautoir d'argent, surmonté d'une molette d'éperon de même.*

[2] Arch. dép. de la Somme. B, 105 et 151.

mort en 1742. Il fut professeur, puis grand maitre du collège Mazarin ; il était en même temps professeur de théologie en Sorbonne et devint plus tard, en 1710, recteur de l'Université. Il a laissé plusieurs traités de théologie imprimés, entre autres : 1° *Tractatus de mysterio verbi incarnati auctore M. Jacobo Robbe.* Parisiis, 1762, 1 vol. in-8°. 2° *Tractatus de augustissimo Eucharistiæ sacramento, auctore Jacobo Robbe, sacra societate Parisiensis doctore Sorboniæ et Regiæ sacræ Theologiæ, professore in Sorbona.* Neufchâteau, 1772, 1 vol. in-8°. 3° *Dissertation sur la manière dont on doit prononcer le canon, et quelques autres parties de la messe.* Neufchâteau, 1772, 1 vol. in-8°. 4° *Tractatus de Gratia Dei auctore M. Jacobo Robbe.* Parisiis, Beuvat Morin, 2 vol. in-8°.

Michel-François le Bel, neveu de Jacques Robbe, naquit à Villers-Campsart le 13 janvier 1716 ; il fut d'abord professeur de philosophie en 1741, puis de rhétorique au collège Mazarin ; il en devint recteur en 1755.

Les maires de Villers-Campsart ont été : I. Olive, 1793 à l'an IV. — II. Louis Félix, an IV à 1807. — Martin, 1807 à 1816. — Manchion, 1816 à 1823. — V. Houpin 1823 à 1827. — VI. Lefebvre, 1827 à 1831. — VII. Clairé, 1831 à 1835. — VIII. Delamarre 1835 à 1852. — IX. De Forceville Auguste, en exercice depuis 1852.

L'école mixte de Villers compte une population scolaire de 22 garçons et de 18 filles.

Les instituteurs ont été : I. Fortin, Leclercq et Leullier, 1793 à 1826. — II. Carle, 1826 à 1835. — III. Harlay, 1835 à 1851. — IV. Sueur, 1851 à 1885.

Principaux lieuxdits : la sence, le coudet, la gore, la haute et la basse couture.

DROMESNIL

Drogomaisnil, 1149 ; Maisnil Drogonis, 1170.

Dromesnil, situé à quatre-vingt-dix mètres d'altitude, est à cinq kilomètres d'Hornoy. Sa superficie territoriale est de 538 hectares, dont 435 sont mis en culture et 60 couverts de bois. En 1762, on y comptait 152 feux ; en 1726, il s'y trouvait 560 habitants ; en 1806, 404 ; en 1827, 409 ; en 1837, 400, et en 1886, 260, formant 81 ménages. Les deux tiers des habitants vivent de l'agriculture ; l'autre tiers se compose de familles de maçons, de charpentiers et de couvreurs.

Avant la Révolution, la cure de Dromesnil était à la présentation du prieur de Pont-Remy ; le 12 février 1730, Nicolas Trencart, curé du lieu, fournit la déclaration des biens de la cure, dont le produit brut s'élevait à 646 livres.

L'église n'offre rien de particulier. Le clocher contient une cloche dont l'inscription a été oblitérée en plusieurs endroits ; nous y avons lu ce qui suit : « L'an 1673, j'ay esté beniste par Jean Amourette, curé de Long et...... Baptiste m'a nommée Jeanne Françoise avec dam^elle Anne. .... » Cette cloche provient sans doute d'une autre église.

Les curés ont été : I. Langlet, 1676. — II. Moyencourt, 1692 à 1721. — III. Trencart, 1721 à 1733. — IV. Frère Godefroy du Saint-Esprit, 1733 à 1734. — V. Lefèvre, 1734 à 1758. — VI. Vasseur, 1758 à 1764. — VII. Dangest, 1764 à 1765. — VIII. Traullé, 1765 à 1781. — IX. Nollen, 1781 à 1801. — X. Dupré, 1801 à 1829 ; de cette époque à 1845, la paroisse à été desservie par les curés du Boisrault — XI. Baille, 1845 à 1850. — XII. Ridoux, 1850 à 1852. — XIII. Duhautoy, 1852 à 1854.—XIV. Ménard, 1854 à 1858.—XV. Martin, 1858 à 1869. — XVI. Turbet, 1869 à 1876 ; intérim de 1876 à 1878. — XVII. Vaquette, en exercice depuis 1878.

Les manuscrits de D. Grenier nous apprennent seulement que la seigneurie de Dromesnil relevait de celle de Sourdon, canton d'Ailly-sur-Noye.

Baudoin de Liomer était seigneur de Dromesnil au XIIe siècle.

Sainte de Dromesnil, dame dudit lieu, épousa vers 1200 Wautier de Hallencourt [1], chevalier, seigneur de Hallencourt et de Bléricourt, fils de Hugues, chevalier, et de Mathilde, dans la famille duquel resta la seigneurie de Dromesnil jusqu'en 1789, fait à noter parce qu'il est fort rare. De son mariage, Wautier eut le suivant.

Henri de Hallencourt, écuyer, seigneur dudit lieu, de Dromesnil et de Famechon, épousa N... de Famechon en 1235 ; de cette union naquit le suivant.

---

[1] Armes: *D'argent, à la bande de sable accompagnée de 2 cotices de même.*

Henri de Hallencourt, écuyer, seigneur dudit lieu, de Dromesnil et de Famechon, épousa Pétronille N... Leurs enfants furent : 1° Pierre, qui suit : 2° Jean, écuyer, convoqué dans la guerre de 1337 ; sa fille épousa Laurent de Grébaumesnil en 1356.

Pierre de Hallencourt, écuyer, seigneur de Dromesnil, avait des biens à Drucat en 1311 [1].

Edmond de Hallencourt, écuyer, seigneur de Dromesnil, fils du précédent, épousa vers 1350 Jeanne Quiéret, fille de Robert, écuyer, seigneur de Raimecourt ; il en eut : 1° Jean, qui suit ; 2° Hue ; 3° Robin ; ces deux derniers possédaient fiefs à Airaines en 1370.

Jean de Hallencourt, écuyer, seigneur de Dromesnil, eut plusieurs enfants, entre autres : 1° Jean, qui suit ; 2° Jean, religieux au prieuré de Saint-Pierre d'Abbeville ; 3° Marie, qui épousa Pierron de Villiers, écuyer.

Jean de Hallencourt, écuyer, seigneur de Dromesnil, épousa par contrat du 1ᵉʳ juillet 1451 Isabelle de Boulainvillers, et il en eut : 1° Jean, qui suit ; 2° Philippe, écuyer ; 3° Antoinette, mariée en premières noces en 1488 à Guy de Belloy, écuyer, seigneur d'Hamy, et en secondes noces à Frédéric de Bailleul, écuyer, seigneur de Héripré.

Jean de Hallencourt, écuyer, seigneur de Dromesnil, épousa par contrat du 23 avril 1493 Marguerite d'Humières, dont il eut : 1° Robert, qui suit ; 2° Christophe, écuyer, seigneur de Warmain ; 3° François, écuyer, seigneur de Miraucourt ; 4° Hugues, chevalier de Malte.

Robert de Hallencourt, écuyer, seigneur de Dromesnil, Boulainvillers, Bettembos, Translay, Morival,

---

[1] Bibl. d'Abbev. *Terrier du Ponthieu*, ms. n° 105.

Biencourt, etc., eut pour femme, le 14 octobre 1539, Jeanne de Conteville, dont: 1° Louis, qui suit; 2° Frédéric, chevalier de Malte; 3° Marie, qui épousa le 6 août 1573 François de Mailly, chevalier, seigneur d'Haucourt; 4° Françoise, mariée à Pierre de Boffle.

Louis de Hallencourt, chevalier, seigneur de Dromesnil, Boulainvillers, Bettembos, Conteville, le Translay, etc., fut allié en 1575 à Madeleine d'Étampes de Valençay. Il eut: 1° François, qui suit; 2° Antoine, chevalier, seigneur de Conteville.

François de Hallencourt, chevalier, seigneur de Dromesnil, Boulainvillers, Bettembos, etc., épousa le 16 octobre 1602 Renée de l'Isle-Marivaux; de cette union sont issus: 1° Louis, qui suit: 2° Antoinette, femme en premières noces de David de Hémont, et en secondes noces d'Antoine de Vaudricourt.

Louis de Hallencourt, chevalier, seigneur de Dromesnil, Boulainvillers, Bettembos et autres lieux, eut de sa femme, Françoise de Boufflers, qu'il épousa par contrat du 25 septembre 1634: 1° Louis-François, qui suit; 2° François, chevalier, marquis de Boulainvillers, seigneur de Blanchemaison et de Bettembos.

Louis-François de Hallencourt, chevalier, marquis de Dromesnil, vicomte et châtelain du Translay, seigneur de Conteville et autres lieux, se maria en 1667 à Nicole-Françoise de Proissy, d'où sont nés: 1° Emmanuel-Joseph, qui suit; 2° François-Charles, évêque de Verdun, mort en 1744, âgé de soixante-dix-neuf ans; 3° Louise-Étiennette, dame de Limermont, mariée en 1708 au comte de Grasse.

Emmanuel-Joseph de Hallencourt, chevalier, marquis de Dromesnil, capitaine lieutenant des chevau-légers-Dauphin, épousa en 1699 Madeleine-Louise-

Françoise de Proissy, sa cousine-germaine. Il mourut le 12 mai 1745 en son château de Morfontaine.

Charles-François-Gabriel de Hallencourt, chevalier, marquis de Dromesnil, maréchal de camp, épousa par contrat du 1er avril 1739 Marie-Jeanne Ballet de la Chenardière, morte sans enfants le 7 janvier 1742 à l'âge de vingt-huit ans ; il épousa en secondes noces, au mois d'août 1743, Jeanne-Edmée de Boullongne, née en 1723, troisième fille de Jean, contrôleur général des finances, et de Catherine-Charlotte de Beaufort. Le marquis de Dromesnil mourut le 27 décembre 1749 ; sa seconde femme était morte précédemment, au mois de février 1747. Ils avaient eu deux filles : 1° Charlotte-Françoise, mariée le 11 décembre 1762 au marquis Emmanuel-Marie-Louis de Noailles ; 2° Adélaïde-Élisabeth, qui épousa le 2 janvier 1763 le marquis Louis-Antonin de Belzunce.

La seigneurie de Dromesnil fut vendue en 1789 par les héritiers du marquis de Dromesnil à Pierre Roussel de Belloy, chevalier, maréchal des camps et armées du roi.

Maires : I. Crême, 1792. — II. Gellé, 1801 à 1807. — III. De Belloy-Dromesnil, 1807 à 1832. — IV. Martin Auguste, 1832 à 1843. — V. Martin Jean-Baptiste, 1843 à 1852. — VI. De Belloy, 1852 à 1855. — VII. Matifas, 1855 à 1876. — VIII. Martin J.-B., seconde fois, 1876 à 1878. — IX. Fortin Maurice, 1878 à 1884. X. Caubert Oscar, 1884 à ce jour.

Dromesnil possède une école communale laïque de garçons, qui reçoit 24 élèves, et une école congréganiste de filles, où assistent 25 élèves.

Les instituteurs ont été : I. Lefèvre Joseph, 1792 à 1796. — II. Fortin Maurice, 1796 à 1836. — III. Leclercq Éléonore, 1836 à 1851. — IV. Josse, 1851 à 1855. — V. Celin, 1855 à 1857. — VI. Décamps, 1857 à 1861. — VII. Lemaître, 1861 à 1864. — VIII. Quignon, 1864 à 1870. — IX. Talva, 1870 à ce jour.

Lieuxdits : les bosses, les galets, la belle épine, l'enfer, le Canda, l'hommelet, le bois de la fée, les canonniers, le pain d'épice, le fief de Belloy, le bois de la voirie, le bois de la corroie, le bois du chêne-fée.

Rues : la grande rue ou rue haute, la rue basse, la petite rue, la rue de l'abbaye et la rue du bois.

FRESNEVILLE

Fraisneville, 1301 ; Frenneville, 1373.

L'église de Fresneville, sous le vocable de saint Gilles, était à la présentation du prieur de Laleu ; cette paroisse fit d'abord partie du doyenné d'Airaines puis de celui d'Hornoy. — Le 14 juillet 1728, Charles Lamory, curé de Fresneville, fournit la déclaration des biens de la cure, dont le produit brut était de 598^l 13^s 4^d, et le montant des charges, de 215^l.

A la même époque, le couvent des Minimes d'Abbeville avait quatre journaux de terre à Fresneville, affermés 4 setiers de blé ; le prieuré de Saint-Valery à Laleu y possédait une branche de dîme affermée 80 livres, mais il devait contribuer pour une certaine part aux réparations du chœur de l'église [1].

Avant la Révolution, ce village faisait partie du bailliage et de la prévôté d'Abbeville ; il était mi-partie de l'élection d'Abbeville. En 1714, le terroir consistait en quatre cent quatre-vingt-quatorze journaux de terre ; on y comptait 36 feux à la même date et 60 en 1762. Aujourd'hui Fresneville est un beau village situé à cent cinquante mètres d'altitude, distant de trois

[1] M. Darsy. *Bén. de l'Égl. d'Amiens*, t. II, pp. 16, 53, 54.

kilomètres et demi du Liger, d'une superficie territoriale de 339 hectares et d'une population de 206 habitants, comprenant 62 maisons occupées par 70 ménages. Sa distance d'Oisemont est de neuf kilomètres, et celle d'Amiens de quarante kilomètres.

Nous trouvons à la date de 1763 la description suivante de la partie de Fresneville située dans l'élection de Ponthieu :

« Fresneville est une paroisse. M. Carpentin de Cumont en est le seigneur. Trente-huit feux ; ny ferme ny hameau qui en dépende. Fresneville est situé partie en plaine, partie sur la pente d'un petit coteau ; il en est de même du terroir, dont les meilleures terres sont médiocres. Productions ordinaires. Treize laboureurs ; les autres habitants sont houpiers, fileurs de laine et journaliers. Fresneville est my-partie avec l'élection d'Amiens. Point de moulin, ny biens communaux, ny bureau de marque, ny foire, ny marché. Le pied de taille est de 645 livres ». — Montant des quatre contributions actuellement : 2,650 francs.

Il y avait deux seigneuries à Fresneville : l'une, celle de Fresneville-Ponthieu, était du bailliage d'Abbeville ; l'autre, de Fresneville-Saulchoy, du bailliage d'Amiens.

1° Seigneurie de Fresneville-Ponthieu. — D'après un acte de partage passé à Abbeville le 29 décembre 1787, il résulte que cette seigneurie était tenue noblement en pairie de la baronnie de Hélicourt par dix livres parisis de relief, quarante sols parisis de chambellage, dix livres parisis d'aide et le quint denier de vente. Cette seigneurie consistait dans les droits honorifiques à l'église, censives en grains, volailles, chapons, poulets, etc., le tout évalué à un revenu annuel de trois cents livres.

La seigneurie de Fresneville-Ponthieu était possédée en 1311 par Robert d'Ailly, et en 1507 par Jeanne Flaon, qui épousa noble homme Henri Joly.

En 1560, Florimond de Biencourt, dont nous avons parlé à la monographie de Guibermesnil, était seigneur de Fresneville.

Jacques de Biencourt, chevalier, seigneur de Poutrincourt, Saint-Maulvis, Fresneville et autres lieux, chevalier de l'ordre du roi, capitaine de 50 hommes d'armes, était fils du précédent ; il épousa par contrat du 11 septembre 1577 Renée de Famechon, de laquelle il eut : 1° Philippe, qui suit ; 2° Charles, chevalier, seigneur de Poutrincourt ; 3° Michel, chevalier de Malte ; 4° Louise, mariée à Théséus de Belloy ; 5° Charlotte ; 6° Catherine, qui épousa par contrat du 5 novembre 1633 Louis de Maquerel.

Philippe de Biencourt, chevalier seigneur de Poutrincourt, Saint-Maulvis, Épaumesnil, Fresneville et autres lieux, capitaine de cavalerie, bailli d'Ardres et de Guines, épousa par contrat du 1er décembre 1611 Françoise d'Ardres, dont il eut quatre enfants.

Jacques de l'Etoile [1], écuyer, seigneur de Beaufresne et autres lieux, devint seigneur de Fresneville au commencement du XVIIe siècle par l'achat qu'il en fit au précédent. Il était fils puîné de Jean de l'Etoile, écuyer, seigneur de la Callois, et d'Isabeau de la Fosse. Par contrat du 16 août 1596, Jacques de

---

[1] Armes : *D'azur, à une croix d'or cantonnée au 1er, au 2 et au 3 d'une molette d'or et au 4 d'un besant de même.*

l'Etoile, demeurant alors à Beauriez, paroisse de Bazinghen (Boulonnais), avait épousé Françoise de Lastre, fille du seigneur de Montquesnel ; il en eut : 1° Antoine, qui suit ; 2° François, écuyer, seigneur de Belleval ; 3° Françoise, femme de Pierre de la Motte, écuyer, seigneur de la Hague ; 4° Antoinette, mariée le 18 décembre 1648 à Pierre de Fontaines, écuyer, seigneur de Cérisy. Jacques de l'Etoile épousa par contrat du 9 novembre 1613 Jeanne Carpentin, la dixième des enfants de Galois, écuyer, seigneur de Cumont, capitaine de Saint-Riquier, et de Jeanne Truffier, dame de la Trenquie ; il paraît n'en avoir point eu d'enfants, si ce n'est peut-être Antoinette, nommée plus haut.

Antoine de l'Etoile, écuyer, seigneur de Fresneville, Aquitaine et autres lieux, épousa par contrat passé à Montreuil le 16 décembre 1643 Diane des Groiseillers ou Groseliers, fille de François, écuyer, seigneur de Saint-Léger, et de feue Jeanne de Waconsains ; il mourut au mois de mai 1658, et sa femme, au mois d'avril 1676. Leurs enfants furent : 1° Alexandre, qui suit ; 2° Charles, chevalier, seigneur d'Aquitaine, capitaine de cavalerie dans les troupes boulonnaises en 1696, maintenu avec son frère dans sa noblesse en 1708, mort sans alliance ; 3° Marie, femme de François de Donqueur, qui suivra ; 4° Françoise ; 5° Anne.

Alexandre de l'Etoile, chevalier, seigneur de Fresneville, où il naquit le 4 août 1650, capitaine de grenadiers, puis colonel du 6° régiment d'infanterie de troupes boulonnaises le 20 mai 1704, fut maintenu dans sa noblesse le 27 avril 1708. Il avait épousé par contrat du 17 avril 1685 Claude de Lastre, fille de feu

Antoine de Lastre, chevalier, seigneur de Breuil, et de Marie du Bois, et n'en eut point d'enfants.

François de Donqueur [1], chevalier, seigneur de Ponthoile, fils de Claude, écuyer, et de Marie de Polhoy, dame de Saint-Hilaire, épousa par contrat du 20 janvier 1683 Marie de l'Etoile, dame de Coulonvillers, qui hérita plus tard de ses frères les seigneuries de Fresneville, de Beauriez, etc. De ce mariage sont issus : 1º François, mort en 1711, âgé de treize ans ; 2º Marie-Catherine, alliée au suivant.

Marc-Antoine de Carpentin [2], chevalier, seigneur de Cumont, le Festel, Hanchy, le Mesnage, Pénerville et autres lieux, mousquetaire du roi, fils aîné de Jacques, chevalier, et d'Antoinette-Marguerite de Créquy, dame de Ligny, Gonehem et Neuville-au-Cornet, épousa par contrat passé à Abbeville le 12 juin 1714 Marie-Catherine de Donqueur, dame de Fresneville, Ponthoile, Saint-Hilaire, Polhoy et autres lieux. De cette union sont nés dix enfants : 1º Marc-Antoine, chevalier, seigneur de Fresneville, Cumont, Hanchy, le Festel, Coulonvillers, Pénerville et autres lieux, testa en 1775, et mourut peu de temps après sans avoir été marié ; 2º Jean-Baptiste, chevalier, seigneur de Hanchy, puis de Fresneville, Cumont, etc., après son frère, fut capitaine au régiment de Lorraine-infanterie et mourut sans alliance en 17... 3º Alexandre-François, mort jeune ; 4º Élisabeth, morte jeune ; 5º Marie-Char-

---

[1] Armes : *D'or, au chevron de gueules.*

[2] Armes : *D'argent, à 3 fleurs de lis au pied nourri de gueules.*

lotte, mariée par contrat du 30 juin 1752 à Jacques Tillette, chevalier, vicomte du Maisniel-lès-Ochancourt, seigneur du Maisnil, Warlus, etc., morte sans enfants en 1775 ; 6° Marie-Marguerite, dite *Mademoiselle de Hanchy*, dame de Polhoy et de Gonehem, morte sans alliance en 1783 ; 7° Marie-Madeleine, dite *Mademoiselle de Pénerville*, héritière après ses frères de Cumont, Fresneville, Hanchy, etc., qui suivra ; 8° Marie-Catherine ; ces trois dernières étaient mortes jeunes ou sans alliance avant 1775.

Marie-Madeleine de Carpentin épousa : 1° le 2 décembre 1770 Maximilien-François-Xavier de Saisseval, chevalier, seigneur de Ricquemesnil, Hem et Hardinval, chevalier de Saint-Louis, lieutenant-colonel au corps royal d'artillerie, commandant pour le roi de l'artillerie à Abbeville, fils de Nicolas, seigneur des mêmes lieux, et de Marie-Catherine-Colette Dragon, dame de Ricquemesnil ; 2° le 16 janvier 1784, Charles-Antoine Pappin, chevalier, seigneur de Caumesnil, Favières et autres lieux, fils de Charles et de Françoise-Marie Obry. Marie-Madeleine de Carpentin, à qui étaient échues toutes les seigneuries de ses frères et sœurs, n'eut point d'enfants de ses deux unions ; elle testa à Abbeville le 24 août 1786 et mourut quelques jours après ; elle reçut sa sépulture le 7 septembre suivant dans l'église de Saint-Éloi d'Abbeville. Par acte du 29 décembre 1787, il résulte que les quatre cinquièmes de la terre de Fresneville-Ponthieu furent attribués à Anne-Suzanne de Riencourt de Villers, veuve de Jean-Baptiste Guyeu, écuyer, domiciliée à Marseille, comme cousine au quatrième degré de Marie-Madeleine de Carpentin, et le cinquième restant échut à son cousin-germain,

Marc-Antoine de Carpentin, chevalier, seigneur de Gapennes, Grandjeu, Neuville-au-Cornet, etc.

2° SEIGNEURIE DE FRESNEVILLE-SAULCHOY. — Cette seconde seigneurie formait un fief tenu noblement de la châtellenie d'Airaines par soixante sols parisis de relief, vingt sols parisis de chambellage, soixante sols parisis d'aides et le quint denier de vente, avec hommage de bouche et de mains, service à roncin, service de plaids tous les quinze jours et droit de haute, moyenne et basse justice.

D. Grenier nous apprend que ce fief consistait en une maison avec enclos de cinq journaux de terre labourable, trente journaux de bois, un moulin à vent, et en censives ; M. de Belleval ajoute que ces censives rapportaient 45 livres et cinq setiers de blé. Nous voyons ailleurs que ce fief pouvait valoir mille livres de rente ; il y a confusion sans aucun doute avec la seigneurie de Fresneville-Ponthieu, car, d'après le partage de succession de Madame Pappin en 1787, nous trouvons que le fief de Fresneville-Saulchoy était d'un revenu de neuf livres, et qu'il consistait en seize journaux de terre en sept pièces et en censives sur un manoir de cinquante verges.

Le fief de Fresneville-Saulchoy appartenait en 1372 à Jean du Gard [1], écuyer, maieur d'Amiens en 1358, 1372 et 1375. La Morlière rapporte en ses *Antiquités* que Jean du Gard, qui était seigneur de Longpré, Mervillers, Sotteville, etc., eut un différend avec l'échevinage d'Amiens relativement au droit de juri-

[1] Armes : *D'azur, à trois gards ou canettes d'argent, becquées et membrées de gueules.*

diction qu'il prétendait avoir en un fief à Longpré-sans-Arbres, relevant du roi ; de son côté, l'échevinage entendait avoir à lui seul la juridiction sur ce fief, qui était situé dans la banlieue de la ville. Jean du Gard fit valoir devant le bailli d'Amiens qu'il était bourgeois de cette ville, « qualifié jadis honorable, qu'il avoit plusieurs terres, territoires et possessions qu'il tenoit noblement de plusieurs seigneurs, et par espécial du roy nostre sire, entre lesquels estoit un fief séant avec ses dépendances à Longpré et mouvant du roy à pur et sans moyen, à cause duquel il avoit plusieurs hommes, hostes et tenans, et sur iceux haute, basse et moyenne justice, et néanmoins perdit sa cause ». En 1375, Jean du Gard acheta la seigneurie de Maucreux, située en la banlieue d'Amiens.

Jacques du Gard, écuyer, seigneur de Fresneville, Maucreux, Longpré, Sotteville et Mervillers près Rumigny, conseiller au Parlement de Paris en 1400, maître des requêtes en 1417, mort échevin d'Amiens en 1420, était fils du précédent ; en 1388, il obtint des lettres de confirmation de noblesse du roi Charles VI, « en considération de la vie louable de Jacques, de l'honnêteté de ses mœurs et de plusieurs vertus qu'il possédait, avec pouvoir à toute sa postérité masculine de recevoir quand elle voudrait la ceinture militaire et de pouvoir tenir des fiefs et arrière-fiefs de quelque dignité qu'ils soient, à la seule charge de payer au trésor une finance modérée ». Jacques du Gard avait épousé, vers 1360, Philippine de Hangard, dont il eut : 1° Colart, mort sans enfants ; 2° Jean, qui suit ; 3° Pierre, seigneur de Maucreux.

Jean du Gard, IIe du nom, écuyer, seigneur de Fresneville, Mervillers, Sotteville et autres lieux, conseiller au Parlement de Paris en 1438, laissa pour enfants : 1° Collaïe, alliée à Simon Saint-Son, écuyer ; 2° Thibaut, qui suit ; 3° Nicolas, qui prit pour femme Thibaude de Beaupeigne.

Thibaut du Gard, écuyer, seigneur de Fresneville et autres lieux, fit son testament en 1473 ; il laissa de sa femme, Guillemette de Wailly : 1° Jean, qui suit ; 2° N..., alliée à Jacques d'Ippre, seigneur de Fluy.

Jean du Gard, III° du nom, écuyer, seigneur de Fresneville et autres lieux, épousa en 1480 Éléonore du Caurel, dont il eut : 1° Jean, mort sans enfants de son mariage avec Antoinette Péredieu ; 2° Robert, qui suit.

Robert du Gard, écuyer, seigneur de Fresneville en 1515, époque où il était maïeur d'Amiens, épousa Péronne le Forestier, dont il eut : 1° Pierre, seigneur de Longpré et de Maucreux ; 2° Jean, qui suit.

Jean du Gard, IV° du nom, écuyer, seigneur de Fresneville, Mervillers, Sotteville et autres lieux, maïeur d'Amiens en 1543 et en 1546, et lieutenant général de la même ville, mort en 1565, avait épousé Catherine le Fèvre de Caumartin en 1533 ; il eut : 1° Guillaume, prieur de Vendeuil ; 2° Jean, qui suit ; 3° Christophe, écuyer, seigneur de Suzenneville ; 4° Claude, seigneur de Berny ; 5° Antoine, religieux à Corbie ; 6° Robert, seigneur de la Chaux ; 7° Charlotte, religieuse à Longpré-les-Corps-Saints ; 8° Madeleine, religieuse à Variville ; 9° Anne, femme de Guillaume le Grand, seigneur d'Argœuvres ; 10° Antoinette, alliée à Philippe d'Ardres.

Jean du Gard, V° du nom, chevalier, seigneur de Fresneville, Mervillers, Saulchoy et autres lieux, créé sénéchal de Ponthieu en 1560, dont il fut ensuite gouverneur, présida en cette qualité l'assemblée des trois États en 1576. Le 18 décembre 1578, il céda son office de sénéchal de Ponthieu à Pierre de Roncherolles moyennant trois mille neuf cents livres. « Malgré cet acte, dit M. de Belleval, il fut encore sénéchal pour la Ligue, et, en 1585, les sentences de la sénéchaussée étaient encore rendues en son nom ; il était pourtant mort avant le 23 février 1581, ainsi qu'il résulte d'un contrat de constitution de cent soixante-deux livres dix sols de rente, au denier douze, au profit de Jeanne de Fontaines, veuve de Jean du Gard, pour finir d'acquitter la somme de trois mille neuf cents livres dues par Pierre de Roncherolles comme prix de la charge de sénéchal [1] ». Selon M. Pouy, Jean du Gard mourut en 1590. Il avait épousé le 9 avril 1567 Jeanne de Fontaines, fille de Raoul, seigneur de Ramburelles, et de Françoise de Bacouël, et n'en eut qu'un fils, qui suit.

Antoine du Gard, chevalier, seigneur de Fresneville, Mervillers, Méricourt et le Saulchoy, épousa par contrat du 19 janvier 1591 Charlotte d'Aumale, fille de Nicolas, écuyer, seigneur de Haucourt, et de Charlotte Gaillard de Longjumeau, dont il eut : 1° Charles ; 2° Henri, morts tous deux sans alliance ; 3° Madeleine, alliée au suivant. Par son testament, daté du 10 avril 1634, Antoine du Gard déclare vouloir être inhumé dans l'église de Méricourt auprès de sa femme ; déjà reposaient dans cette église les corps de ses père et mère et de son fils Charles. Sur une pierre qui se trouve sous le lutrin, on voit deux chevaliers revêtus de brassarts et de cuissarts, leurs heaumes à leurs pieds, et on lit cette inscription en partie effacée :

[1] *Les Sénéchaux de Ponthieu.*

« .... messire Jehan du Gard, chevalier, seigneur de Méricourt.... Tilloloy, gouverneur de Ponthieu.... Jehane de Fontaine.... trépassa le XI° jour de mars mil V°IIII×× et deux [1] ». (M. Decagny, *Hist. de l'arr. de Péronne.*)

Aymar le Fournier de Wargemont [2], chevalier, seigneur de Wargemont, Barlettes, etc., devint seigneur de Fresneville, Méricourt et Mervillers par suite de son mariage, le 11 février 1628, avec Madeleine du Gard ; il eut : 1° François, chevalier, seigneur de Wargemont, Méricourt-sur-Somme, etc. ; 2° Aymar, chevalier ; 3° Madeleine, alliée au suivant.

Oudart de Calonne [3], chevalier, seigneur d'Avesne, Mesnil-Eudin, Saint-Jean, Pommereuil et autres lieux, devint seigneur de Fresneville par suite de son mariage, le 16 octobre 1653, avec Madeleine le Fournier ; il était fils aîné de Pierre, écuyer, seigneur d'Avesne, et de Françoise du Bos. De son union, Oudart eut : 1° François, qui suit ; 2° Adrien, seigneur de Saint-Jean-lès-Brocourt ; 3° Jean, seigneur du Mesnil ; 4° Marie-Charlotte, alliée à Jacques de Bonneville en 1693 ; 5° Antoinette.

François de Calonne, chevalier, seigneur châtelain d'Avesne, Fresneville, le Saulchoy et autres lieux, naquit le 2 octobre 1665 ; il épousa par contrat du 4 juin 1693 Marie-Louise d'Aumale, fille aînée de Charles, écuyer, seigneur du Quesnoy, et d'Éléonore-

---

[1] Pour la famille du Gard, V. *Longpré-lès-Amiens et les du Gard...*, par M. F. Pouy.

[2] Armes : *D'argent, à trois roses de gueules.*

[3] Armes déjà citées.

Henriette de Saint-Just; il fut maintenu dans sa noblesse par Bignon le 24 décembre 1698, et il mourut le 22 mars 1731, laissant : 1° Louis-Édouard, dont les descendants, ainsi qu'on l'a vu à la monographie de Saint-Jean, possédèrent Fresneville jusqu'à la Révolution ; 2° Jean-François, chevalier de Saint-Jean de Jérusalem ; 3° Jean-François, chevalier, seigneur de Marck ; 4° Charles-François, chevalier, seigneur du Mesnil-Eudin en partie ; 5° Charles-François, chevalier, seigneur de l'autre partie du Mesnil ; 6° Louise-Madeleine, mariée en premières noces à André de Bure, et en secondes noces, en 1762, à Henri de Dampierre ; 7° Marie-Françoise ; 8° Jeanne-Marie, élève de Saint-Cyr [1].

[1] Communication de M. le comte A. de Louvencourt.

ANDAINVILLE

Andeinvile, 1146 ; Aldenvilla, 1147 ; Aldainvilete, 1147 ; Andeinvilete, 1147 ; Andainvilla, 1147.

A huit kilomètres d'Oisemont, son chef-lieu de canton, se trouve le beau village d'Andainville, d'une contenance territoriale de 835 hectares; on compte près de 700 hectares de terre labourée et 24 hectares de bois en trois endroits différents.

La population est bien diminuée depuis le commencement du XIXe siècle ; elle était en 1806 de 729 habitants ; en 1827, de 685 ; en 1876, de 580, et aujourd'hui elle n'est plus que de 479 habitants formant 167 ménages, logés dans 158 maisons. La plus grande partie de la population vit de l'agriculture.

Les rues de ce village sont très nombreuses ; on en compte quatorze: rue de Saint-Maulvis, de Fresnoy, d'Aumâtre, de l'église, de Lignières, du moulin, de Beauchamps, de Villers, d'Ostende, des Leullier, de Saint-Gauthier, des Hovettes, ruelle du Mazis et grande rue du Mazis.

Différentes antiquités gallo-romaines ont été découvertes à Andainville, notamment trois vases déposés au musée de Picardie, à Amiens.

Description en 1763 : « Andinville est une paroisse. M. Frémont d'Auneuil en est seigneur. Cent trente-huit feux. Il n'y a ni ferme ni hameau qui en dépendent. Le village est en plaine ; bon terroir. Productions ordinaires du pays ; beaucoup de fermiers ; plusieurs marchands et nombre de fileuses de laine pour la manufacture d'Amiens ; la partie-Ponthieu est la plus considérable ; n'est voisin d'aucune grande route, si ce n'est du chemin d'Abbeville au bourg d'Aumale qui passe au bout des hayes d'Andinville. Un bureau pour le contrôle des actes des notaires ; aucun autre bureau. Ni biens communaux, ni revenu, ni foire, ni marché. Pied de taille, Andinville avec Fresnoy, 2,380 livres ».
— Le montant des quatre contributions directes est aujourd'hui de 6,473 francs pour Andainville.

L'église, sous le vocable de saint Vast, a été reconstruite presque en entier de 1742 à 1829. Il ne reste plus de son architecture primitive qu'une très faible partie de la tour, où l'on voit sur une poutre la date de 1179. La longueur de l'église est de vingt-sept mètres, et sa largeur de six mètres cinquante centimètres ; elle est éclairée par onze fenêtres de différentes grandeurs.

Le clocher, qui est la partie la plus ancienne, se trouve en tête de la nef ; il contient trois cloches. La première porte cette inscription : « L'an 1850, sous l'administration de M. Olive Pierre-François, maire, j'ai été donnée par la fabrique d'Andainville, bénite par M. Cauchy, curé de la paroisse d'Andainville, et nommée Charlotte-Antoinette, par M. Jean-Charles Dallery, parrain, et Antoinette-Delphine Martin, marraine ».

Sur la seconde, on lit : « En 1857. sous l'administration de M. Olive Pierre-François, maire, j'ai été donnée par M. Nicolas Poivret, bénite par M. Cauchy, curé de la paroisse d'Andainville, et nommée Honorine-Flore par M. Casimir Leullier, parrain, et Melle Célestine-Flore Hénocq, marraine ».

On lit sur la troisième : « En 1857, sous l'administration de M. Olive Pierre-François, maire, j'ai été donnée par M. Nicolas Poivret, bénite par M. Cauchy, curé de la paroisse d'Andainville, et nommée Jeanne-Mélanie par Jean-Baptiste-Barthélemy Poivret, parrain, et Hélène Lejeune, marraine ».

A l'intérieur de l'église, on remarque sur une pierre du mur l'inscription suivante :

Icy gist Me Jacques Roger, prêtre et curé
d'Andainville et de Fresnoy, lequel après avoir
gouverné la dite paroisse l'espace de soixante
ans est décédé le 31 juillet 1711, ayant
fondé l'escole des pauvres de la dite paroisse
et donné son bien à iceux.
Priez Dieu pour son âme.
Requiescat in pace.

Avant la Révolution, la cure d'Andainville, du doyenné d'Hornoy, était à la collation de l'évêque et à la présentation du chapitre de Saint-Firmin-le-Confesseur d'Amiens.

L'abbaye de Selincourt y possédait neuf journaux de terre ; elle y prenait une partie des dimes et devait contribuer aux réparations du chœur de l'église d'Andainville.

Le 9 juin 1728, le titulaire de la cure fournit la déclaration des biens, d'un revenu net de 1,139 livres.

La seigneurie, tenue en un fief du roi à cause de son château d'Arguel, et en deux fiefs de la châtellenie du Mazis, consistait, lit-on dans D. Grenier, en une maison et enclos de seize journaux, en cent cinquante-cinq journaux de terre labourable, en cinquante-quatre journaux de bois, en champart et en cent cinquante livres de censives.

Le premier possesseur connu de cette seigneurie paraît être André d'Andainville, écuyer, qui consent en 1207 à une vente faite à la Maladrerie du Quesne par Hugues Haterel ou Hasterel.

André d'Andainville, écuyer, était seigneur dudit lieu en 1301.

André d'Andainville, écuyer, seigneur dudit lieu en 1350, vendit au mois de juin de cette année, du consentement de sa femme et de tous ses héritiers, à Jean Mauvoisin le Jeune, demeurant à Aumâtre, un fief mouvant de la châtellenie d'Arguel.

Cette famille des premiers seigneurs d'Andainville paraît s'être éteinte dans la seconde moitié du xive siècle.

La seigneurie d'Andainville fut ensuite possédée par Sohier de la Viefville, seigneur du Mazis (1377); par Jean de Fretin, écuyer; par Jeanne de Fretin, fille de ce dernier; elle épousa Porrus de Lannoy, dont la fille, Jeanne de Lannoy, porta la terre d'Andainville par mariage vers 1510 à Jean de Poix.

Depuis cette époque jusqu'à la Révolution, le domaine d'Andainville a eu les mêmes seigneurs que celui du Mazis.

Fiefs.

1° ANDAINVILLE-AU-BOIS, aujourd'hui section d'Andainville-aux-Champs, formait autrefois une seigneurie indépendante, relevant de Guibermesnil, qui a successivement appartenu : 1° à Jean de la Trenquie, écuyer (1464) ; 2° à Pierre Avisse, écuyer, seigneur du Maisnil, Franleu, Maisniel, capitaine du guet à Abbeville, fils de Jean ; 3° à Mathieu Avisse, écuyer, seigneur des mêmes lieux que le précédent, dont il était le fils aîné ; 4° à Pierre Avisse, écuyer, capitaine du guet à Abbeville, en 1556, fils du précédent, qui parait avoir vendu au suivant; 5° à François de Saint-Blimond, chevalier, seigneur dudit lieu, mort le 17 octobre 1603 ; 6° à André de Saint-Blimond, chevalier, seigneur dudit lieu, baron d'Ordre ; 7° à Nicolas le Vasseur, écuyer, seigneur de Courtieux, fils d'Antoine et d'Antoinette de Belleval ; 8° à Augustin le Vasseur, écuyer, seigneur de Courtieux, fils du précédent (1668-1700) ; 9° à Claude de Cacheleu-Trufier, chevalier, comte de Thoiras (1714-1740) ; 10° à Henri Ternisien, chevalier, seigneur de Fresnoy-Andainville (1789).

2° LIGNIÈRES. — Ce fief restreint, mouvant de la seigneurie d'Andainville, consistait en une maison avec sept journaux d'enclos, lisons-nous dans dom Grenier, en soixante-et-onze journaux de terre, en quarante-sept setiers de blé et cent vingt livres de censives, en un manoir amasé de seize journaux de terre en domaine et en quatre journaux de mouvances.

Ce fief appartenait à la famille de Mauvoisin peut-être avant 1575 ; Jeanne de Mauvoisin, de cette famille, avait épousé Antoine Becquet, lieutenant d'Andainville en 1579.

Antoinette de Mauvoisin, fille d'Edmond, épousa Charles d'Occoches, chevalier, seigneur de Wi'ainéglise, Framicourt, etc., à qui elle porta le fief de Lignières.

Louis Bail, écuyer, seigneur d'Orcamp, la Mothe, Neufmez, Frettemeule, Rouge-Fleur, etc., conseiller au Présidial d'Abbeville, fils d'Antoine et d'Anne Michault, acheta au précédent, vers 1680, le fief de Lignières. D'Anne du Bourguier, sa femme, sont issus : 1° Jean-Baptiste, qui suit ; 2° Louis, seigneur d'Orcamp ; 3° Nicolas, seigneur de la Mothe, et deux autres fils et deux filles religieuses.

Jean-Baptiste Bail de Lignières, écuyer, seigneur de Lignières et d'Orcamp, président trésorier de France à Amiens, marié le 27 janvier 1723 à Marie-Angélique Godart, mourut en 1777, laissant Élisabeth, dame de Lignières et d'Orcamp, mariée à François-Édouard-Joachim l'Hoste, marquis de Willeman, dont elle était veuve en 1780.

3° Halloy. — Ce fief restreint, mouvant d'Andainville, consistait en une maison de neuf journaux, en un plant de quatre journaux, et en seize journaux de terre en domaine en deux pièces.

4° Bacquabary. — Fief restreint, mouvant d'Andainville, et consistant en douze livres de censives.

5° Flamermont. — Fief restreint.

6° La Chavate. — Fief restreint, tenu d'Andainville, consistant en soixante sous de censives.

Ces quatre fiefs, situés sur les terroirs d'Andainville et de Fresnoy, appartenaient dès les premières années du xvie siècle à la famille d'Aigneville, qui les posséda pendant plus de deux cents ans.

En 1756, Nicolas d'Acheux, chevalier, demeurant à Neufville-en-Verdunois, s'intitulait seigneur du Halloy, Bacquabary, la Chavate et Flamermont. Il vendit ces quatre fiefs peu de temps après à Henri Ternisien, seigneur de Fresnoy, et la veuve de celui-ci les vendit au nom de ses enfants mineurs à Pierre Briet, seigneur de Bernapré [1].

7° Acquerville. — Fief relevant d'Andainville, appartenait en 1715 à Jean-Baptiste Bail de Lignières.

8° Rouge-Fleur. — Fief appartenant au même.

9° Voyelles. — Fief appartenant au même.

10° Beauchamp. — Fief mouvant de Wiry, appartenant en 1703 à M. de Frémont, seigneur d'Andainville et du Mazis.

11° Saint-Aubin. — Fief mouvant du Mazis, consistant en vingt ou trente sous de censives. Il appartenait en 1703 à Adrien de Canteleu.

[1] Arch. dép. de la Somme. B. 673 et 1424.

Nous lisons dans D. Grenier : « Il y a d'autres fiefs en bailliage tenus d'Épaumesnil et autres lieux. On assure qu'il y a dix-sept ou dix-huit maisons en bailliage. — Fief Mauvoisin, en bailliage ». Et plus loin : « M. de Frémont est seigneur de plusieurs fiefs en bailliage tenus d'Épaumesnil et d'autres lieux ».

12° Becquétoille. — Ce fief, tenu du roi à cause du château d'Arguel, consistait suivant D. Grenier en une maison de huit journaux d'enclos, en soixante-douze journaux de terre labourable, dont trente étaient en fief, en vingt journaux de bois et soixante de pâtures ; le domaine consistait en trente journaux de bois, vingt-deux journaux de terre labourable en quatre fiefs, quatre masures et dix-sept journaux de terre de mouvances, tenus par quarante-cinq sous et deux chapons de relief.

Quentin d'Aigneville [1]. écuyer, s'intitulait seigneur de Flamermont, Belleperche et Becquétoille en 1552 ; il était fils puîné de Jean, écuyer, seigneur de Millencourt, et d'Antoinette le Ver. Par contrat en date du 21 juin 1552, il épousa Marguerite Massue, fille de Henri et de Péronne de Bellengreville, de laquelle il eut : 1° Guillaume, qui suit ; 2° Nicolas, écuyer, seigneur de Halloy ; 3° Gédéon, écuyer, tué en duel à Abbeville en 1577 par Jean de Rambures-Poireauville ; il laissa une fille naturelle, Marguerite d'Aigneville, mariée en 1616 à Louis Lejeune, laboureur à Andainville ; 4° Jeanne, alliée à Oudart de Gouy ; 5° Anne, femme

[1] Armes : *D'argent, à l'orle d'azur.*

de Georges de Clerc. Quentin d'Aigneville et son fils Guillaume demeuraient à Andainville en 1594 sur un fief composé d'une « maison amasée de plusieurs bâtiments, un jardin planté d'arbres et un autre jardin à herbes également planté d'arbres, quarante journaux de terre à labour et deux journaux de prairies ». Quentin fit son testament le 13 mai 1598.

Guillaume d'Aigneville, écuyer, seigneur de Becquétoille, Boiville, Flamermont, etc., homme d'armes des ordonnances du roi, ingénieur sous le duc de Joyeuse, épousa par contrat du 4 janvier 1588 Anne de Gouy, fille d'Oudart, seigneur du Tertre, et d'Antoinette de Parenty ; il en eut : 1° Nicolas, écuyer, seigneur de Boiville, demeurant à Andainville, marié à Marie de Bommy ; 2° Charles, écuyer ; 3° Anne, mariée au suivant ; 4° David ; 5° Françoise ; 6° Suzanne, femme d'Oudart de Sarcus ; 7° Marie, alliée à Pierre de Sarcus.

Gilles de Brusselles [1], écuyer, seigneur de Machault, devint seigneur de Becquétoille par son mariage vers 1600 avec Anne d'Aigneville.

François de Beaurain [2], écuyer, lieutenant réformé, seigneur de Bourgois et de Bureul, le fut de Becquétoille après qu'il eut épousé, en 1635, Renée de Brusselles, fille du précédent ; il était fils de François et de

---

[1] Armes : *D'or, au chevron de gueules, accompagné de deux grappes de raisin en chef, et d'un écureuil aussi de gueules, en pointe.*

[2] Armes : *De sinople, fretté d'or.*

N... Picquet d'Agumont. Il releva le fief de Becquétoille à Abbeville en 1665.

François de Beaurain, écuyer, seigneur de Becquétoille en 1688, était protestant ; il dut s'exiler pour se soustraire aux persécutions dont les calvinistes étaient l'objet ; il se réfugia à Middelbourg avec sa femme en 1700, et le fief de Becquétoille fut loué au suivant. Vers cette époque, dit D. Grenier, plusieurs Beaurain vivaient en dérogeance à Ochancourt, à Tully et à Escarbotin. M. de Belleval, en son *Nobiliaire*, dit que François de Beaurain et Renée de Brusselles eurent deux fils : Édouard-François et Ferdinand ; le premier, seigneur de Becquétoille, après avoir tué la servante d'un curé, puis un paysan, fut condamné à mort et roué vif en 1677 ; il laissa un fils, Édouard-François, chapelain de Bouvaincourt, mort en 1741.

D'un autre côté, le même auteur, dans son *État des fiefs du Ponthieu*, dit qu'en 1690 le fief de Becquétoille appartenait à Charles de Beaurain, qui le vendit au suivant le 30 mars 1699 moyennant 3150 livres ; mais nous ignorons de qui ce Charles de Beaurain était fils. M. de Belleval dit dans le même ouvrage que François de Beaurain, écuyer, frère de Charles, fit le retrait féodal du fief de Becquétoille le 1ᵉʳ juin 1723 et qu'il le revendit le 25 mars 1729 ; mais nous ne voyons pas dans le *Nobiliaire* du même auteur de qui descendaient ces deux personnages.

Pierre Deroussen, laboureur à Andainville, posséda Becquétoille de 1700 à 1715 ; son fils, aussi nommé Pierre, le posséda à son tour de 1715 à 1723.

Nicolas de Hertes [1], écuyer, seigneur de Hailles, conseiller à Amiens, fils de Jean, premier président au Présidial d'Amiens, et d'Anne de Bosquillon, acheta le fief de Becquétoille moyennant deux mille livres. Par contrat du 17 janvier 1671, il avait épousé Anne Picquet, fille d'Adrien, seigneur de Dourier, et de Marie Mouret ; il eut de son mariage : 1º Nicolas, qui suit ; 2º Antoine, chanoine de la cathédrale d'Amiens ; 3º Marie-Anne ; 4º Marie-Françoise.

Nicolas de Hertes, chevalier, seigneur de Hailles et de Becquétoille en 1750 vendit ce dernier fief au suivant le 14 août 1765 moyennant huit mille cent quatre-vingt-huit livres.

Henri Ternisien, chevalier, seigneur de Becquétoille par achat sur le précédent, était seigneur des Rumetz, ainsi qu'on l'a vu à la monographie d'Arguel.

D'après une tradition locale fort ancienne et très-accréditée, saint Vast serait né à Andainville. On raconte encore aujourd'hui dans ce village que, jusqu'à la Révolution, on faisait baiser la paix en premier lieu aux habitants d'Andainville envoyés à Arras le jour de la fête de saint Vast. Depuis la Révolution même, notamment de 1817 à 1820, le célébrant demandait avant l'offrande s'il y avait dans la cathédrale des habitants d'Andainville ou de Fresnoy parmi les assistants.

On sait que c'est à la bataille de Tolbiac que Clovis promit de se faire baptiser s'il était victorieux ; ayant

---

[1] Armes : *D'azur, à trois fleurs de souci d'or.*

remporté la victoire, il accomplit sa promesse. Il cherchait quelqu'un qui pût l'instruire dans la religion qu'il devait embrasser quand on lui désigna saint Vast, qui demeurait à Toul; Clovis l'emmena à Reims où il reçut le baptême des mains de saint Remy le 24 décembre 496.

Saint Vast fut ensuite attaché à l'église de Reims; mais saint Remy ayant reconnu en lui de brillantes qualités s'empressa de le nommer à l'évêché d'Arras vers l'an 500. C'est sous son administration que l'évêché de Cambrai fut uni à celui d'Arras vers 510, union qui subsista jusqu'en 1092.

Saint Vast gouverna aussi momentanément l'évêché de Beauvais de 511 à 525. Il mourut le 5 février 540 après avoir été évêque d'Arras pendant plus de quarante ans.

Andainville a encore donné le jour, au XIe siècle, à un autre saint, à Gautier, abbé de Pontoise.

« La précocité de son esprit lui fit faire de rapides progrès dans les arts libéraux. Pour s'y perfectionner, il quitta la maison paternelle et alla, dans divers pays lointains, recueillir les enseignements de maîtres éprouvés. Ensuite il se fit recevoir docteur, professa avec distinction la grammaire, la rhétorique et la philosophie et attira autour de sa chaire un auditoire d'élite ».

Gautier entra plus tard à l'abbaye de Rebais-en-Brie, où il passa plusieurs années. Vers 1069, Amaury, frère du comte de Pontoise, fonda un couvent près de cette ville, et Gautier reçut la crosse abbatiale des mains du roi Henri Ier. Dominé par un sentiment d'humilité qui ne faisait que s'accroître, l'abbé de

Pontoise chercha à deux reprises différentes à se soustraire à l'honneur de gouverner son monastère ; mais le pape lui ayant imposé l'obligation de demeurer à la tête du couvent de Pontoise, Gautier obéit.

Vers 1094, saint Gautier fonda le monastère de Berteaucourt ; il fut surtout aidé par deux pieuses femmes, Godelinde et Helwige, qui en devinrent les premières abbesses.

Saint Gautier mourut au monastère de Saint-Martin de Pontoise le 8 avril 1099, suivant l'opinion la plus généralement adoptée [1].

[1] V. pour plus de détails sur ces deux saints l'*Hagiographie du diocèse d'Amiens*, par M. l'abbé J. Corblet.

FRESNOY-ANDAINVILLE

Fresnoy-Andainville est un petit village de 195 habitants, situé à cent trente mètres d'altitude ; la surface du territoire est de 395 hectares dont 355 sont livrés à la culture. Sa distance d'Oisemont, son chef-lieu de canton, est de six kilomètres, et celle d'Amiens, de quarante kilomètres.

Description en 1763 : « Fresnoy, hameau dépendant d'Andainville, en est distant d'un quart de lieu ; M. Ternisien de Valencourt en est seigneur. Vingt-cinq feux pour la partie Ponthieu, qui est la plus considérable. Fresnoy est en plaine ; bon terroir ; productions ordinaires du pays ; fileuses de laine pour la manufacture d'Amiens ».

L'église de Fresnoy, dédiée à saint Remi, est de construction assez récente et n'offre rien de particulier.

La cloche porte cette inscription : « L'an 1860, j'ai été baptisée par M. Grognet, curé, et nommée Marie-Thérèse-Charlotte par Mr Marie-Charles-Adrien de Rambures, parrain, et Marie-Thérèse-Charlotte-Hermance de Ternisien de Fresnoy, marraine. Mr Marie-Joseph-Prosper de Rambures étant maire, et M^r J^n

Charles Duquef président de la fabrique. Cette cloche est due à la générosité des habitants de la commune de Fresnoy ».

Jusqu'au XIXᵉ siècle, cette paroisse, qui n'avait jamais eu d'église, était réunie à Andainville pour le spirituel; toutefois, en 1710, Jacques Demonchy, vicaire de Fresnoy, y demeurait.

Les autres vicaires de Fresnoy dont les noms se trouvent sur les registres de l'état civil sont: Thiébaut, 1750 à 1752; Sorel, 1753 à 1792.

Le premier curé de Fresnoy fut l'abbé Tillette, de 1804 à 1810 ; à partir de cette époque jusqu'en 1830, la paroisse fut successivement desservie par les curés de Fresneville et d'Andainville.

Curés de Fresnoy depuis 1830 : I. Hénin, 1830 à 1835. — II. Gauin, 1836 à 1853. — III. Gueudré, 1854 à 1856. — IV. Grognet, 1857 à 1861. — V. Petit, 1862 à 1866. — VI. Hautbout 1867 à 1872. — VII. Lardens, 1873 à 1881. — Intérim, 1882 à 1884. — VIII. Poidevin, 1884 à ce jour.

La seigneurie de Fresnoy formait un fief « tenu noblement du roi à cause de son comté de Ponthieu, de sa baillie, chastel et chastellenie d'Arguel, consistant en un manoir séant à Frenoi et environ quatre-vingts journaux de terre en domaine ». (*D. Grenier.*)

Nous voyons d'autre part que la seigneurie de Fresnoy consistait au commencement du XVIIIᵉ siècle en une maison seigneuriale de cinq à six journaux, 30 livres de censives et cent douze journaux de terre labourable [1].

---

[1] A. de Louvencourt. *État des fiefs...*; loc. cit.

Guillaume ou Gilles Hasterel, écuyer, est le premier seigneur connu de Fresnoy ; le 5 janvier 1377, il fournit au roi, comte de Ponthieu, l'aveu de sa terre de Fresnoy.

Ricart Hasterel, écuyer, fit hommage au roi de sa terre de Fresnoy le 31 août 1411.

Jeanne Hasterel, femme de Jean de Donqueur, hérita quelques années plus tard la seigneurie de Fresnoy.

En 1450 Jeanne de Caumont [1], fille unique de Jean, écuyer, seigneur de Caumont et de Grébaumesnil, et de Jeanne Boutery, s'intitulait dame de Fresnoy, Caumont et Huppy. Cette dame épousa avant 1460 Pierre de Haucourt [2], écuyer, mort avant 1482 ; ils eurent deux fils : Charles et Jean.

Jean de Haucourt, chevalier, seigneur de Huppy, Caumont, Fresnoy et autres lieux, gouverneur du château d'Abbeville, puis capitaine de cette ville en 1512 et 1515, et de 1531 à 1537, épousa Claude de Liettres, et mourut sans postérité vers 1545.

Guillaume de Bellengreville [3], écuyer, fils cadet d'Eustache et de Jeanne de Dourlens, lieutenant d'Airaines et d'Arguel, conseiller du roi, était qualifié seigneur de Fresnoy dès 1527. De son mariage avec N... N..., il eut : 1° Jean, qui suit ; 2° Josse ; 3° Antoine.

Jean de Bellengreville, écuyer, seigneur de Fresnoy,

---

[1] Armes : *D'argent, à 3 fasces de gueules, la 1re surmontée de 3 tourteaux de même en chef.*

[2] Armes : *D'argent, fretté de gueules.*

[3] Armes : *D'azur, à la croix d'or cantonnée de 4 molettes d'éperon de même.*

eut de sa femme, dont le nom est inconnu, un fils, qui eut pour successeur le suivant.

Nicolas de Bellengreville, écuyer, seigneur de Fresnoy, prit pour femme Marie de Fontaines.

Simon Ternisien, écuyer, seigneur de Fresne, fils aîné de Charles, seigneur de Wavrans, et de Marguerite de Rentières, acheta la seigneurie de Fresnoy vers 1650 vendue par décret sur Marie de Fontaines. Simon Ternisien épousa par contrat du 4 juillet 1652 Françoise Routier, dont il eut : 1° Henri, qui suivra ; 2° Nicolas, qui suit ; 3° François, seigneur de Russelin ; 4° Étienne, seigneur de Valobert, marié vers 1720 à Louise-Marthe de Conty, dont il n'eut point d'enfant ; 5° Charles, seigneur de Wavrans.

Nicolas Ternisien, écuyer, seigneur de Fresnoy, mourut sans alliance en 1691 laissant la seigneurie de Fresnoy au suivant.

Henri Ternisien, chevalier, seigneur de Fresnoy, Fresne, Valencourt et autres lieux, frère du précédent, fut maintenu dans sa noblesse le 6 juin 1697. Il avait épousé le 4 août 1687 Marie-Anne Lardé, dont il eut : 1° Louis-Alexandre-André, mort jeune ; 2° Charles, aussi mort jeune ; 3° Henri, chevalier, seigneur de Fresnoy, marié le 1er avril 1730 à Anne-Marguerite Marchal de Saincy, dont il n'eut point d'enfant ; il mourut au château de Fresnoy en 1753 ; 4° Philippe-Clément, seigeur de Wavrans ; 5° René, seigneur de Fresnoy après son frère Henri ; il fut directeur des dames de l'abbaye de Berteaucourt et mourut curé de Fresneville en 1768 ; 6° Marie-Anne ; 7° Émilie, morte jeune ; 8° Françoise, religieuse à Abbeville ; 9° Marguerite, mariée en premières noces le 4 février 1716 à

Claude-Eugène de Sarcus, et en secondes noces le 15 avril 1725 à Louis-Ferdinand de Riencourt; 10° Agnès, mariée à François Ternisien, son cousin-germain ; 11° Ursule, femme de Marie-Joseph le Ver.

Henri Ternisien, petit-fils du précédent, paraît avoir eu de sa mère la seigneurie de Fresnoy. (V. la monographie d'Arguel.)

Fiefs.

D. Grenier nous apprend qu'en 1377 Eustache de Mérélessart possédait un fief à Fresnoy et que Robert de Belleperche, chevalier, et Ansaut de Belleperche, écuyer, possédaient chacun la moitié d'un autre fief au même lieu.

Maires : I. Dault François, 1791 à 1792. — II. Niquet Jacques, 1800 à 1807. — III. Ternisien Henri-Grégoire, 1808 à 1830. — IV. Poultier Pierre-François, 1831 à 1843. — V. Nortier Joseph, 1844 à 1846. — VI. Gambier Jean-Baptiste-Honoré, 1847. — VII. Normand, 1848-1849. — VIII. Thiébaut Jean-Baptiste, 1850 à 1855. — IX. De Rambures Prosper, 1855 à ce jour.

L'école mixte reçoit 14 garçons et 10 filles.

Les instituteurs ont été : I. d'Eliau, 1750. — II. Harmand Jean-François, 1763. — III. Sangnier Jean-François, 1774 à 1793. — IV. Lescuyer Charles-François, 1797 à 1801. — Louvergne Antoine, 1802. — VI. Leclercq Antoine-Thibaut, 1803 à 1804. —

VII. Leblond Jean-Charles, 1805 à 1809. — VIII. Ducrocq Pierre, 1810 à 1812. — IX. Allot Charles, 1813 à 1817. — X. Duquef Jean-Charles-Domice, 1817 à 1843. — XI. Riquier Benoni-Louis-Nicolas, 1843 à 1881. — XII. Choquet Jules, 1881 à 1883. — XIII. Tirot Étienne, 1883 à 1886. — XIV. Joly, aujourd'hui en exercice.

Principaux lieuxdits : la savatte, les tartes, sole du chenot, les rondelets, les terres vilaines, etc.

Les rues sont : rue de Frettecuisse, rue neuve, rue d'Andainville, rue d'Aumâtre, rue du moulin, rue de la place.

LE MESNIL-EUDIN

Maisnil, 1157.

A un kilomètre du Liger s'élève le village du Mesnil, dont l'altitude est de cent soixante-neuf mètres. Sa population est de 132 habitants, formant 35 ménages, logés dans 33 maisons ; il s'y trouvait 48 feux en 1762, et on y comptait 220 habitants en 1726, 153 en 1806, 168 en 1827, 169 en 1837 et 158 en 1876.

Les habitants du Mesnil sont exclusivement adonnés à l'agriculture. L'étendue du territoire est de 245 hectares, dont 201 hectares sont livrés à la culture, 20 hectares en prairies naturelles, 1 hectare en larris, et 18 hectares en bois (le bois de la Mare et le bois du camp Létard) ; il s'y récolte annuellement 2,000 hectolitres de pommes à cidre.

Le Mesnil est distant de huit kilomètres d'Oisemont, son chef-lieu de canton ; voici la description que nous en trouvons en 1763 :

« Le Mesnil est une paroisse qui a le même seigneur que Senarpont pour la partie Ponthieu. 10 feux. Le terroir est en plaine ainsi que le village ; fort bonnes terres ». — Ainsi, comme on le voit, ce village faisait partie de l'élection d'Amiens et de celle d'Abbeville avant la Révolution.

L'église, sous le vocable de saint Barthélemy, mesure vingt mètres de long sur cinq de large ; elle est éclairée par dix fenêtres, mais elle n'offre rien de remarquable. Dans le chœur sont enterrés plusieurs membres de la famille de Calonne. Le clocher, qui contenait deux cloches avant la Révolution, n'en renferme plus qu'une aujourd'hui; elle porte cette inscription : « J'ai été bénite par Mr J.-B^{te} Martin Magnier, curé de Mesnil-Eudin, fondue en 1839, nommée Marie-Émillie par M. Marie-Louis-Casimir, vicomte du Passage, Mme Marie-Émillie de Vincens de Causans, comtesse de Forceville ».

Le prieur de Senarpont présentait à la cure du Mesnil, dont le revenu était de 450 livres vers 1730. La dîme du Mesnil, rapportant 500 livres en 1728, appartenait au prieur, qui devait contribuer aux réparations du chœur de l'église et donner 300 livres au curé. Le commandeur d'Oisemont était aussi décimateur du Mesnil.

M. l'abbé Lefèvre reproduit dans sa notice sur Senarpont un curieux dénombrement du prieuré de ce lieu en 1521, dans lequel on lit :

« Item, ledit prieur a droit et à lui appartient la seigneurie du patronnaige de l'église parochiale de Mesnil-Oudain. Il peut présenter comme dessus, et touteffois que bon lui semble il peut chanter hault ou bas, aller à procession, mettre et asseoir reliques, et faire en tel cas et semblable pareillement comme en l'église de Senarpont, sans pour ce faire en demander congé au curé ni autre. Et si a droit ledit prieur de y aller le jour saint Barthélemy comme patron, dire la grand'messe, mener avec soy son compagnon religieux, bailly et serviteurs jusques au nombre de quatre chevaulx, porter un oiseau auquel est deu une poulle par le curé dudit lieu, et après la messe dite, ledit curé doit à disner audit prieur et à ses gens, bien et souffisamment, et après disner est tenu ledit curé de demander audit prieur s'il lui plaist à soupper, et au cas où il luy plaist soupper, ledit curé lui doit à soupper, et s'il ne lui plaist soupper ledit curé lui doit bailler incontinent cinq sols parisis ».

On trouve plus loin les charges incombant au prieur de Senarpont :

« Item, ledit prieur doit au curé du Mesnil, le jour sainct Denis et le jour de Pasque à disner.

« Item, ledit prieur doit donner sur le grand autel et non allieurs la moitié du luminaire contre les marguillers de ladicte paroisse.

« Item, ledit prieur doit entretenir le chœur de la dicte église ».

D'après une charte de 1159 reproduite par M. l'abbé Lefèvre, l'église et la dime du Mesnil que possédait le prieuré de Senarpont lui provenaient « des libéralités de Jacquelon d'Applaincourt ».

Liste des curés : I. De la Rue Jean, 1662 à 1685. — II. Mouret Nicolas, 1685 à 1703. — III. Frion Jacques, 1703 à 1728. — IV. Moreau Jean, 1728 à 1737. — V. De Forceville François, 1737 à 1778. — VI. Ducastel Jean-Baptiste, 1778 à 1792. — VII. Hénocq, vicaire d'Andainville, desservant. — VIII. Le Dieu François-Michel, 1797 à 1812, décédé au presbytère du Mesnil le 7 novembre 1812.

Depuis cette époque, la paroisse du Mesnil est desservie par le curé d'Inval-Boiron.

Il y avait au Mesnil deux seigneuries distinctes ; l'une, faisant partie de l'élection de Ponthieu, appartenait aux seigneurs de Senarpont ; l'autre, faisant partie de l'élection d'Amiens, avait des seigneurs particuliers.

Le premier seigneur connu du Mesnil paraît être Jean de Bourbel, écuyer, en 1480.

En 1500, noble homme Antoine du Hamel [1], échevin d'Abbeville en 1511, s'intitulait seigneur du Mesnil-Eudin. Il ne faut pas confondre cette famille, issue de l'ancienne bourgeoisie d'Abbeville, avec les du Hamel de Bellenglise, seigneurs du Hamel, près Corbie. Selon D. Grenier, Antoine du Hamel eut de son mariage avec Martine Cuffé : 1° Nicolas, qui suit ; 2° Guillaume, prêtre ; 3° Jean, marié à Marie des Camps, veuve d'Ansel Heudin ; 4° Jeanne, alliée à Jean Lucas.

Nicolas du Hamel, seigneur du Mesnil, Marcheville et autres lieux, fut reçu bourgeois d'Abbeville en 1508 ; il devint fermier du grenier à sel de cette ville, commissaire des vivres de l'armée du roi en 1545, contrôleur des fortifications en 1546, élu en Ponthieu, maïeur d'Abbeville en 1547, ce qui le rendit noble ainsi que sa famille ; il mourut en 1556. Par contrat du 18 février 1528, il avait épousé Marie Sanson, dont il eut : 1° Nicolas, seigneur de Canchy, gentilhomme du duc d'Alençon, mort sans enfants ; 2° Antoine, qui suit ; 3° Jacques ; 4° Jeanne, mariée en 1555 à Jean Lescuyer,

---

[1] Armes : *D'azur, à la bande d'or, chargée de 3 roses de gueules.*

contrôleur des deniers à Abbeville, et, en secondes noces, en 1561, à Octavien de Bosse, valet de chambre du roi ; 5° Anne, femme de Daniel Briet ; 6° Gabrielle, mariée en 1555 à Pierre Lavernot, receveur du domaine de Ponthieu ; 7° Marie, alliée en 1565 à Raoul de Poucques, seigneur d'Alincthun. Par acte du 4 décembre 1548, Nicolas du Hamel avait donné dix livres dix sols de rente à l'église de Saint-Vulfran d'Abbeville pour chanter un *Gaude Maria*.

Antoine du Hamel, écuyer, seigneur du Mesnil-Eudin, Canchy et autres lieux, gentilhomme du duc d'Alençon, châtelain de la forêt de Crécy, signa la Ligue à Abbeville en 1576 ; il avait épousé par contrat du 20 septembre 1567 Louise Lamiré, fille de Jean, seigneur de Nouvion, gouverneur d'Abbeville, et de Barbe l'Yver ; de ce mariage sont nés : 1° Oudart, seigneur de Marcheville et Canchy ; 2° Gabrielle, alliée en 1604 à Louis de Saint-Soupplis ; 3° Anne, alliée par contrat du 30 juillet 1580 à Antoine Lorfèvre ; 4° Barbe, mariée par contrat du même jour à Paul de Belleval.

Dès la fin du XVIe siècle, Pierre de Calonne, écuyer, seigneur du Quesnoy-en-Santerre, homme d'armes des ordonnances du roi, était en possession de la seigneurie du Mesnil-Eudin, et, par son testament daté du 12 juillet 1593, il fit une donation à l'église de ce village. Pierre de Calonne était fils cadet de Jean, écuyer, seigneur d'Avesne, et de Philippe Louvel de Glisy. Il passa sa vie dans les camps et mourut sans postérité, laissant à son neveu, qui suit, la seigneurie du Mesnil-Eudin, terre qui a toujours été l'apanage d'un cadet de Calonne.

Pierre de Calonne, écuyer, seigneur d'Avesne, du Mesnil-Eudin et autres lieux, fils de Jean, seigneur d'Avesne, et de Françoise Cornu, épousa par contrat du 20 février 1615 Françoise du Bos, dont il eut: 1° Oudart, seigneur de Fresneville ; 2° Jean, seigneur de Saint-Jean ; 3° Jacques, seigneur de Pommereuil ; 4° François, écuyer, enseigne au régiment de Rambures, seigneur du Mesnil-Eudin ; cette seigneurie passa à son frère aîné Oudart ; 5° Marguerite, religieuse à Abbeville ; 6° Marie ; 7° Élisabeth, femme de Louis du Bos ; 8° Madeleine, religieuse à Abbeville. (Voir les monographies de Saint-Jean-lès-Brocourt et de Fresneville.)

En 1789, il y avait deux seigneurs au Mesnil : 1° Jeanne-Françoise de Calonne, fille de Louis-Édouard, seigneur de Saint-Jean, et de Françoise-Renée de Bommy, alors veuve de François-Eustache de Dampierre ; cette dame se fit représenter par son frère Charles-François aux assemblées de 1789 ; 2° Louis-Henri de Riencourt.

Il y avait plusieurs fiefs en l'étendue du terroir du Mesnil ; ainsi, François Mourette, échevin d'Abbeville de 1523 à 1538, possédait un fief au Mesnil en 1523.

Le Mesnil-Eudin compte sept rues : rue de Senarpont, d'Andainville, Herlé, de l'église, du goulet, la galerie et tour des haies.

Parmi les lieuxdits, nous citerons : la grande pièce, le champ Létard, le buisson Robe, le pré Cantereine, le pré de la mare, etc.

On rencontre assez fréquemment dans les champs

des haches et des instruments en silex de l'époque néolithique.

Liste des maires : I. Darras Pierre, 1793 à 1794. — II. Darras Jean-Baptiste, 1794 à 1803. — III. Quertemps, adjoint, faisant fonctions de maire, 1803 à 1804. — IV. Legris Patrice, 1804 à 1816. — V. Darras Maxime-Pascal, 1816 à 1822. — VI. Duval Jean-François, 1822 à 1832. — VII. Legris Jean-Charles-Patrice, 1832 à 1853. — VIII. Croizé Casimir, 1853 à 1861. — IX. Magnier Aimable, 1861 à 1879. — X. Legris Zéphir, en exercice depuis 1880.

Au XVIe siècle, l'école du Mesnil, s'il y en avait une à cette époque, dépendait du prieur de Senarpont, qui avait « siège d'escolaige et clerc pour tenir les escolles, et nul à une lieue à l'entour ne pouvoit tenir siège d'escolaige sans l'autorité du prieur et dudit clerc ». (Dén. reproduit par M. l'abbé Lefèvre.)

Liste des instituteurs : I. Watiné Pierre, 1693 à 1649, né au Mesnil le 1er mai 1670 ; il mourut en 1749 dans l'exercice de ses fonctions. — II. Polbost André, 1749 à 1762. — III. Sempy Jean-Firmin, 1762 à 1808, né à Avelesge en 1741 ; de 1793 à 1796 il fut élu pour dresser les actes de l'état civil, comme membre du conseil général de la commune ; à cette époque, la population scolaire était assez élevée, puisqu'il recevait, en l'an III, de 32 à 38 élèves. — IV. Decamps Maurice, 1808 à 1810. — V. Corroy Joseph, 1810 à 1845, né en 1773, breveté en 1816. — VI. Boyeldieu Jean-Baptiste-Fulgence, 1845 à 1847. — VII. Prache Prudent, 1847 à 1848. — VIII. — Delattre Wulphy, 1848 à 1856. — IX. Vasseur Nicolas, 1856 à 1861. — X. Harcelin Adolphe, 1861 à 1866. — XI. Cauët François, 1866 à 1868. — XIII.

Bourbier Albéric, 1868 à 1869. — XIII. Ducrotoy Modeste, 1869 à 1878. — XIV. Gaudefroy Léopold, en exercice depuis 1879.

Jusqu'en 1833, la commune n'avait point de maison d'école; mais, à cette époque, l'ancien presbytère, qui n'était plus habité depuis le décès du dernier curé, fut partagé entre le curé d'Inval et l'instituteur du Mesnil.

En 1860, le préfet, demandant la reconstruction de l'école, écrivait : « La maison d'école du Mesnil-Eudin est un ancien presbytère couvert en chaume et profondément délabré de toutes parts. La classe a, à peu près, les dimensions exigées, eu égard au nombre d'élèves qui la fréquentent, mais elle se trouve dans le plus triste état de détérioration et d'insalubrité. Elle n'a pas... de lieux d'aisances.

« Le mobilier classique est presque nul : il ne se compose que de deux mauvaises tables ; le logement de l'instituteur comprend trois pièces inhabitables, tant elles sont humides et malsaines ».

Ce ne fut que trois ans après cette lettre que le conseil municipal se décida à... faire restaurer la maison d'école ; cette économie mal entendue a été cause qu'une nouvelle restauration eut lieu en 1879.

Jusqu'en 1873, les instituteurs faisaient annuellement une quête chez les habitants, qui leur donnaient des pommes pour les payer du sonnage de l'*Angelus* et du balayage de l'église.

On trouve dans les archives du Mesnil, en l'année 1829, des détails assez curieux relativement à l'instruction primaire ; voici quelques extraits du questionnaire qui les contient :

« Quels sont les livres dont on se sert dans l'école ?

— L'alphabet, le psautier, le catéchisme, la vie de Notre-Seigneur Jésus-Christ, la civilité.

« Nombre moyen des élèves : 1° en été, 2° en hiver. — 40 en été et 50 en hiver. (Il est à remarquer que la moitié des élèves étaient de Bernapré et de Réderie, où il n'y avait point d'instituteur.)

« Méthode d'enseignement ? — Il fait lire les élèves particulièrement.

« Si la commune n'a pas d'école, pourquoi en a-t-elle été privée jusques à présent ? — La commune n'a aucun revenu ; le traitement de l'instituteur (200 fr.) pèse entièrement sur les personnes aisées... »

L'école mixte du Mesnil reçoit actuellement 16 élèves, dont 10 garçons et 6 filles.

Dans la liste des instituteurs que nous venons de donner, il est une chose qui doit frapper, c'est que pendant les trente dernières années huit instituteurs se sont succédé, alors que dans une période de *cent quinze ans* (de 1693 à 1808) *trois maîtres d'école* ont suffi, et encore l'un d'eux n'a-t-il exercé que pendant treize ans.

BERNAPRÉ

Bernapré est un petit village du canton d'Oisemont, distant de deux kilomètres du confluent du Liger avec la Méline. Sa superficie territoriale est de 164 hectares, dont 39 sont couverts de bois, 120 livrés à la culture et 5 en larris. On y compte 105 habitants ; 55 vivent de l'agriculture, 30 de l'industrie et 15 du commerce ; il s'y trouve 35 maisons occupées par 36 ménages.

Cette commune, qui n'a pas d'église, est réunie à Senarpont pour le spirituel.

Le premier seigneur connu de Bernapré est Hugues de Bernapré, qui paraît comme témoin dans un acte de donation à l'abbaye de Sery en 1206.

On voit aussi Regnaut et Jean de Bernapré en 1337 ; Robert de Bernapré, écuyer, capitaine de la ville et du château d'Aumale, marié en 1346 à Claudine de Moyencourt ; Colinet de Bernapré, écuyer, vivant en 1380, mais rien ne prouve qu'ils ont possédé la seigneurie de Bernapré. Ce n'est qu'à partir de la seconde moitié du siècle suivant que nous pouvons avoir la suite des seigneurs de ce lieu.

Jean Vilain, avocat du roi et bailli du prieuré de

Saint-Pierre à Abbeville, était seigneur de Bernapré en 1460 ; il laissa cette seigneurie à sa fille, qui fut mariée au suivant.

Jean de Saint-Delis [1], écuyer, seigneur de Saint-Germain, Heucourt, les Merliers à Pont-Remy, lieu d'origine de cette famille, devint seigneur de Bernapré par suite de son mariage avec Marguerite Vilain ; il était fils aîné de Jean, maïeur de bannière à Abbeville, et de Mahiotte Carue. Jean de Saint-Delis fut député aux États-Généraux de Tours en 1485. Il habitait Amiens, où il était avocat du roi. De son mariage, il eut : 1° Antoine, qui suit ; 2° Adrien, écuyer, seigneur d'Aubigny ; 3° Robert ; 4° Marguerite, alliée à Porus de Lannoy.

Antoine de Saint-Delis, écuyer, seigneur d'Heucourt, Havernas, Bernapré, Saint-Germain, Allery et autres lieux, avocat du roi, lieutenant général au bailliage d'Amiens, maïeur de cette ville en 1503 et en 1524, épousa Marie de May, dame d'Allonville et de Saint-Gratien, vicomtesse de Valbonnement, fille de Pierre et de Marguerite du Caurel. Antoine de Saint-Delis était grand chasseur ; on rapporte que quand on lui redemanda les cahiers de la prévôté du Vimeu, qui avaient été déposés chez lui, il répondit que ses lévriers les avaient mangés, réponse qui fut insérée dans le procès-verbal des coutumes. De son mariage il eut quatre enfants, qui furent : 1° Robert, chevalier, seigneur d'Heucourt ; 2° Pierre, qui suit ; 3° Barbe,

---

[1] Armes : *De sinople, à l'aigle d'argent, becqué et membré de gueules, tenant en ses serres un perroquet d'or, becqué et membré de même.*

mariée par contrat du 30 août 1546 à Jean de Buigny, seigneur de Cornehotte ; 4° Isabelle, dame d'Estrées, alliée le 19 novembre 1574 à Marc de Bucy, écuyer, seigneur de Berville.

Pierre de Saint-Delis, écuyer, seigneur de Bernapré, Courcelles et Allonville, gouverneur de Saumur, eut de sa femme, dont le nom nous est inconnu : 1° Marie, qui épousa le suivant ; 2° Madeleine, alliée à Jean Carpentin, seigneur de Berlettes.

Charles le Conte de Nonant [1], écuyer, seigneur de Sancourt et d'Aspremont, épousa le 18 octobre 1595 Marie de Saint-Delis, dame de Bernapré.

Jean Routier [2], écuyer, archer des gardes du corps du roi, à qui Louis XIII accorda des lettres de vétéran le 9 août 1618, était d'une famille originaire d'Oisemont. Ce fut sans doute par acquisition qu'il devint seigneur de Bernapré à la fin du XVIe siècle.

Philippe Routier, écuyer, seigneur de Bernapré, archer des gardes du corps du roi, fils du précédent, reçut des lettres d'anoblissement le 3 avril 1647 en considération de ses services, et des lettres de vétéran le 15 novembre suivant. Il épousa par contrat du 28 novembre 1618 Gabrielle Desmaretz, dont il eut : 1° Jean, qui suit ; 2° Charles, seigneur des Prés, qui épousa N... de Rambures-Poireauville ; 3° Blanche, mariée le 11 novembre 1646 à François de Rambures.

[1] Armes : *D'azur, au chevron d'argent, accompagné de 3 besans d'or, 1 en chef et 2 en pointe.*

[2] Armes : *D'azur, à une fasce d'argent, chargée de 3 roses de gueules rayées de sable, accompagnée de 3 coquilles d'or, 2 en chef et 1 en pointe.*

Jean Routier, écuyer, seigneur de Bernapré, archer des gardes du roi, obtint du roi Louis XIV le 31 mars 1699 la permission « de porter arquebuze et d'icelle tirer aux loups, renards, oiseaux de rivière en l'étendue de ses terres et seigneuries ». Il épousa par contrat du 18 novembre 1657 Catherine Miffant, fille de Claude, écuyer, seigneur des Hameaux, et de Catherine de Quincarnon ; il eut de cette union : 1° Daniel, qui suit ; 2° Charles ; 3° Jean ; 4° Catherine ; 5° Judith ; 6° Anne.

Daniel Routier, écuyer, seigneur de Bernapré, né le 31 août 1658, fut maintenu dans sa noblesse le 21 novembre 1716. Il demeurait à Oisemont, qui était alors un centre de protestantisme. Il mourut sans postérité en 1731.

Philippe du Gardin [1], écuyer, seigneur de Longpré et de Brocourt, paraît avoir succédé au précédent dans la seigneurie de Bernapré.

Pierre-Vulfran Briet [2], écuyer, seigneur de Rainvillers, Saint-Élier, Embreville et autres lieux, capitaine de cavalerie, conseiller-secrétaire du roi, né le 15 octobre 1700, devint seigneur de Bernapré après son mariage contracté le 2 janvier 1725 avec Anne-Barbe du Gardin, fille aînée du précédent. De ce mariage sont nés : 1° Philippe, écuyer, seigneur de Rainvillers ; 2° Pierre, qui suit ; 3° Barbe-Charlotte.

Pierre Briet, écuyer, reçut de ses père et mère, en

---

[1] Armes déjà citées.
[2] Armes déjà citées.

1760, la seigneurie de Bernapré ; il épousa le 23 septembre 1770 Louise-Marguerite du Wanel de la Bouillarderie et en eut deux filles : Anne-Louise et Marguerite-Charlotte-Amélie ; il posséda Bernapré jusqu'en 1788.

Joseph-Louis, comte de Quérecques [1], seigneur de Bertrancourt, acheta au précédent la seigneurie de Bernapré ; il comparut en personne aux assemblées de 1789.

Fiefs.

1° FIEF DES CAUQUÈRES, mouvant de la seigneurie de Senarpont, appartenait en 1575 à Antoine Hansart, et en 1594 à son fils, Pierre de Hansart. Philippe du Gardin, seigneur de Bernapré, s'intitulait aussi seigneur des Cauquères.

2° FIEF ROBERT CARBONNIER, mouvant aussi de Senarpont, appartenait en 1639 à Jean le Carbonnier.

3° FIEF GOBIN, aussi mouvant de Senarpont.

Maires : I. Lejeune Louis-Charles, an II à an IV. — II. Delille, Jean-Marie, an IV à an XIII. — III. Larsonnier Nicolas-Eustache, an XIII à 1808. — IV. Dequerecques Louis-Joseph, 1808 à 1815. — V. Dault Jean-François, 1815 à 1817. — VI. Lapassade Joseph-Daniel, 1817 à 1820. — VII. Dault Jean-François, 1820 à 1830. — VIII. Lapassade Auguste, 1830 à 1835 ;

---

[1] Armes : *D'azur, à 3 tierces d'or, au chef d'or.*

— IX. Deheis Florimond, 1835 à 1837. — X. Dault Jean-François, 1837 à 1848. — XI. Nortier Jules, 1848 à 1867. — XII. Farcy Louis, 1867 à 1870. — XIII. Noblesse Ernest, 1870 à ce jour.

L'école est fréquentée par 6 garçons et 19 filles. Avant 1833, Bernapré n'avait point d'école ; il était réuni à Senarpont pour l'instruction primaire.

Les instituteurs ont été : I. Lejeune Jules-Calixte, 1833. — II. Houpin Maxime, 1833 à 1836. — III. Bullot, 1837-1838. — IV. Demiannay Maurice, 1838 à 1845. — V. Lancel Alphonse, 1846 à 1870. — VI. Dellieux Charles, 1870 à 1872. — VII. Boulanger Élie-Désiré, 1872 à 1881. — VIII. Vilbert, 1881 à ce jour.

LIGNIÈRES-HORS-FOUCAUCOURT

Lignières est un petit village de 171 habitants, d'une superficie territoriale de 329 hectares; il est situé à six kilomètres d'Oisement et à trois kilomètres du confluent du Liger et de la Méline ; son altitude est de cent soixante-dix mètres. On y comptait 61 feux en 1762, 208 habitants en 1698, 276 en 1726, 236 en 1827 et 219 en 1837 ; il s'y trouve actuellement 43 maisons occupées par 48 ménages.

Les coutumes locales de ce lieu, rédigées le 27 septembre 1507, nous apprennent que la seigneurie était tenue noblement en foi et en hommage de la châtellenie de Bailloul-en-Vimeu et que le seigneur avait la haute justice.

Les manuscrits de D. Grenier ne contiennent aucun renseignement sur Lignières. M. de Belleval dans les noms des quelques seigneurs qu'il donne commet les plus grandes erreurs en confondant les seigneurs de Lignières avec les possesseurs de fiefs dans ce village. Il nous sera facile de rétablir ces erreurs à l'aide de renseignements particuliers provenant des archives du château de Lignières.

Simon du Hamel, dit *Tournelle* ou *Tourmelle*, chevalier, sire du Hamel, Bouzencourt et Liomer, paraît être le premier seigneur connu de Lignières ; il était fils aîné de Wauthier II, sire du Hamel, et de Marie de Coudun. Simon du Hamel mourut vers 1364 ; il avait épousé vers 1320 Isabeau le Bouteiller de Senlis, fille de Guillaume III, seigneur de Senlis et de Chantilly, et de Léonore de Beausault ; il en eut une fille, N..., dame en partie de Lignières et du Hamel, qui devint la femme de Simon de Maucourt, à qui elle transmit les biens qui lui provenaient de son père.

Warnier du Hamel, dit *Martel*, chevalier, seigneur de Provinlieu, frère de Simon, s'intitulait seigneur de Lignières en partie ; dans un acte du 27 mai 1365, il est désigné comme héritier de Simon dit Tournelle, mais, dans un autre acte du mois de janvier 1366, il n'est plus qualifié seigneur de Lignières, ce qui permet de supposer qu'il avait vendu ou échangé ce domaine.

Charles de Buleux [1], chevalier, était seigneur dudit lieu et de Lignières en 1506, date à laquelle furent rédigées les coutumes de ce dernier village.

Hugues de Buleux, chevalier, seigneur dudit lieu, Lignières, Cramesnil, etc., était bailli d'Aire en 1540.

Antoinette de Buleux, tante et héritière du précédent, hérita en 1556 la seigneurie de Lignières, qui passa en 1594 à N..., seigneur de Buleux et de Lignières.

Jacques Lucas [2], conseiller du roi, receveur des consignations en la sénéchaussée de Ponthieu à Abbeville, fut déclaré seigneur de Lignières par sentence du bailliage d'Amiens rendue en 1650.

[1] Armes : *D'azur, au chef d'or.*
[2] Armes : *D'azur, à 3 griffons d'or, 2 et 1.*

Antoine Danzel [1], écuyer, seigneur de Sandricourt, Montarel et Breslicourt, s'intitulait aussi seigneur de Lignières en 1662 ; il était fils cadet de Charles, écuyer, seigneur de Breslicourt, et de Jeanne Turpin ; il fut maintenu dans sa noblesse le 12 novembre 1670. Par contrat du 27 décembre 1640, il avait épousé Marguerite de la Garde, dame de Faveilles, fille de François, écuyer, et de Catherine de Cherrier ; il eut de ce mariage : 1° Jean ; 2° Charles, qui suit ; 3° Hugues, écuyer, seigneur de Brestel ; 4° François, écuyer, seigneur de Faveilles, marié en 1693 à Jeanne-Ursule Boullon ; 5° Louis-Alexandre, écuyer, seigneur de Boismesnil, marié en 1685 à Marie-Madeleine de Fay d'Athies ; 6° Antoine, écuyer ; 7° Claude ; 8° Marie-Anne ; 9° Marguerite, alliée en 1692 à Jean Loisel le Gaucher ; 10° Antoinette.

Charles Danzel, écuyer, seigneur de Lignières, Sandricourt et autres lieux, fut maintenu dans sa noblesse le 17 mars 1699. De son mariage, en date du 30 mars 1689 avec Jacqueline du Maisniel d'Applaincourt, il eut : 1° Antoine-Charles, qui suit ; 2° Pierre ; 3° Louis Joseph ; 4° Joseph, morts tous sans enfants ; 5° Marie-Anne, religieuse à Abbeville ; 6° Catherine, mariée en 1718 à François Danzel, seigneur d'Achy ; 7° Marie-Thérèse ; 8° Marguerite, religieuse à Épagne.

Antoine-Charles Danzel, chevalier, seigneur de Lignières, Sandricourt et Gaudermaisnil, fut marié deux fois : 1° à Marie-Edmée Tillette de Buigny, par contrat du 15 mai 1713 ; 2° à Marie-Geneviève Lesperon, par contrat du 15 avril 1722 ; il mourut à Aigneville le 26 mars 1741 et reçut sa sépulture le lendemain

[1] Armes : *D'azur, au daim contourné, passant et ailé d'or.*

dans l'église de ce lieu. Il laissa de sa seconde femme :
1° Antoine-François ; 2° Jean, qui suit ; 3° Antoine-Claude-François, qui suivra ; 4° Pierre-Marie, mort jeune ; 5° Antoine-Charles, chevalier, seigneur de Sandricourt ; 6° Charles, mort en bas âge ; 7° Marie-Catherine-Françoise, alliée à Antoine-César Danzel de Boffle ; 8° Marie-Thérèse, morte jeune.

Jean Danzel, chevalier, seigneur de Lignières, officier au régiment de Chepy-cavalerie, mourut sans alliance le 31 juillet 1782.

Antoine-Claude-François Danzel, chevalier, capitaine au régiment de Bourbon-infanterie, succéda au précédent dans la seigneurie de Lignières. Il mourut en 1791 sans avoir été marié [1].

Fiefs.

Plusieurs fiefs nobles, situés sur le terroir de Lignières, donnaient à leurs possesseurs le droit de s'intituler seigneurs de Lignières.

1° FIEF HANSART. — Antoine de Hansart, seigneur des Cauquères, à Bernapré, demeurait en 1575 sur son fief de Hansart, tenu de la seigneurie de Lignières ; en 1577, il fut estimé valoir 17 livres de rente. Il avait épousé Marguerite de Rosny qui lui apporta le quint de Saint-Aubin-Rivière, tenu de Long.

Pierre de Hansart, fils unique du précédent, était seigneur des mêmes fiefs en 1594.

[1] Renseignements communiqués par M. le comte de Galametz, d'après les archives du château de Lignières.

Jean de Hansart, marié à Charlotte de l'Étoile, possédait les fiefs des Cauquères et de Hansart en 1650 ; sa fille les porta au suivant.

Henri de Riencourt [1], chevalier, seigneur de Vaux, Arleux, Saint-Séverin et autres lieux, troisième fils de François de Riencourt et de Marguerite de la Fontaine, devint seigneur des Cauquères et de Hansart après son mariage, par contrat du 21 décembre 1659, avec Marguerite de Hansart. Henri de Riencourt, né vers 1629, mourut vers 1690, laissant de sa femme, qui fut maintenue dans sa noblesse le 28 janvier 1701 : 1° Antoine, né en 1663, mort sans postérité ; 2° Louis, qui suit ; 3° Henri, né en 1673, major de la citadelle de Marseille ; 4° Marguerite, née en 1660, morte jeune ; 5° Marie-Gertrude, née le 15 mars 1662 ; 6° Suzanne, née le 6 juin 1665, morte jeune ; 7° Marie-Catherine, née le 2 octobre 1666.

Louis de Riencourt, chevalier, seigneur de Villers, Hansart, Aumont et autres lieux, baptisé le 1ᵉʳ janvier 1668, servit avec l'un de ses frères dans la compagnie des cadets gentilshommes de Charlemont. Il fut nommé lieutenant dans le régiment Royal-infanterie, et passa le 14 février 1690 dans le régiment de Vermandois-infanterie, où il obtint l'année suivante le titre de capitaine. Il épousa : 1° le 8 novembre 1695, Marie du Maisniel, fille de Pierre, écuyer, seigneur d'Applaincourt, et d'Hélène le Vaillant de Villers, dont il n'eut point de postérité ; 2° par contrat du 28 mars 1707, Élisabeth d'Urre de Marsy, fille de Charles, chevalier, seigneur de Bertonval, Maintenay, etc., et de Made-

---

[1] Armes : *D'argent, à 3 fasces de gueules frettées d'or.*

leine le Comte, dont il eut cinq enfants ; 3° Madeleine-Angélique de Maurin, fille de François, chevalier, seigneur de Pardaillan, et de Madeleine de Maillefeu ; il n'en eut point de postérité. Les enfants de son second mariage furent : 1° Louis-Claude, qui suit ; 2° Charles-Henri, chevalier, seigneur de Villers, qui épousa Catherine-Élisabeth de Cacheleu ; 3° Louis, chanoine de la cathédrale d'Amiens ; 4° Élisabeth-Madeleine, alliée à Henri de l'Étoile, écuyer, seigneur de Préville et de Rumigny ; 5° Marguerite, femme de Simon Langlois, directeur des fortifications du Soissonnais.

Louis-Claude de Riencourt, chevalier, seigneur de Villers, Aumont, Hansart et autres lieux, épousa par contrat du 4 février 1738 Marie-Anne-Catherine Gaillard de Gapennes, fille de Charles, écuyer, seigneur de Gapennes, Courcelles, Guébienfay, etc., conseiller du roi, et de Marie-Anne Sanson de Haut-Maisnil ; de cette alliance sont nés six enfants, entre autres : Louis-Henri, qui suit, et Louis, mort sans postérité pendant la campagne de Westphalie.

Louis-Henri de Riencourt, écuyer, appelé le *marquis de Riencourt-Lignières*, né le 16 juin 1743, fut reçu page de la reine en conséquence des preuves de sa noblesse faites le 5 juillet 1759 ; il épousa Élisabeth-Charlotte de Cassini et en eut : 1° Louis-Jean-François, père d'une fille mariée à Casimir-Marie-Louis, vicomte du Passage, dont l'un des descendants habite aujourd'hui le château de Lignières ; 2° Claude-Dominique, tué au siège de Pampelune ; 3° Louis-Léopold, mort en 1829 ; 4° Catherine-Élisabeth, femme du comte de Cassini ; 5° Marie-Julie, née en 1784, morte l'année suivante ; 6° Henri, mort en 1858.

2º Fief d'Aumont. — Ce fief, aussi tenu de la seigneurie de Lignières, appartenait à Claude de Wavrans [1], qui épousa le 15 septembre 1518 Paul d'Acheu [2], écuyer, seigneur du Plouy et de Foucaucourt, qui devint seigneur du fief d'Aumont par suite de son alliance. Ses enfants furent : 1º Jacques, écuyer, seigneur du Plouy ; 2º Louis, qui suit.

Louis d'Acheu, chevalier, seigneur d'Aumont, Foucaucourt, Wavrans et Bienfay en 1596, était gentilhomme ordinaire de Monsieur, frère du roi ; il avait épousé le 30 août 1559 Antoinette de Gaudechart, dont il eut : 1º Gédéon, chevalier, seigneur de Foucaucourt ; 2º Claude, écuyer, seigneur de Bienfay ; 3º Charles, qui suit.

Charles d'Acheu, chevalier, seigneur d'Aumont, mourut sans alliance et son fief passa au suivant.

Antoine d'Acheu, chevalier, seigneur de Foucaucourt et d'Aumont en 1632, neveu du précédent, était fils de Gédéon et de Gabrielle de Saveuse. Sa fille, Marguerite d'Acheu, épousa Antoine de Caumont, seigneur de Gauville.

En 1712, Louis de Riencourt était en possession du fief d'Aumont, qui appartint à ses descendants jusqu'à la Révolution [3].

3º Fief de Villers. — Ce fief, tenu du fief des Cauquières, appartenait à Jeanne de Hérichon, femme

[1] Armes: *D'or, à 3 fleurs de lis au pied coupé de gueules.*
[2] Armes déjà citées.
[3] Communication due à l'obligeance de M. le comte de Galametz.

de Pierre de la Fresnoye, seigneur dudit lieu, maïeur d'Abbeville en 1561.

Jacques Vauquet hérita le fief de Villers de la précédente.

Nicolas Vauquet, cousin-germain de Jacques, devint seigneur de Villers après ce dernier.

Jacques Vauquet, fils de Nicolas, était seigneur de Villers en 1683 ; il demeurait alors à Oisemont. En 1727, il échangea le fief de Villers avec Louis de Riencourt, dont les descendants l'ont possédé jusqu'à la Révolution.

4° Fief inconnu. — Ce fief, tenu de Lignières, consistait en 24 mesures de terre tenant au bois de Lignières ; le possesseur devait rendre tous les ans, le jour de saint Valeri, patron de l'église, « un flan plein de crême de 22 pouces de tour et de 4 pouces de haut ».

Jean aux Couteaux possédait ce fief en 1507.

François aux Couteaux, écuyer, vivant en 1530, était fils du précédent, auquel il succéda dans la possession de ce fief. Il était prévôt d'Amiens et vivait encore en 1556.

Jean Moreau, seigneur de Franclieu, président de l'élection et du grenier à sel d'Amiens possédait ce fief à la fin du xviie siècle. De son mariage avec Marie d'Amiens, qui était veuve en 1716, il eut : 1° François, avocat, seigneur de Franclieu ; 2° Gabriel ; 3° Françoise ; 4° Marie-Thérèse, femme du suivant.

Michel le Bon, écuyer, seigneur de la Motte d'Airon

à Aumâtre, Halloy en Ternois et Guisy, fils de François le Bon, devint seigneur d'un fief à Lignières après son mariage avec Marie-Thérèse Moreau, dont il eut une fille, mariée au suivant.

Louis-Charles d'Anglos, chevalier, seigneur de Guizancourt et la Haye, épousa en 1696 Catherine le Bon, dont il eut trois fils et une fille. Celle-ci, dame de Guizancourt, fut alliée à Charles-Antoine de Guiselin, écuyer, seigneur de Lespinoy, demeurant à la Haye en 1744.

FIN.

ERRATA

Page 134, ligne 29, *lisez* Beuvin.
— 145, — 18, après Jacqueline-Louise-Charlotte, *ajoutez* d'Auxy.
— 168, — 1 et 2, après Marie-Madeleine, *ajoutez* et Marie.
— 168, — 18, *lisez* v^e xxviiij.
— 184, — 30, *lisez* xvie siècle.

TABLE DES MATIÈRES

                                                    Pages.

AVANT-PROPOS V

PREMIÈRE PARTIE. — VILLAGES ARROSÉS PAR LE LIGER.

Canton d'Hornoy.

Vraignes	3
Tronchoy	13
Boulainvillers	16
Bezencourt	23
Guibermesnil	33
Saint-Jean	49
Walhiéville	57
Brocourt	63
Le Forestel	73
Liomer	77
Le Quesne	89

Canton d'Oisemont.

Saint-Aubin-Rivière	137
Le Mazis	149
Inval-Boiron	165
Senarpont	179
Raimecourt	208

DEUXIÈME PARTIE. — VILLAGES AVOISINANT LA VALLÉE DU LIGER.

I. Rive gauche. — *Canton d'Hornoy.*

	Pages.
Laboissière.	225
Beaucamps-le-Vieux.	235

Canton d'Oisemont.

Neuville-Coppegueule	245
Saint-Léger-le-Pauvre	253

II. Rive droite. — *Canton d'Hornoy.*

Gouy-l'Hôpital.	257
Lincheux	265
Hallivillers.	277
Hornoy	283
Blanchemaison.	303
Le Boisrault	309
Aumont.	315
Arguel	325
Villers-Campsart.	357
Campsart.	363
Dromesnil	367

Canton d'Oisemont.

Fresneville.	373
Andainville.	385
Fresnoy-Andainville.	399
Le Mesnil-Eudin	405
Bernapré	415
Lignières-hors-Foucaucourt	421

Abbeville. — Imprimerie C. Paillart.

www.ingramcontent.com/pod-product-compliance
Lightning Source LLC
Chambersburg PA
CBHW051826230426
43671CB00008B/854